W.-M. Kähler
W. Schulte

SAS — Eine anwendungs- orientierte Einführung

W0256219

Mathematik für
Sozial- und Wirtschaftswissenschaft

Elementare Einführung in die angewandte Statistik,
von K. Bosch

Aufgaben und Lösungen zur angewandten Statistik,
von K. Bosch

Elementare Einführung in die Wahrscheinlichkeitsrechnung,
von K. Bosch

Multivariate Statistik in den Natur- und Verhaltenswissenschaften,
von C. M. Haf und T. Cheaib

Mathematik für Wirtschaftswissenschaftler,
von F. Pfuff

SAS – Eine anwendungsorientierte Einführung
von W.-M. Kähler und W. Schulte

SPSS^x für Anfänger,
von W.-M. Kähler

Mikrocomputer-COBOL,
von W.-M. Kähler

Einführung in die Programmiersprache COBOL,
von W.-M. Kähler

Einführung in die Programmiersprache Pascal,
von G. Lamprecht

Methoden und Modelle des Operations Research,
von H.-J. Zimmermann

Vieweg

Wolf-Michael Kähler
Werner Schulte

SAS – Eine anwendungs-orientierte Einführung

Mit 9 Tabellen und 75 Abbildungen

Springer Fachmedien Wiesbaden GmbH

Eingetragene Warenzeichen sind nicht besonders gekennzeichnet. Deshalb ist den Bezeichungen nicht zu entnehmen, ob sie freie Warennamen sind bzw. ob Patente oder Gebrauchsmuster vorliegen.

Das in diesem Buch enthaltene Programm-Material ist mit keiner Verpflichtung oder Garantie irgendeiner Art verbunden. Der Autor übernimmt infolgedessen keine Verantwortung und wird keine daraus folgende oder sonstige Haftung übernehmen, die auf irgendeine Art aus der Benutzung dieses Programm-Materials oder Teilen davon entsteht.

Die 1. Auflage erschien 1987 unter dem Titel „SAS für Anfänger".
2., neubearbeitete und erweiterte Auflage 1990

Der Verlag Vieweg ist ein Unternehmen der Verlagsgruppe Bertelsmann International.

Alle Rechte vorbehalten
© Springer Fachmedien Wiesbaden 1990

Ursprünglich erschienen bei friedr. vieweg & Sohn Verlagsgesellschaft mbH, Braunschweig 1990

Das Werk einschließlich aller seiner Teile ist urheberrechtlich geschützt. Jede Verwertung außerhalb der engen Grenzen des Urheberrechtsgesetzes ist ohne Zustimmung des Verlags unzulässig und strafbar. Das gilt insbesondere für Vervielfältigungen, Übersetzungen, Mikroverfilmungen und die Einspeicherung und Verarbeitung in elektronischen Systemen.

Umschlaggestaltung: Peter Lenz, Wiesbaden

ISBN 978-3-528-14572-9   ISBN 978-3-322-87785-7 (eBook)
DOI 10.1007/978-3-322-87785-7

VORWORT

Das **SAS** (Statistical **A**nalysis **S**ystem) ist ein Programmsystem zur Informationsverarbeitung und statistischen Datenanalyse. Es wird von Anwendern unterschiedlicher Fachgebiete (Wirtschafts- und Sozialwissenschaften, Psychologie, Biologie u.a.) eingesetzt. Eine weite Verbreitung hat das System auch in der industriellen Verwaltung gefunden, wo Informationen dargestellt, analysiert und bewertet werden müssen.

Die Leistungsfähigkeit des SAS-Systems ermöglicht unter anderem:

- die Organisation von Daten,

- den Einsatz einfacher und komplexer statistischer Verfahren und

- die Erstellung individuell gestalteter Tabellen und Graphiken.

Mit diesem Buch wird eine problembezogene und am Beispiel einer empirischen Untersuchung orientierte Einführung in das Programmsystem SAS vorgelegt. Es wendet sich an alle, die für die Analyse empirischer Daten grundlegende Kenntnisse in der statistischen Datenverarbeitung erwerben wollen. Die Darstellung ist so gehalten, daß keine Vorkenntnisse aus dem Bereich der Elektronischen Datenverarbeitung vorhanden sein müssen. Jedoch sollte der Leser statistische Grundkenntnisse in beschränktem Umfang besitzen.

Das Buch ist so strukturiert, daß zunächst die Schritte der Vorbereitung und Durchführung einer Datenanalyse an einem einfachen Beispiel ausführlich beschrieben werden, bevor die gebräuchlichsten Prozeduren zur Kennzeichnung von Merkmalen und die vielfältigen Möglichkeiten der Daten- und Dateienmodifikation, die SAS bietet, vorgestellt werden. Dieser zweiten Auflage des Buches liegt die zur Zeit aktuelle Version 5.18 des Programmsystems zugrunde.

Das Buch kann sowohl als Begleitlektüre für Lehrveranstaltungen als auch zum Selbststudium empfohlen werden.

Die Autoren danken Herrn Dr. Peter Bothner für die kritische Durchsicht des Manuskriptes und Herrn Dr. Georg Heygster für seine Unterstützung beim Einsatz des Textsystems LaTeX.

Ritterhude/Bremen, im Oktober 1989   Wolf-Michael Kähler/Werner Schulte

Inhalt

Kapitel 1

Der Einsatz der EDV bei empirischen Untersuchungen

In den letzten Jahrzehnten hat die empirisch (d.h. erfahrungswissenschaftlich) ausgerichtete Forschung Eingang in viele Fachgebiete gefunden, zum Beispiel in die Wirtschafts- und Sozialwissenschaften, die Politische Wissenschaft, die Psychologie, die Biologie oder die Medizin. Unabhängig von einzelnen Fachrichtungen lassen sich allgemein die Hauptziele empirischer Forschung darin sehen, beobachtbare Sachverhalte übersichtlich und systematisch zu beschreiben, Entscheidungen über vermutete Gesetzmäßigkeiten in der Realität zu treffen oder Aussagen über zukünftige Entwicklungen zu machen.

Konkrete Forschungsfragen — aus den Gebieten Wahlforschung und ökonomischer Marktforschung — könnten zum Beispiel folgendermaßen formuliert werden:

(a) Welche Parteien halten die wahlberechtigten Bürger eines Landes für fähig, bestimmte Probleme zu lösen? Welche Einstellungen oder welche sozialen Merkmale bestimmen die Präferenz für eine Partei? Wie wird die Wahlentscheidung der Bevölkerung bei einer kommenden Wahl aussehen?

(b) Welche allgemeinen Merkmale weisen Käufer bestimmter Produkte auf? Von welchen Faktoren hängen Kaufentscheidungen ab? Wie entwickelt sich die Absatzmenge eines Artikels, wenn der Preis oder die Werbeaktivität für diesen Artikel verändert wird?

Fragestellungen dieser Art werden umgesetzt in ein Erhebungsinstrument, zum Beispiel in einen Fragebogen, mit dem die gewünschte Information gesammelt wird.[1]

Diese so erhobenen Informationen werden ausgewertet. Es ist nicht zwingend, daß dazu die Elektronische Datenverarbeitung (EDV) eingesetzt wird. Sie erleichtert aber die Verarbeitung großer Informationsmengen und erlaubt den Einsatz stati-

---

[1] Die Umsetzung von Fragestellungen in Erhebungsinstrumente sowie die Verfahren der Informationssammlung selbst gehören zu den schwierigsten Phasen des Forschungsprozesses. Innerhalb der "Methoden der empirischen Sozialforschung" gibt es deshalb dazu eine Vielzahl von Forschungsaktivitäten, auf die hier ohne Angabe von Einzelnachweisen nur hingewiesen werden kann.

stischer Verfahren, denen komplizierte und umfangreiche Berechnungen zugrunde liegen.

Wir wollen an dieser Stelle näher darauf eingehen, was "Verarbeitung von Informationen" konkret bedeuten kann. Zur Informationsverarbeitung gehört zum Beispiel — wie oben bereits angedeutet — die übersichtliche und systematische Darstellung der Antworten vieler Personen zu einem Sachbereich, etwa durch Berechnung von Häufigkeiten oder Anteilswerten ("40 Prozent der Wähler entscheiden sich für Partei A") oder durch Berechnung von Durchschnittswerten ("Das Durchschnittsalter der Wähler der Partei C liegt bei 29 Jahren"). Die Methoden der beschreibenden Statistik bieten geeignete Verfahrensweisen, vielfältiges und umfangreiches Zahlen- und Informationsmaterial auf wenige charakteristische Kennzahlen zu reduzieren. Das meiste der so reduzierten Dateninformation läßt sich zeichnerisch zum Beispiel durch Balken-, Kreis- oder Liniendiagramme veranschaulichen. "Verarbeitung von Informationen" heißt aber nicht nur Beschreibung empirischer Informationen, sondern auch Treffen von Entscheidungen über vermutete Gesetzmäßigkeiten in der empirisch faßbaren Wirklichkeit mit Hilfe des Einsatzes statistischer Entscheidungsmodelle ("Zunehmende Werbeausgaben für ein Produkt steigern signifikant dessen Verkaufsmenge").

Informationsverarbeitung ist im Rahmen empirischer Untersuchungen nicht allein ein technischer oder statistischer Vorgang. Themenstellungen, Fragestellungen und Ziele von Forschungsvorhaben sind untrennbar mit dem Einsatz technischer Mittel verknüpft. Dies ist u.a. ein Grund dafür, daß wir die Darstellung der Informationsverarbeitung mit dem Programmsystem SAS anhand eines "echten" empirischen Datensatzes vornehmen werden, mit anschaulichen Beispielen und mit inhaltlichen Fragestellungen. Wenn trotzdem in diesem Buch die technisch-instrumentellen Aspekte ein rein quantitatives Übergewicht haben werden, ist dies eine Folge der engen Themeneingrenzung. Es sollte darüber aber nicht vergessen werden, daß der Prozeß der Erkenntnisgewinnung nicht allein durch den Einsatz von statistischer Datenverarbeitung geleistet werden kann, sondern nur zusammen mit einer theoriegeleiteten Vorbereitung und Auswertung einer Untersuchung.

Kapitel 2

Statistische Datenanalyse mit dem Statistical Analysis System (SAS)

Was ist SAS?

Das SAS ist nicht nur ein Programmsystem zur *Daten*analyse, sondern ein System zur Informationsverarbeitung im weiteren Sinn. SAS beinhaltet eine Vielzahl einfacher und komplexer statistischer Verfahren. Darüber hinaus ermöglicht es aber auch die Eingabe, Ausgabe und Verwaltung von Daten. SAS ist im sogenannten *Dialogbetrieb* einsetzbar, das heißt im Wechsel von Auftrag (Kommando) und Antwort. Mit dem SAS-"Display Manager", dessen Einsatz u.a. in diesem Buch beschrieben wird, haben wir ein Instrument zur Hand, mit dem wir schnell und flexibel unsere Anforderungen an das Programmsystem geben und Ergebnisse erhalten können.

Was bedeutet es, wenn wir von *Programm*system reden? Damit ist gemeint, daß SAS eine Sammlung von Rechnerprogrammen ist, die über eine Kommandosprache, deren Syntax einheitlich gestaltet ist, zur Ausführung gebracht werden können. Programme legen fest, welche Verarbeitungsschritte in welcher Reihenfolge vom Rechner auszuführen sind. Unterschiedliche Aufträge an das System können innerhalb eines Rechnerlaufes (Job) erfolgen. So kann das Einlesen und Speichern von Daten sowie die Berechnung und Ausgabe von Häufigkeitsverteilungen und Mittelwerten innerhalb eines Jobs erfolgen.

Der Nutzer eines Programmsystems wie SAS kann außerdem bei allen Programmanweisungen und Prozeduren mit Voreinstellungen (defaults) arbeiten, so daß bereits mit einem Minimum an Aufwand Ergebnisse einer Datenanalyse erzeugt werden können.

Warum Datenanalyse mit SAS?

Neben dem Programmsystem SAS gibt es noch andere Datenanalysesysteme. Als die zwei bedeutendsten wären das SPSS (Statistical Package for the Social Sciences) und das BMDP (Biomedical Computer Programs) zu nennen.[1] Die oben angedeuteten allgemeinen Vorteile von Programmsystemen gelten für alle hier genannten. Außerdem trifft für alle Programmsysteme zu, daß deren Einsatz relativ leicht erlernbar ist und auf ein umfangreiches Angebot von Statistikprozeduren, das laufend erweitert wird, zurückgegriffen werden kann. In den grundlegenden Möglichkeiten der einzelnen Programmsysteme gibt es eine große Schnittmenge. Jedes Programmpaket bietet aber darüber hinaus jeweils eigene Möglichkeiten. Für SAS sind zu nennen:

- Es bietet ein hohes Maß an Flexibilität in der Daten- und Dateienverarbeitung (z.B. Verarbeitung mehrerer Dateien in einem Rechnerlauf).

- Der Einsatz ist nicht nur im Stapelbetrieb, sondern auch im Dialogbetrieb möglich.

- Innerhalb des SAS-"Display Manager" ist ein Texteditor (ein Programm zum Eingeben, Bearbeiten und Speichern von Texten) verfügbar.

- Der Einsatz von SAS ist nicht nur auf Großrechenanlagen, sondern auch auf Personal Computer (PC) mit einheitlicher Programmsystemumgebung möglich. Der enorme Anstieg der Leistungs- und Speicherfähigkeit von PCs läßt erwarten, daß solche Kleinrechner in Zukunft immer häufiger in Rechen- bzw. Informationszentren integriert werden.

---

[1] Siehe die Literatur zu SPSS und BMDP wie z.B.

- SPSS-X für Anfänger, W-M. Kähler, Vieweg Verlag, Braunschweig/Wiesbaden, 1986
- BMDP, Bollinger u.a., Gustav Fischer Verlag, Stuttgart/New York, 1983

Kapitel 3

Beispiel einer empirischen Untersuchung

Wir wollen unsere Beispielrechnungen anhand einer empirischen Untersuchung vornehmen, die bei Studienanfängern der Universität Bremen durchgeführt wurde.[1] Es handelt sich um eine schriftliche Befragung. Der Fragebogen richtete sich an alle Studienanfänger des Wintersemesters 1979/80. 25,3% der 1542 Neuimmatrikulierten (390 Studenten und Studentinnen) haben den Fragebogen zurückgeschickt. Die Studienanfängerbefragung war eingebunden in ein Forschungsvorhaben zum Thema "Studienortwahl Bremer Abiturienten". Mit der Befragung der Erstsemester sollten die persönlichen, sozialen und biographischen Hintergründe für die Wahl eines Studienfaches und des Studienortes Bremen sowie die mit dem Studium verbundenen Erwartungen ermittelt werden.

Wir haben aus den uns zur Verfügung stehenden Unterlagen einige Teile, bestimmte Fragen betreffend, ausgewählt (siehe Fragebogenauszug in Abbildung 3.1 mit den Antworten eines Befragten auf der nächsten Seite).

Da uns vornehmlich der technische Vorgang der SAS-Anwendung interessiert, können wir den theoretischen Zusammenhang vernachlässigen. Wir werden jetzt an das Datenmaterial eine Reihe von Auswertungsfragen stellen, die wir dann exemplarisch mit dem Programmsystem SAS beantworten werden. Zunächst wollen wir sehen, mit welchen Merkmalen die Personen, die an der Befragung teilgenommen haben, zu beschreiben sind. Die Fragen 1 und 2 beinhalten einige Angaben zur Person:

- Wieviel Frauen und wieviel Männer sind befragt worden? (Frage 1: Geschlecht).

- Wie hoch ist das durchschnittliche Alter aller Befragten? (Frage 1: Geburtsjahr).

- Wie ist der Familienstand der befragten Studenten? (Frage 1: Familienstand).

---

[1] Ein Überblick über die Ergebnisse dieser Befragung ist veröffentlicht in: I. Dieterich/A. Weymann, Studienanfängerbefragung an der Universität Bremen WS 1979/80 (Zwischenbericht 3), Bremen 1981. Wir danken den Autoren, daß sie uns die Daten ihrer Untersuchung für die Zwecke dieses Buches zur Verfügung gestellt haben.

```
FRAGEBOGEN  FÜR  STUDIENANFÄNGER                                    August 1979
┌──────────────────────────────────────────────────────────────────────────┐
│                                                    Kennziffer    └─┴─┴─┘    │
│                                                                   1 - 3     │
│                                                    Satz 1          └1┘      │
│                                                                    4        │
└──────────────────────────────────────────────────────────────────────────┘

Bitte jeweils die entsprechende Ziffer ankreuzen.
  1. Persönliche Angaben    Geschlecht:    männlich ....................... X
                                           weiblich ....................... 2      └┘ 5
                            Geburtsjahr:   19 .4.7                                 └─┴─┘ 6/7
                            Familienstand: ledig ........................... 1
                                           fest gebunden / verlobt .......... 2
                                           verheiratet ..................... X      └┘ 8
                                           getrennt / geschieden ............ 4
                                           verwitwet ........................ 5
                            Heimatort:     .Bremen..........................
                            Postleitzahl:  ..28..                                  └─┴─┴─┘ 9 - 12
                            Bundesland:    ..Bremen.........................        └─┴─┘ 13/14

  2. Haben Sie schon eine Berufsausbildung?         ja, begonnen ............ 1
                                                    ja, abgeschlossen ....... 2      └┘ 17
                                                    nein .................... X
```

```
15. Welche Erwartungen haben Sie an Ihr Studium? Wählen Sie aus    1. 1.      └┘ 70   └┘ 69
    den in der Anlage genannten Möglichkeiten die für Sie          2. 2.
    wichtigsten drei aus und schreiben Sie die Kennziffern auf.    3. 5.               └┘ 71

    Anlage zu Frage 15:

       1. Während meines Studiums möchte ich genügend Zeit für meine Hobbies haben.
       2. Ich möchte mich möglichst schnell und umfassend auf meinen Zielberuf hin
          qualifizieren.
       3. Ich möchte mich auch hochschulpolitisch engagieren können.
       4. Studieren heißt für mich auch, mich persönlich weiterentwickeln zu können.
       5. Ich möchte mich während des Studiums auch über das notwendige Fachwissen
          hinaus qualifizieren.
       6. Ich möchte im Studium neue Leute kennenlernen.
       7. Ich möchte möglichst viel über mein Fach erfahren.

                                                          Satz 2        └2┘
                                                                         4

18. Wie schätzen Sie die Möglichkeiten ein,              sehr gut ..... 1
    im Anschluß an Ihr Studium eine angemessene          gut .......... X      └┘ 24
    Stelle zu finden?                                    nicht gut .... 3
                                                         schlecht ..... 4

19. Meinen Sie, daß Sie als Akademiker eigentlich einen Anspruch    ja .... 1
    auf eine Ihrer Qualifikation entsprechende  Tätigkeit haben?    nein .. X   └┘ 25

21. Meinen Sie, daß Sie über Arbeitsmarktprobleme allgemein .. sehr gut ..... 1
                                                            .. gut .......... 2   └┘ 27
                                                            .. schlecht ..... X
                                                            .. sehr schlecht  4
    informiert sind?
```

Abbildung 3.1: Fragebogen

- Aus welchen Bundesländern kommen die Studienanfänger der Universität Bremen? (Frage 1: Bundesland).

- Wie hoch ist der Anteil der Studienanfänger, die bereits berufstätig waren? (Frage 2).

Inhaltlich interessanter als die Beschreibungen einzelner Merkmale ist die Darstellung und Analyse von mindestens zwei Merkmalen in ihrem Zusammenhang. So wollen wir wissen, von welchen Faktoren die Erwartungen an ein Studium abhängen. Da wir vermuten, daß sich Studenten und Studentinnen sowie ehemals Berufstätige und Nichtberufstätige in den Studienerwartungen unterscheiden, formulieren wir folgende Fragen:

- Ist die Geschlechtszugehörigkeit bedeutend für die Erwartungen, die die Studienanfänger an ihr Studium haben?

- Unterscheiden sich ehemals Berufstätige und Nichtberufstätige hinsichtlich ihrer Studienerwartungen?

Mit der Frage 18 (die Einschätzung der Möglichkeit, nach dem Studium eine angemessene Stelle zu finden) ist eine weitere Information erhoben worden, deren unterschiedliche Weite wir erklären wollen. Auch hier erwarten wir, daß jeweils nach Geschlechtszugehörigkeit und ehemaliger Berufstätigkeit sich andere Verteilungen hinsichtlich der Einschätzung, im Anschluß an das Studium eine angemessene Stelle zu finden, zeigen werden. Daneben wird aber auch die Art, wie gut man über Arbeitsmarktprobleme informiert ist (Frage 21), und eine Anspruchshaltung, wie sie mit der Frage 19 erfaßt worden ist, nicht ohne Einfluß auf die Beantwortung der Frage 18 sein. Also wollen wir folgende Fragen stellen:

- Schätzen Studentinnen ihre Stellenmöglichkeiten im Anschluß an ihr Studium anders ein als Studenten?

- Sehen ehemals Berufstätige nach ihrem Studium bessere Stellenmöglichkeiten als ehemals Nichtberufstätige?

- Hat die Aussage darüber, wie gut man über Arbeitsmarktprobleme informiert ist, eine Bedeutung für die Stellenerwartungen?

- Spielt es für die Beantwortung der drei vorstehenden Fragen ein Rolle, ob die befragte Person den Anspruch hat, als zukünftiger Akademiker eine der Qualifikation angemessene Stelle zu bekommen oder nicht?

Wir wollen in den folgenden Kapiteln ausführen, wie wir mit dem erhobenen Datenmaterial diese Fragen beantworten können. Wir beginnen mit unserer Darstellung an der Stelle, wo die bereits erhobenen Daten auf einen EDV-gerechten Datenträger übertragen werden müssen, damit das Programmsystem SAS eingesetzt werden kann. Der erste Schritt ist die Kodierung der Fragebogeninformation (siehe Abschnitt 4.1) und der zweite Schritt die Datenerfassung (siehe Abschnitt 4.2).

Kapitel 4

Vorbereitung für die Datenanalyse

4.1 Kodierung von Daten und fehlenden Werten

Was messen wir?

Bei empirischen Untersuchungen werden Daten an *Merkmalsträgern* erhoben. Im
Falle unserer Beispieluntersuchung werden die befragten Personen wie Merkmals-
träger betrachtet. Je nach Untersuchungsziel könnte es sich z.B. auch um Tiere,
Pflanzen, Werkstücke, Produkte oder Regionen handeln. Statt Merkmalsträger
werden auch die Begriffe Proband, Befragter, Objekt, Untersuchungseinheit oder
Fall benutzt.

Bei dem Vorgang der Datenerhebung werden *Merkmale* gemessen. Der Begriff "messen" ist hierbei nicht nur im alltagssprachlichen Sinn aufzufassen. Messen bedeutet
im Zusammenhang empirischer Forschung auch das Registrieren von Antworten auf
Fragen. Bei Merkmalen handelt es sich allgemein um Eigenschaften von Merkmalsträgern, die mit Erhebungs- oder Meßinstrumenten festgestellt werden können.

Den erhaltenen Meßwert (z.B. die Antwort auf eine gestellte Frage) nennen
wir *Merkmalsausprägung*. Eine Merkmalsausprägung ist eine von mehreren
möglichen Meßwerten. Für das Merkmal "Bundesland" haben wir zum Beispiel
elf Ausprägungen (incl. Berlin), für das Merkmal "Geschlechtszugehörigkeit" dagegen nur zwei.

Kodeplan

Damit das SAS-System unsere erhobenen Meßwerte (Daten) verarbeiten kann,
müssen wir sie EDV-gerecht aufbereiten. Wir entwickeln dazu einen *Kodeplan*.
Darunter verstehen wir eine Aufstellung, in der zu den erhobenen Merkmalen alle
Merkmalsausprägungen, die für die Auswertung relevant sind, verschlüsselt aufgeführt werden. Verschlüsseln heißt, daß jeder Ausprägung ein einfaches Zeichen
(in der Regel eine ganze Zahl) zugeordnet wird. Die Beschränkung auf einfache Zeichen ist nicht zwingend. Das Programmsystem SAS kann Merkmalsausprägungen

verarbeiten, die eine Länge bis zu 200 Zeichen haben. Der Datenerfassungsaufwand ist aber entsprechend größer. Wir wollen in unserer Beispieluntersuchung mit einer kurzen Verschlüsselung arbeiten. So legen wir zum Beispiel fest, daß bei der Angabe zur Geschlechtszugehörigkeit der Ausprägung "männlich" die Zahl 1 und der Ausprägung "weiblich" die Zahl 2 zugeordnet werden soll. Diese Zuordnung heißt Kodierung. Der folgende auf der nächsten Seite abgebildete Kodeplan (Tabelle 4.1) zeigt für die ausgewählten Fragen die Merkmale mit ihren Ausprägungen und Kodierungen.

Skalenniveau der Merkmale

Grundsätzlich sind wir frei in der Wahl der Kodierungen, sofern wir darauf achten, für unterschiedliche Merkmalsausprägungen auch unterschiedliche Stellvertreterzeichen zu wählen, die dem Computer Gleichheits- oder Ungleichheitsidentifikationen erlauben. So wäre es ebenso möglich, für das Merkmal Geschlechtszugehörigkeit statt der Zahlen 1 und 2 die Zahlen 9 und 5 oder die Buchstaben M und W zu nehmen. Wir drücken durch diese Zuordnung nur eine *Nominalbeziehung* aus.

Bei einigen Merkmalen (Fragen 18 und 21) ist es nun möglich, mit den gewählten Verschlüsselungen mehr auszudrücken als nur eine Kurzbezeichnung. Die Ausprägungen der genannten Merkmale kann man als Punkte auf einer Bewertungsskala ansehen, die in einem Fall von "sehr gut" bis "schlecht" und im anderen Fall von "sehr gut" bis "sehr schlecht" reicht. Diese inhaltliche Merkmalseigenschaft kann man als *Rangeigenschaft* bezeichnen. Die entsprechenden Merkmalsrelationen, die man mit "grösser als/ kleiner als" oder "besser als/ schlechter als" beschreiben kann, können wir mit einer der inhaltlichen Bedeutung entsprechenden mathematischen Relation abbilden. Für die Rangfolge "sehr gut, gut, schlecht, sehr schlecht" lassen sich zum Beispiel die Zahlenfolgen 1,2,3,4 oder -9,-1,0,2 kodieren, nicht aber die Zahlenfolge 4,3,5,2.

Während bei den obigen Merkmalen höchstens die Rangfolge der Merkmalsausprägungen von inhaltlicher Bedeutung ist, sind bei dem Merkmal "Geburtsjahr" auch die *Intervalle* zwischen den Merkmalsausprägungen interpretierbar. Wollen wir inhaltliche Differenzen zwischen den Merkmalswerten bei der statistischen Auswertung angemessen berücksichtigen, müssen wir die Kodierungen entsprechend wählen. In unserem Fall kodieren wir die Zehner- und Einerstelle des Geburtsjahres.[1]

Zusammenfassend können wir festhalten, daß die für ein Merkmal gewählten Kodierungen entsprechend des inhaltlichen Aspektes jeweils andersartig interpretiert werden können. Wir sprechen dann von unterschiedlichen *Skalenniveaus*. Haben die Kodierungen nur den Charakter von Stellvertreterzeichen, sprechen wir von einer *Nominalskala*; wird eine Rangfolge ausgedrückt, haben wir es mit einer *Ordinalskala* zu tun; sind die Differenzen zwischen den kodierten Merkmalswerten interpretierbar, so können wir eine *Intervallskala* unterstellen.

---

[1] Lineare Transformationen der Merkmalswerte (z. B. Geburtsjahr minus 1900) beeinträchtigen nicht die intervallbezogene Eigenschaft der Daten.

MERKMALE	MERKMALSAUSPRÄGUNGEN	KODIERUNG
Geschlecht	männlich	1
(Frage 1)	weiblich	2
Geburtsjahr (Frage 1)	Geburtsjahr minus 1900	keine Verschlüsselun
Familienstand	ledig	1
(Frage 1)	fest gebunden/verlobt	2
	verheiratet	3
	getrennt/geschieden	4
	verwitwet	5
Postleitzahl (Frage 1)	vierstellige Zahlen	keine Verschlüsselun
Bundesland	Baden-Württemberg	01
(Frage 1)	Bayern	02
	Berlin	03
	Bremen	04
	Hamburg	05
	Hessen	06
	Niedersachsen	07
	Nordrhein-Westfalen	08
	Schleswig-Holstein	09
	Rheinland-Pfalz	10
	Saarland	11
Berufausbildung	ja, begonnen	1
(Frage 2)	ja, abgeschlossen	2
	nein	3
Erwartungen	Freizeit	1
an das	Qualifikation Zielberuf	2
Studium	Hochschulpolitik	3
1. bis 3.	Persönliche Entwicklung	4
Rang	mehr als Fachwissen	5
(Frage 15)	Leute kennenlernen	6
	viel über Fach erfahren	7
Stellenaussichten	sehr gut	1
nach dem Studium	gut	2
(Frage 18)	nicht gut	3
	schlecht	4
Anspruch auf qualifizierte	ja	1
Tätigkeit (Frage 19)	nein	2
Arbeitsmarktkenntnis	sehr gut	1
(Frage 21)	gut	2
	schlecht	3
	sehr schlecht	4

Tabelle 4.1: Kodeplan

Für unsere ausgewählten Fragen ergeben sich folgende — in der Tabelle 4.2 zusammengefaßten — Skalenzuordnungen:

Skalenniveau	Merkmale
Nominalskala	Geschlecht / Familienstand / Postleitzahl / Bundesland / Berufsausbildung / Erwartungen an das Studium / Anspruch auf qualifizierte Tätigkeit
Ordinalskala	Stellenaussichten nach dem Studium / Arbeitsmarktkenntnis
Intervallskala	Geburtsjahr

Tabelle 4.2: Skalenniveau

Die Wahl der Kodierungen und die damit implizierte Zuordnung von Merkmalen zu bestimmten Skalenniveaus hat für die Datenauswertung *Konsequenzen*. Welche mathematisch-statistischen Operationen mit den Daten vorgenommen werden dürfen, richtet sich nach dem Skalenniveau der Merkmale. So gibt es zum Beispiel jeweils unterschiedliche Statistiken zur Beschreibung der zentralen Tendenz (wie den Mittelwert) und der Variabilität (wie die Streuung), die vom Programmsystem SAS auf Anforderung alle ausgegeben werden. Welche von diesen Kennzahlen überhaupt Grundlage für eine Interpretation sein können, ist also eine Frage des Skalenniveaus.

Kodierung fehlender Werte

Sehr oft kommt es vor, daß in einem Fragebogen nicht die gesamte gewünschte Information angegeben wurde. Es können Antworten verweigert sein, einzelne Fragen können für bestimmte Personen unzutreffend sein, der Interviewer kann Fragen vergessen haben oder ähnliches.

Bei der Fragebogenentwicklung muß man sich überlegen, ob derartig verschiedene Formen fehlender Antworten auftreten können oder ob nur eine dieser Kategorien erscheinen kann.

Brauchen fehlende Antworten nicht differenziert zu werden, so kann man das Leerzeichen "⊔" als Kodewert zuordnen, das in der Folge als fehlender Wert zu interpretieren ist. Wie später zu sehen sein wird, wandelt das SAS-System dieses Zeichen bei der numerischen Dateneingabe in das Stellvertreterzeichen für einen fehlenden Wert — den Dezimalpunkt "." — um. Bei der Datenanalyse werden alle Beobachtungen, die für eines der untersuchten Merkmale einen fehlenden Wert aufweisen, vom SAS-System automatisch von der Verarbeitung ausgeschlossen.

Sind unterschiedliche Formen von fehlenden Antworten zu differenzieren, so müssen verschiedene Kodewerte festgelegt werden. Das SAS-System erlaubt in dieser Si-

tuation die Vergabe der alphabetischen Zeichen "A" bis "Z" und des Unterstrei-
chungszeichens "_", so daß insgesamt bis zu 27 Sonderformen (neben der Stan-
dardkodierung durch das Leerzeichen) möglich sind. Wichtig ist, daß die festgelegten Kodewerte für fehlende Antworten für *alle* Merkmale vergeben werden, da
das SAS-System keine Festlegung von fehlenden Werten unterstützen kann, die von
Merkmal zu Merkmal variiert. Wie diese Definition von fehlenden Werten mit SAS-
Anweisungen zu erfolgen hat, lernen wir im Abschnitt 6.6 kennen.

Da wir für unseren Fragebogen keine Unterscheidung von verschiedenen fehlenden
Werten treffen müssen, legen wir das Leerzeichen als Kodewert für eine fehlende
Antwort fest.

4.2   Strukturierung der Daten und Datenerfassung

Datenmatrix

Die Angaben innerhalb eines Fragebogens können als Datenzeile aufgefaßt werden,
in der die kodierten Werte hintereinander aufgeschrieben sind. Stellen wir uns diese
Datenzeilen untereinandergesetzt vor, so läßt sich die Gesamtheit der Daten durch
das folgende Schema darstellen (Abbildung 4.1):

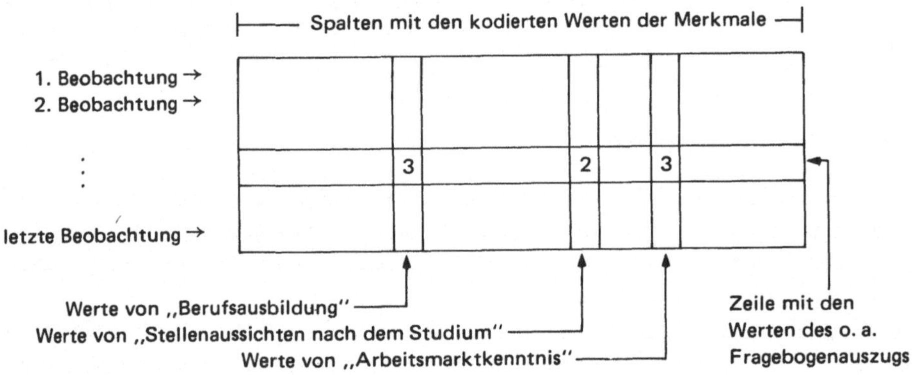

Abbildung 4.1: Schema der Datenmatrix

Die so vorgenommene Strukturierung der Daten nennen wir eine *Datenmatrix*. Sie
enthält bei unserer Untersuchung 390 Zeilen und 40 Spalten, da 390 ausgefüllte
Fragebögen mit jeweils 40 Fragen für die Auswertung zur Verfügung stehen. Jede
Zeile korrespondiert mit einem Merkmalsträger (Befragten). Um von der Untersu-
chungsform unabhängig zu sein, sprechen wir im folgenden von den Werten einer
Beobachtung. Die Datenmatrix enthält in unserem Fall somit 390 Beobachtungen.
Sämtliche Werte eines Merkmals sind in einer Spalte der Datenmatrix zusammen-

gefaßt.

Für das folgende stellen wir uns stets vor, daß die kodierten Daten in Form einer derartigen Datenmatrix angeordnet sind. Aus Gründen der Arbeitsersparnis und der Fehlerreduktion werden die Daten in der Regel nicht erst als Datenmatrix aufgeschrieben, sondern direkt in den Fragebogen (in der Regel in eine gesonderte Kodespalte) eingetragen. Indem wir uns die Kodespalten eines Fragebogens hintereinander angeordnet vorstellen, läßt sich folglich die Gesamtheit der Kodespalten als eine Zeile der Datenmatrix auffassen.

Datenerfassung in eine Daten-Datei

Nachdem wir die erhobenen Daten nach den Vorschriften des Kodeplans verschlüsselt und in Form einer Datenmatrix angeordnet haben, müssen die Daten für die Verarbeitung durch das SAS-System aufbereitet werden. Unter der *Datenerfassung* verstehen wir die Übertragung der auf einem Erhebungsbeleg eingetragenen Daten auf einen geeigneten *Datenträger*, von dem aus die Daten unmittelbar von einer Datenverarbeitungsanlage (DVA) maschinell gelesen werden können. Damit stellt sich das Schema für die Datenübertragung wie folgt dar (Abbildung 4.2):

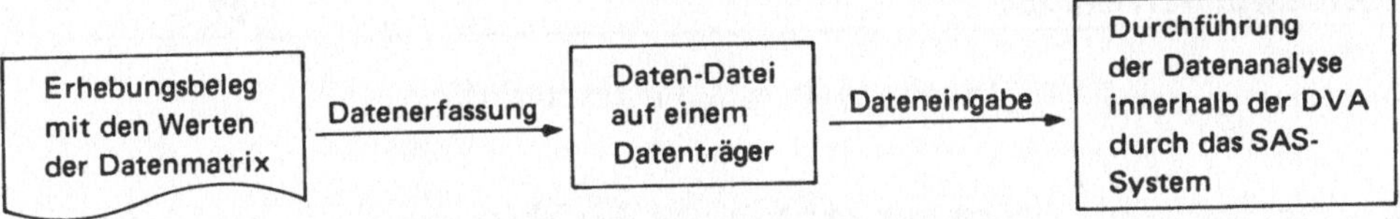

Abbildung 4.2: Datenübertragung

Auf dem Datenträger werden die Zeilen der Datenmatrix in der Regel in jeweils einem *Datensatz* abgespeichert. Da eine Sammlung von Datensätzen als *Datei* bezeichnet wird, erstellen wir durch die Datenerfassung eine *Daten-Datei*.

Bevor die Werte einer Datenmatrix in einer Daten-Datei erfaßt werden können, sind die jeweiligen Zeichenbereiche festzulegen, in welche die Werte innerhalb eines Datensatzes plaziert werden sollen.

Erfassungsvorschrift

Maßgeblich dafür, ob *ein* Datensatz für die Ablage der Zeichen einer Datenmatrix-Zeile ausreicht, ist die für einen Datensatz zugelassene maximale Zeichenzahl. Wieviele Zeichen in einen Datensatz eintragen werden können, wird durch das Erfassungsgerät und durch die Art des Datenträgers bestimmt. Da auf einer Lochkarte 80 Zeichen abgespeichert werden können, ist es historisch bedingt, daß man normalerweise bis zu 80 Zeichen in einem Datensatz eintragen kann. Wir nehmen für das folgende den Standardwert von maximal 80 Zeichen pro Datensatz an und verabreden daher für die Erfassung der Daten unserer Untersuchung die folgende *Erfassungsvorschrift* (Tabelle 4.3), die bereits bei der Gestaltung des Fragebogens durch die Angaben in der gesonderten Kodespalte berücksichtigt wurde (s. Abschnitt 4.1):

Werte des Merkmals	Satzart	Zeichenposition
Identifikationsnummer	1	1 - 3
Kennung für die Satzart 1	1	4
Geschlecht	1	5
Geburtsjahr	1	6 - 7
Familienstand	1	8
Postleitzahl	1	9 - 12
Bundesland	1	13 - 14
Berufsausbildung	1	17
Erwartung an Rangplatz 1	1	69
Erwartung an Rangplatz 2	1	70
Erwartung an Rangplatz 3	1	71
Identifikationsnummer	2	1 - 3
Kennung für die Satzart 2	2	4
Stellenaussichten nach dem Studium	2	24
Anspruch auf einen qualifizierten Arbeitsplatz	2	25
Arbeitsmarktkenntnis	2	27

Tabelle 4.3: Erfassungsvorschrift

Für diese Festlegung haben wir die folgende Verfahrensvorschrift berücksichtigt: Bestehen die Zeilen der Datenmatrix aus mehr als 80 Zeichen, so muß die Datenerfassung in mehreren *Satzarten* erfolgen, d.h. es sind pro Beobachtung nicht nur ein, sondern mehrere Datensätze für die Abspeicherung der Werte erforderlich. In jedem dieser Sätze sollte neben einer Identifikationsnummer für die Beobachtung auch eine Kennung für die jeweilige Satzart (Satznummer) eingetragen werden. Mit dieser Kennung wird festgelegt, welcher Datensatz den Anfang der zugehörigen Datenmatrix-Zeile, welche Sätze die sich anschließenden Zeichenbereiche und welcher Satz den letzten Teil der Datenmatrix-Zeile enthält.

In unserem Beispiel ist an der Zeichenposition 4 als Kennung für den jeweils ersten Datensatz (mit den Werten der Satzart 1) der Wert "1" und als Kennung für den jeweils zweiten Datensatz (mit den Werten der Satzart 2) der Wert "2" einzutragen.

Nach der Datenerfassung kann mit Hilfe der Identifikations- und Satznummern — diese sollten bereits von vornherein an den entsprechenden Stellen im Fragebogen abgedruckt sein — die Konsistenz der Sätze geprüft werden. Dabei müssen wir uns davon überzeugen, ob die Anzahl der Datensätze mit der Satzart 1 gleich der Anzahl der Sätze mit der Satzart 2 ist und ob auf jeden Satz der Satzart 1 unmittelbar ein Satz der Satzart 2 folgt. Nur so kann bei der Dateneingabe gewährleistet werden, daß jeder Beobachtung die Werte aus einem Fragebogen, die in zwei Sätzen der Satzart 1 und 2 erfaßt wurden, korrekt zugeordnet werden.

Datenträger

Früher wurde eine Datenerfassung in der Regel an einem Schreiblocher auf den Datenträger Lochkarte vorgenommen. Heutzutage wird die Erfassung normalerweise durch den Dialog mit einem in einer DVA ablaufenden (Editor-) Programm zur Datenerfassung durchgeführt. Dabei werden die erfaßten Daten auf einen magnetischen Datenträger wie z.B. eine Diskette, eine Magnetplatte oder ein Magnetband übertragen.

Im folgenden gehen wir stets davon aus, daß uns eine Magnetplatte als Datenträger zur Verfügung steht. Eine *Magnetplatte* besteht aus mehreren übereinandergelagerten, auf einer Achse zusammengefaßten dünnen Plattenscheiben, die mit einer magnetisierbaren Schicht versehen sind. Jede Scheibe ist in konzentrische Ringe gegliedert, die *Spuren* (tracks) genannt werden. In diesen Spuren werden die Daten in Form von Datensätzen gespeichert. Durch diese Ablageform erlaubt der Datenträger Magnetplatte die Einrichtung von "Direktzugriffs-Dateien", bei denen gezielt auf einzelne Datensätze zugegriffen werden kann. Wegen ihrer hohen Umdrehungsgeschwindigkeit stellt die Magnetplatte einen schnellen Direktzugriffsspeicher dar, der sich wegen der hohen Packungsdichte bei der Ablage der Daten auch durch seine große Speicherkapazität (bis zu 1 Milliarde Zeichen pro Magnetplatte) auszeichnet.

4.3 Datenerfassung mit dem SAS-"Display Manager"

SAS-System und Betriebssystem

Für die Erfassung der Daten gemäß der oben verabredeten Erfassungsvorschrift benutzen wir einen *Bildschirmarbeitsplatz* als Erfassungsgerät. Mit diesem an eine Datenverarbeitungsanlage (DVA) angeschloßenen Arbeitsplatz, der aus einer Tastatur zur Dateneingabe und einem Bildschirm zur Datenausgabe besteht, führen wir einen Dialog mit dem innerhalb der DVA als Dialog-Partner vorhandenen SAS-System. Dabei demonstrieren wir den Einsatz des *SAS-"Display Managers"* [2] für die Datenerfassung, die Eingabe der Analyseanforderungen und die Ausgabe der Analyseergebnisse. Diese im Hinblick auf die Einsatzmöglichkeiten von SAS auf PC's als neue Kommunikationsform entwickelte Komponente für den Dialogbetrieb steht mit etwa gleichem Leistungsumfang auf PC's und Großrechenanlagen zur Verfügung. Gegenüber dem herkömmlichen Stapelbetrieb (s. Anhang A.3) , bei dem alle Anforderungen an das SAS-System vor dessen Aufruf formuliert werden müssen und keine Eingriffsmöglichkeiten während der Bearbeitung bestehen, stellt der SAS-"Display Manager" ein flexibles und komfortables Instrumentarium für das dialogorientierte Arbeiten mit dem SAS-System bereit. Wir werden im folgenden voraussetzen, daß das SAS-System mit dem SAS-"Display Manager" auf der DVA zur Verfügung steht.

---

[2] Der SAS-"Display Manager" steht ab der Programmversion 5 zur Verfügung.

Den Datenfluß beim Einsatz des SAS-Systems können wir uns durch das folgende
Schema veranschaulichen (Abbildung 4.3):

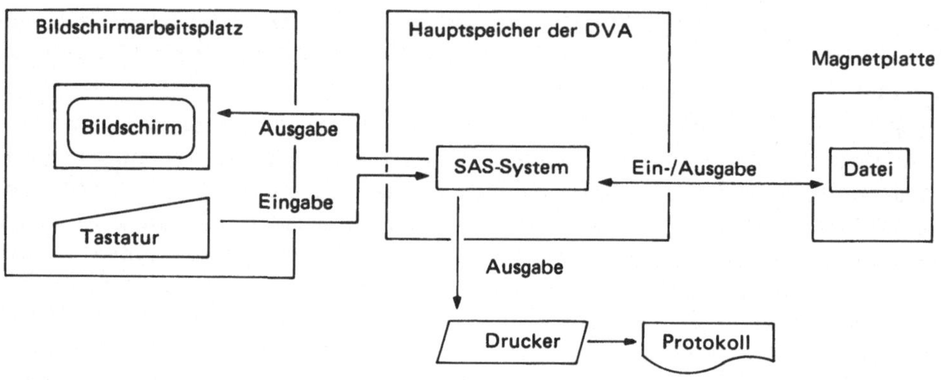

Abbildung 4.3: Datenfluß bei der Ausführung des SAS-Systems

Das *SAS-System* besteht aus einer Sammlung von Programmteilen, die zur
Durchführung der Datenanalyse in den Hauptspeicher übertragen und dort ausgeführt werden. Wie die Daten zu verarbeiten sind, teilen wir dem SAS-System
über die Tastatur unseres Bildschirmarbeitsplatzes mit. Zur Erledigung der Anforderungen überträgt das SAS-System die zu verarbeitenden Daten in den Hauptspeicher und führt dort die gewünschten Verarbeitungsschritte durch. Anschließend
speichert es die Ergebnisse auf dem Datenträger Magnetplatte ab bzw. gibt sie auf
dem Bildschirm unseres Arbeitsplatzes aus.

Bevor wir den Dialog mit dem SAS-System beginnen können, müssen wir uns nach
dem Einschalten des Bildschirmarbeitsplatzes zunächst gegenüber dem Betriebssystem als benutzungsberechtigt ausweisen. Das *Betriebssystem* ist ein zentrales
Überwachungsprogramm einer DVA, das alle Vorgänge in der DVA steuert und
kontrolliert.

Dialogeröffnung

Wir demonstrieren das Arbeiten mit dem SAS-System beispielhaft für den Einsatz
unter den Systemen TSO (auf IBM-Anlagen) und TSS (auf SIEMENS-BS3000-
Anlagen) und verweisen bezüglich der Arbeit mit dem System VM/CMS auf den
Anhang A.1. Nachdem wir den Bildschirmarbeitsplatz eingeschaltet haben, warten
wir die Meldung

`SYSTEM READY`

auf dem Bildschirm ab. Wir nehmen an, daß wir unter der Benutzernummer A20A
auf der DVA rechenberechtigt sind. Daher geben wir über die Zeichentasten der
Tastatur (wie beim Arbeiten mit einer Schreibmaschine) die Zeichenfolge

```
LOGON TSS A20A<etx>
```

ein und teilen dadurch dem Betriebssystem unseren Wunsch zur Aufnahme einer
Dialogsitzung mit. Die Angabe von "`<etx>`" soll anzeigen, daß wir die Enter-Taste
(auch Return-Taste genannt) zum Absenden der zuvor eingegebenen Zeichen als
Meldung an das Betriebssystem betätigt haben. Unser o.a. LOGON-Kommando
wird vom Betriebssystem mit der Ausgabe der Meldung

```
ENTER CURRENT PASSWORD FOR A20A-
```

quittiert. Daraufhin geben wir das für unsere Benutzernummer verabredete Paßwort
ein (im Gegensatz zur normalen Eingabe von Zeichen wird ein Paßwort am Bildschirm nicht protokolliert) und erhalten daraufhin die Meldung

```
READY
```

ausgegeben, die zur Eingabe eines Kommandos auffordert. Für jede Dienstleistung,
die man vom Betriebssystem abrufen kann, gibt es ein geeignetes Kommando, mit
dem man die Art der Leistung und die evtl. erforderlichen Zusatzangaben formulieren muß .
Wir wollen, daß das SAS-System mit dem SAS-"Display Manager" aktiviert wird.
Daher geben wir das Kommando

```
SAS<etx>
```

ein. Dieser Aufruf ist installationsabhängig, so daß sich jeder Anwender vor dem
Einsatz des SAS-Systems mit dem SAS-"Display Manager" bei seinem Rechenzentrum über die Aufrufkonvention informieren sollte. Nach der Eingabe des Kommandos SAS ersetzt das SAS-System den aktuellen Bildschirminhalt unseres Bildschirmarbeitsplatzes durch den in der Abbildung 4.4 (auf der nächsten Seite) angegebenen
Bildschirmaufbau.
Der Bildschirm gliedert sich in den *Log-* und den *Editor-Schirm*. Im Log-Schirm
werden die Meldungen des SAS-Systems ausgegeben, und im Editor-Schirm werden
die über die Tastatur eingegebenen Zeichen protokolliert. Der *Cursor*, eine Schreib-
marke auf dem Bildschirm, steht an der 1. Zeichenposition in der Bildschirmzeile des
Editor-Schirms, die durch die Numerierung "00001" eingeleitet wird. Bei der Dateneingabe läßt sich der Cursor mit Hilfe der folgenden Cursor-Positionierungstasten
auf die jeweils gewünschte Bildschirmposition bewegen:

- Cursor-links : eine Zeichenposition zurück

- Cursor-rechts : eine Zeichenposition weiter

- Cursor-hoch : in die gleiche Zeichenposition der vorausgehenden Zeile

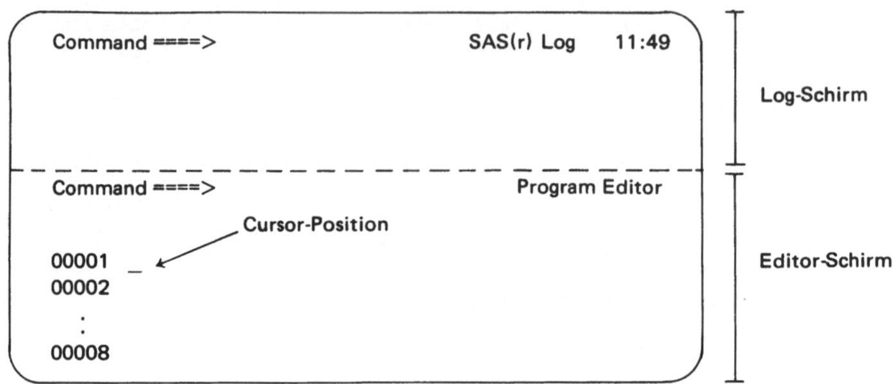

Abbildung 4.4: Bildschirmaufbau des SAS-"Display-Managers"

- Cursor-tief : in die gleiche Zeichenposition der nachfolgenden Zeile

- Cursor-home : an den Anfang des ersten ungeschützten Zeichenbereichs auf
  dem Bildschirm.

Damit die innerhalb des Bildschirm-Menüs eingetragenen Texte nicht überschrieben
werden können, sind sie in sog. *geschützten* Zeichenbereichen enthalten. Zur An-
steuerung des jeweils nächsten ungeschützten Zeichenbereichs kann — als Ersatz für
den u.U. aufwendigen Einsatz der Cursor-Positionierungstasten — die Tabulator-
Taste eingesetzt werden.

Allokierung einer Datei

Bevor wir mit der Erfassung der Daten aus unseren Fragebögen beginnen, müssen
wir eine Magnetplatten-Datei einrichten (allokieren) lassen, in die wir die erfaßten
Datensätze abspeichern können.

Magnetplatten-Dateien werden vom Betriebssystem durch einen *Dateinamen* identifiziert, der bei der Einrichtung einer Datei — in gewissen Grenzen — frei wählbar
ist und der anschließend in einen internen Datei-Verwaltungskatalog eingetragen
wird, so daß über die Angabe des katalogisierten Dateinamens auf die in dieser
Datei abgespeicherten Datensätze zugegriffen werden kann.

Ist "A20A" die Benutzernummer, unter der wir rechenberechtigt sind, so verabreden
wir für die zu erstellende Daten-Datei den Dateinamen "A20A.BRESTUD.DATA"
und formulieren unsere Anforderung durch die X-Anweisungen:

```
X ATTRIB SATZBAU RECFM(F B) LRECL(80) BLKSIZE(3120);
X ALLOC  DD(DATEN) DA('A20A.BRESTUD.DATA') UNIT(SYSDA)
         VOL(USER04) NEW TRACKS SPACE(5 1) USING(SATZBAU);
```

Grundsätzlich muß eine Dienstleistung des Betriebssystems — wie z.B. die Allokierung einer Magnetplatten-Datei — immer innerhalb einer X-Anweisung angegeben werden. Dazu ist das vom Betriebssystem auszuführende Kommando (in unserem Fall das ATTRIB- bzw. das ALLOC-Kommando) durch den Buchstaben "X" — mit nachfolgendem Leerzeichen — einzuleiten und mit dem Semikolon ";" abzuschließen.

Wir tragen die beiden X-Anweisungen in die ersten drei Zeilen des Editor-Schirms ein und ergänzen die Eingabe durch den Befehl

    SUBMIT

innerhalb der COMMAND-Zeile, so daß sich der Bildschirminhalt anschließend wie folgt darstellt (Abbildung 4.5):

```
-------------------------------------------------------------------
Command ===> SUBMIT                                  Program Editor

00001 X ATTRIB SATZBAU RECFM(F B) LRECL(80) BLKSIZE(3120);
00002 X ALLOC  DD(DATEN) DA('A20A.BRESTUD.DATA') UNIT(SYSDA)
00003         VOL(USER04) NEW TRACKS SPACE(5 1) USING(SATZBAU);
00004
00005
00006
00007
00008
```

Abbildung 4.5: Inhalt des Editor-Schirms

Durch den Druck auf die Enter-Taste wird der SUBMIT-Befehl ausgeführt und dadurch der Inhalt des Editor-Schirms an das SAS-System übertragen. Jede durch das SAS-System ausgeführte Anweisung wird im Log-Schirm protokolliert, so daß die folgenden Zeilen auf dem Bildschirm ausgegeben werden (Abbildung 4.6):

```
-------------------------------------------------------------------
Command ===>                                     SAS(r)-Log  11:45

1 X ATTRIB SATZBAU RECFM(F B) LRECL(80) BLKSIZE(3120);
2 X ALLOC  DD(DATEN) DA('A20A.BRESTUD.DATA') UNIT(SYSDA)
3         VOL(USER04) NEW TRACKS SPACE(5 1) USING(SATZBAU);
-------------------------------------------------------------------
```

Abbildung 4.6: Inhalt des Log-Schirms

Werden diese beiden X-Anweisungen (mit den ATTRIB- und ALLOC-Kommandos
an das Betriebssystem) ausgeführt, so wird die Datei "A20A.BRESTUD.DATA"
(DA('A20A.BRESTUD.DATA')) als neue Datei (NEW) auf der Magnetplatte
(UNIT(SYSDA)) mit der Kennung USER04 (VOL(USER04)) eingerichtet und
kann im folgenden — wenn wir nämlich die von uns eingegebenen Daten in die
Datei "A20A.BRESTUD.DATA" sichern lassen wollen — über den DD-Namen
DATEN (DD(DATEN)) angesprochen werden. Mit den Angaben "RECFM(F B)",
"LRECL(80)" und "BLKSIZE(3120)" beschreiben wir die Satzstruktur mit jeweils
80 Zeichen pro Datensatz und die Zusammenfassung von jeweils 39 Datensätzen
zu einem Datenblock für den Transport der Datensätze vom Hauptspeicher zur
Magnetplatte und umgekehrt. Durch die Angabe von "TRACKS" wählen wir die
Spur als Speichereinheit für die Platzreservierung aus. Durch "SPACE(5 1)" wird
bestimmt, daß zunächst 5 Spuren bereitzustellen sind und der Speicherbereich um
jeweils 1 Spur (bis zu 15 mal) zu erweitern ist, falls der bereits zur Verfügung
gestellte Bereich für die Ablage der erfaßten Datensätze nicht ausreicht.

Dateneingabe

Da nach dem Abschicken des SUBMIT-Befehls die Eintragungen im Editor-Schirm
automatisch gelöscht wurden und der Cursor an den Beginn der Bildschirmzeile mit
der Numerierung "00001" plaziert wird, kann unmittelbar mit der Erfassung der Daten aus dem ersten Fragebogen begonnen werden. Dazu sind zunächst die Zeichen
für die erste Satzart nach der für unsere Untersuchung verbindlichen Erfassungsvorschrift (s. Abschnitt 4.2) einzugeben. Zum Zeilenwechsel können wir anstelle
einer Cursorpositionierung auch die Enter-Taste benutzen, nach deren Betätigung
der Cursor automatisch an den Anfang der nächsten Bildschirmzeile (hinter die dort
eingetragene Zeilennummer) springt. Sind wir nach der Erfassung weiterer Datenzeilen an der letzten Bildschirmzeile angelangt, so wird der untere Bildschirmteil
nach Betätigung der Enter-Taste automatisch um eine Bildschirmzeile nach oben be-
wegt (Scrolling), so daß wir die Erfassung mit der Dateneingabe in die jeweils letzte
Bildschirmzeile fortsetzen können. Da eine Bildschirmzeile (wegen der am Anfang
einer Zeile plazierten Zeilennummer) nur jeweils 73 Zeichenpositionen enthält, muß
mit Hilfe des Befehls

    RIGHT

der in die COMMAND-Zeile des Editor-Schirms einzutragen und durch die
Betätigung der Enter-Taste abzusenden ist, das "Bildschirmfenster" nach rechts
verschoben werden, so daß der Zeichenbereich bis einschließlich Zeichenposition
80 sichtbar wird. Diese Verschiebung des Bildschirmfensters läßt sich durch die
Ausführung des Befehls

    LEFT

wieder rückgängig machen. Die Datenerfassung am Bildschirmarbeitsplatz hat den
Vorteil, daß die aus einer Fehlbedienung der Tastatur resultierenden Eingabefehler

unmittelbar korrigiert werden können. Dazu werden die folgenden Korrektur-Tasten eingesetzt:

- Delete-Taste : löscht das Zeichen an der aktuellen Cursorposition
- Insert-Taste : ermöglicht die Einfügung von Zeichen an der aktuellen Cursorposition (durch erneuten Druck dieser Taste wird die Einfügung beendet).

Editor-Puffer

Bei der Erfassung werden die Daten von der Tastatur in einen festgelegten Teil des vom SAS-System eingenommenen Hauptspeicherbereichs, den sog. *Editor-Puffer*, übertragen und erst von dort aus — zur Sichtkontrolle — vom SAS-System auf dem Bildschirmbereich des Editor-Schirms ausgegeben, so daß sich der Datenfluß wie folgt darstellt (Abbildung 4.7):

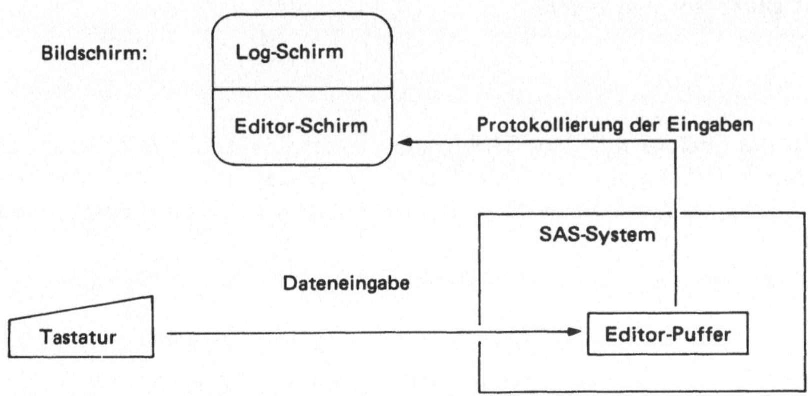

Abbildung 4.7: Editor-Puffer und Protokollierung

So werden auch alle mit Hilfe der Korrekturtasten durchgeführten Datenkorrekturen zunächst im Editor-Puffer vorgenommen. Erst anschließend erfolgt eine Veränderung der Eintragungen auf dem Editor-Schirm.

Sichern der erfaßten Daten (Datensicherung)

Nachdem alle Zeilen der Datenmatrix erfaßt worden sind, müssen wir die im Hauptspeicher innerhalb des Editor-Puffers zwischengespeicherten Datensätze in die Magnetplatten-Datei "A20A.BRESTUD.DATA" übertragen lassen. Da wir diesen Dateinamen zuvor durch eine X-Anweisung der Kennung "DATEN" zugeordnet haben, tragen wir den Befehl

```
SAVE DATEN
```

in die COMMAND-Zeile des Editor-Schirms ein und bringen ihn durch den Druck
auf die Enter-Taste zur Ausführung (Abbildung 4.8).

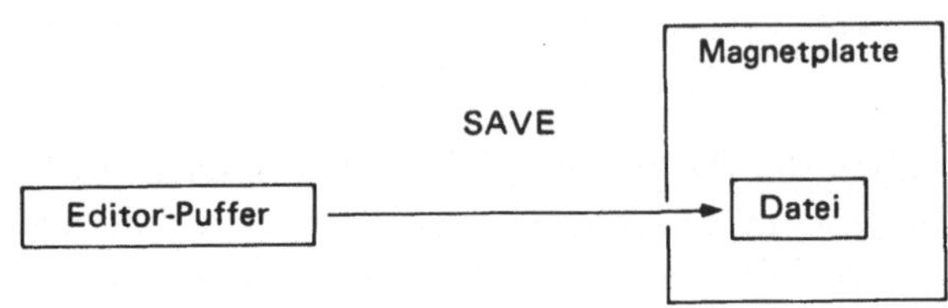

Abbildung 4.8: Datensicherung

Anschließend geben wir den Befehl

```
BYE
```

zum Abbruch des Dialogs mit dem SAS-System in die COMMAND-Zeile ein und
senden ihn durch Betätigung der Enter-Taste ab. Daraufhin beendet das SAS-
System den Dialog, und das Betriebssystem meldet sich durch die Bildschirmaus-
gabe von

```
READY
```

woraufhin das nächste Kommando an das Betriebssystem eingegeben werden darf.
Zum Abbruch des Dialogs mit dem Betriebssystem und zur Beendigung der Dialogsitzung geben wir das Kommando

```
LOGOFF<etx>
```

ein, worauf sich das Betriebssystem mit der Ausgabe von

```
SYSTEM READY
```

zur Aufnahme der nächsten Dialogsitzung meldet. In der beschriebenen Dialogsitzung haben wir Anforderungen an das Betriebssystem (Kommandos) und —
innerhalb der COMMAND-Zeile des Editor-Schirms — an den SAS-"Display Manager" (Befehle) gestellt. Wir demonstrieren hier zusammenfassend die beiden unterschiedlichen Ebenen, in denen Kommandos und Befehle formuliert werden, durch
das folgende Schema (Abbildung 4.9):

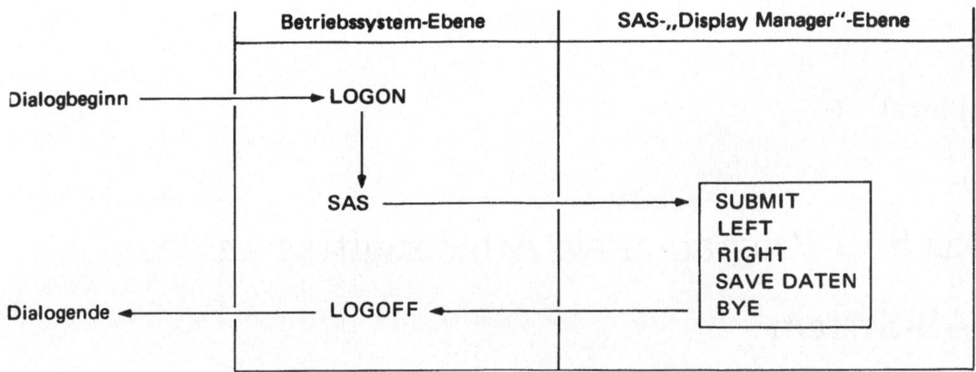

Abbildung 4.9: Kommando- und Befehlsebene

Damit sind die Fragebogendaten erfaßt und in der Magnetplatten-Datei "A20A.BRESTUD.DATA" abgespeichert worden, so daß die Auswertung dieser Daten-Datei mit dem SAS-System durchgeführt werden kann.

Weiterführung einer unterbrochenen Erfassung

Nachzutragen bleibt noch, wie zu verfahren ist, wenn die Datenerfassung unterbrochen und in einem nachfolgenden Dialog weitergeführt werden soll. In diesem Fall muß bei Aufnahme des Dialogs mit dem SAS-System die X-Anweisung

```
X ALLOC DD(DATEN) DA('A20A.BRESTUD.DATA') MOD;
```

in den Editor-Schirm eingetragen und mit dem SUBMIT-Befehl abgesandt werden. Danach kann man über den DD-Namen DATEN auf die bereits eingerichtete Magnetplatten-Datei "A20A.BRESTUD.DATA" zugreifen. Durch die Ausführung des (in die COMMAND-Zeile eingetragenen) Befehls

```
SAVE DATEN
```

werden die nachträglich erfaßten Datensätze hinter dem letzten Datensatz der Datei "A20A.BRESTUD.DATA" abgespeichert.

Kapitel 5

Das SAS-Programm als Arbeitsauftrag an das SAS-System

5.1 Ein SAS-Programm zur Häufigkeitsauszählung

Das SAS-Programm

Nachdem wir — zur Vorbereitung für die Datenanalyse mit dem SAS-System — die
Daten unserer Untersuchung erfaßt haben, greifen wir die Fragestellungen aus dem
Abschnitt 3 auf und stellen uns zunächst die Aufgabe, die Häufigkeitsverteilungen
der Merkmale

- "Berufsausbildung" (dessen Werte in der Zeichenposition 17 in den Datensätzen der Satzart 1 erfaßt sind),

- "Stellenaussichten nach dem Studium" (mit den Werten an der Zeichenposition 24 in den Datensätzen der Satzart 2) und

- "Arbeitsmarktkenntnis" (mit den Werten an der Zeichenposition 27 in den
  Datensätzen der Satzart 2)

vom SAS-System ermitteln zu lassen. Dazu formulieren wir unsere Anforderungen in Form eines Arbeitsauftrags an das SAS-System durch das folgende *SAS-
Programm*:

```
DATA STUDANF;                                          ⎤
      INFILE DATEN;                                    |   DATA-Step
      INPUT #1 AUSBILD 17                              |
            #2 AUSSICHT 24 KENNTNIS 27;                ⎦
PROC FREQ;                                             ⎤   PROC-Step
      TABLES AUSBILD AUSSICHT KENNTNIS;                ⎦
```

Dieses Programm besteht aus den fünf *SAS-Anweisungen* DATA, INFILE, INPUT,
PROC und TABLES, die in einen DATA- und in einen PROC-Step eingeordnet

sind. Der *DATA-Step* wird durch die DATA-Anweisung und der *PROC-Step* durch
die PROC-Anweisung eingeleitet. Jede SAS-Anweisung wird durch das Trennzei-
chen Semikolon ";" (Beistrich) beendet und beginnt mit einem charakteristisches
Schlüsselwort, das die Art der Anforderung festlegt.

SAS-Datei und Variable

Durch die Ausführung der Anweisungen des DATA-Steps werden die Datensätze
unserer Daten-Datei (mit den Angaben in den Fragebögen) in eine SAS-Datei übertragen. Der Datenfluß stellt sich somit wie folgt dar (Abbildung 5.1):

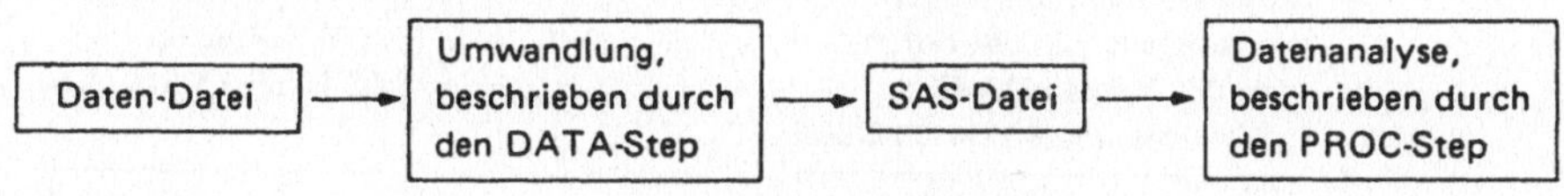

Abbildung 5.1: Datenfluß

Diese Datenübertragung in eine SAS-Datei ist erforderlich, da das SAS-System
eine Datenanalyse *nur* mit Daten aus einer *SAS-Datei* ausführen kann. In einer
SAS-Datei sind nämlich die zu analysierenden Daten in einem für die erforderliche
Verarbeitung günstigen internen Ablageformat gespeichert.
Der DATA-Step

```
DATA STUDANF;
    INFILE DATEN;
    INPUT #1 AUSBILD 17
        #2 AUSSICHT 24 KENNTNIS 27;
```

enthält die SAS-Anweisungen DATA, INFILE und INPUT.
Die *DATA-Anweisung* leitet den DATA-Step ein und legt den Namen für die zu
erzeugende SAS-Datei fest. In unserem Fall soll diese Datei den Namen STUDANF
tragen. Ebenso hätten wir z.B. den Namen "SAS1" oder auch "STUDENT" wählen
können.
Die Anweisung *INFILE* bestimmt, daß auf die Daten-Datei mit den Werten aus
den Fragebögen über den DD-Namen DATEN zugegriffen werden soll. Auf welche
Magnetplatten-Datei dieser DD-Name bei der Programmausführung weist, ist dem
Betriebssystem vor der Ausführung des SAS-Programms mitzuteilen.
Z.B. haben wir bei der Datenerfassung mit dem SAS-System (siehe Abschnitt
4.3) der Magnetplatten-Datei "A20A.BRESTUD.DATA" den DD-Namen DATEN
zugeordnet. Demnach ist vor der Ausführung des o.a. SAS-Programms die
Magnetplatten-Datei "A20A.BRESTUD.DATA" mit dem von uns gewählten DD-
Namen DATEN in Verbindung zu bringen (siehe Abschnitt 5.2).
Durch die Angaben innerhalb einer *INPUT-Anweisung* wird derjenige Bereich einer
Datenmatrix markiert, der für die Datenanalysen mit dem SAS-System bereitge-
stellt werden soll. Die aus der Datenmatrix ausgewählten Spalten mit den Werten

spezieller Merkmale sollen als SAS-Datei auf eine Magnetplatte übertragen werden.
Bei der Ausführung der in unserem SAS-Programm enthaltenen INPUT-Anweisung

```
INPUT #1 AUSBILD 17
      #2 AUSSICHT 24 KENNTNIS 27;
```

wird der folgende Ausschnitt unserer Datenmatrix in die SAS-Datei STUDANF
übertragen (Abbildung 5.2):

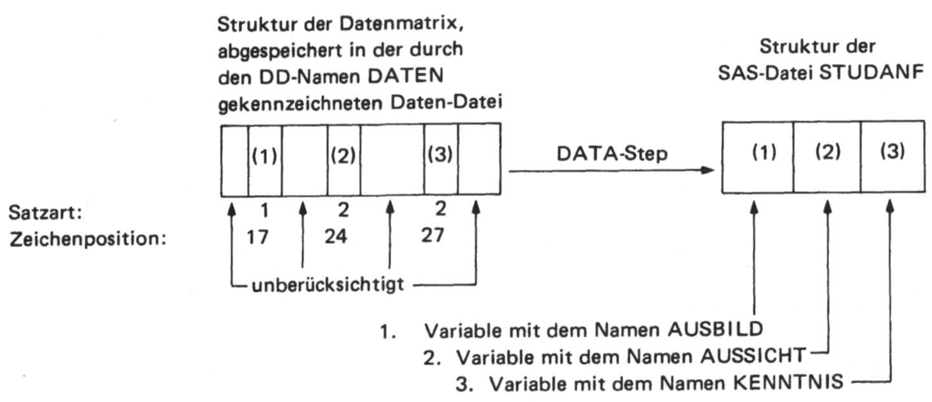

Abbildung 5.2: Dateneingabe aus der Daten-Datei

So werden alle außerhalb der Zeichenposition 17 in den Datensätzen der Satzart 1
und außerhalb der Zeichenpositionen 24 und 27 in den Datensätzen der Satzart 2
abgespeicherte Daten der Daten-Datei nicht in die SAS-Datei übertragen und sind
anschließend für eine Datenanalyse auch nicht verfügbar.

Damit die Dateneingabe in der beschriebenen Weise erfolgen kann, ist peinlich genau
darauf zu achten, daß die Satzfolge auch tatsächlich in der unterstellten Form in
der Daten-Datei vorhanden ist, d.h. für jede Beobachtung muß zuerst der Satz mit
der Satzart 1 und unmittelbar darauf der Satz mit der Satzart 2 folgen (dies setzen
wir für die folgende Beschreibung stets voraus). Bei der Dateneingabe — durch die
Ausführung der INPUT-Anweisung — wird die tatsächlich vorliegende Satzfolge
nämlich nicht überprüft. Beim Einlesen der für jede Beobachtung abgespeicherten
Werte besagt die Markierungsangabe "#1" innerhalb von

```
#1 AUSBILD 17
```

einzig und allein, daß sich die Angabe

```
AUSBILD 17
```

auf den 1. Satz der jeweils 2 für eine Beobachtung vorliegenden Sätze beziehen soll — unabhängig davon, ob dieser Satz auch die von uns festgelegte Kennung "1" an der Zeichenposition 4 enthält (s. die Angaben im Kodeplan in Abschnitt 4.1). Zur Kontrolle sollte die richtige Satzfolge nach der Dateneingabe geprüft werden (s. Abschnitt 6.7).

Die Angabe

```
#1 AUSBILD 17
```

besagt insgesamt, daß aus jedem ersten zu einer Beobachtung gehörenden Datensatz der innerhalb der Zeichenposition 17 eingetragene Wert (dies ist ein Wert des Merkmals "Berufsausbildung") in die erste Kolumne der SAS-Datei einzuspeichern ist, und daß anschließend die Gesamtheit dieser Werte über den Namen AUSBILD für die Datenanalysen bereitzustellen sind.

Die Gesamtheit der Werte, die in einer Kolumne der SAS-Datei abgespeichert werden, bezeichnet man als *Variable*, und den Namen, mit dem auf die Werte dieser Variablen innerhalb des SAS-Programms zugegriffen werden kann, nennt man *Variablenname*.

Damit wird AUSBILD als Variablenname vereinbart, der die gesamten Variablenwerte kennzeichnet, die in der ersten Kolumne der SAS-Datei abgespeichert sind.

Ein Variablenname darf aus maximal 8 Zeichen bestehen. Er wird durch einen Buchstaben eingeleitet, dem folgende Zeichen folgen dürfen:

- Buchstaben von "A" bis "Z",

- Ziffern von "0" bis "9" sowie das

- Unterstreichungszeichen "_".

Innerhalb dieser Einschränkungen sind Variablennamen frei wählbar, so daß wir anstelle von AUSBILD z.B. auch die Namen ASBLDNG oder A (nicht sinnvoll, weil nicht aussagekräftig) in der INPUT-Anweisung aufführen könnten.

Über die weiteren Markierungsangaben

```
#2 AUSSICHT 24 KENNTNIS 27
```

wird folgendes festgelegt:

Der Name der zweiten Variable in der SAS-Datei ist AUSSICHT. Er benennt die gesamten Werte des Merkmals "Stellenaussichten nach dem Studium", die - vor der Übertragung in die SAS-Datei - in jeweils der 24. Zeichenposition eines Datensatzes der Satzart 2 innerhalb der Datei "A20A.BRESTUD.DATA" erfaßt worden sind. Die in der 27. Zeichenposition eines Datensatzes der Satzart 2 eingetragenen Werte des Merkmals "Arbeitsmarktkenntnis" werden als Werte der 3. Variablen in die SAS-Datei übertragen und sind durch den Variablennamen KENNTNIS benannt.

Basis der Datenanalyse

Nach der Einrichtung der SAS-Datei STUDANF durch die Anweisungen des DATA-Steps liegt für die nachfolgende, durch den PROC-Step beschriebene Analyse die folgende Ausgangssituation vor (Abbildung 5.3):

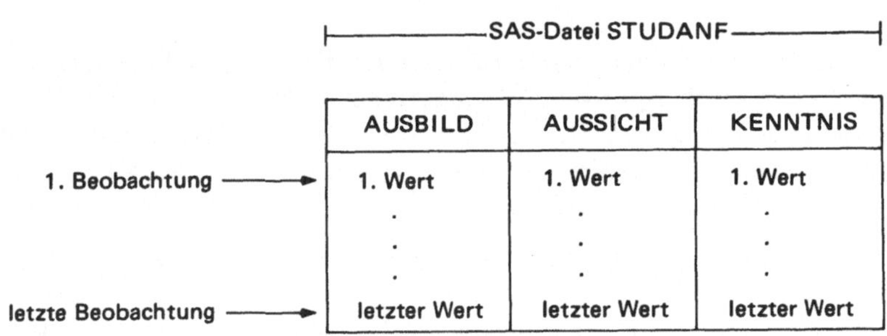

Abbildung 5.3: Struktur der SAS-Datei

Unsere SAS-Datei STUDANF besteht aus den Werten der drei Variablen AUSBILD, AUSSICHT und KENNTNIS. Mit Hilfe dieser Variablennamen stellen wir innerhalb des PROC-Steps die Variablenwerte bereit, für die eine Häufigkeitsauszählung durch das SAS-System vorgenommen werden soll.

Häufigkeitsauszählung

Mit der Anweisung *PROC* fordern wir über die Spezifizierung durch das Schlüsselwort *FREQ* eine Häufigkeitsauszählung für diejenigen Variablen an, deren Namen innerhalb der nachfolgenden *TABLES-Anweisung* angegeben sind. Somit rufen wir durch die beiden Anweisungen

```
PROC FREQ;
     TABLES AUSBILD AUSSICHT KENNTNIS;
```

Häufigkeitsverteilungen für die Werte der Variablen AUSBILD, AUSSICHT und KENNTNIS ab. In dieser Situation, in der die Analyse über alle Variablen erfolgen soll, kann auf die Angabe der TABLES-Anweisung verzichtet werden, da ohne eine TABLES-Anweisung stets alle Variablen einer SAS-Datei in die Auswertung einbezogen werden. So läßt sich in diesem Fall für den PROC-Step abkürzend

```
PROC FREQ;
```

schreiben. Als Ergebnis der von uns abgerufenen Datenanalyse liefert das SAS-
System etwa für die Variable AUSBILD die folgende — in der Abbildung 5.4 dargestellte — Häufigkeitstabelle (wie dieses Analyseergebnis für den Anwender ausgegeben wird, lernen wir weiter unten kennen):

```
                                   CUMULATIVE   CUMULATIVE
 AUSBILD   FREQUENCY    PERCENT    FREQUENCY    PERCENT
-------------------------------------------------------------
    .          4           .           .            .
    1         23          6.0         23           6.0
    2        162         42.0        185          47.9
    3        201         52.1        386         100.0
```

Abbildung 5.4: Häufigkeitstabelle der Variable AUSBILD

Interpretation der Häufigkeitstabelle

Die Ergebnisse der Häufigkeitsauszählung sind in Form von 5 Kolumnen protokolliert. Die erste Kolumne, die mit dem Variablennamen AUSBILD überschrieben
ist, enthält die *Kodewerte*. Vor den Ausprägungen 1, 2 und 3 ist das Zeichen
".'' zur Kennzeichnung dafür eingetragen, daß die Frage nicht beantwortet wurde
(".'' kennzeichnet fehlende Werte, s. Abschnitt 4.1). In der nächsten Kolumne mit
den *absoluten Häufigkeiten* (FREQUENCY) wird für jeden Variablenwert die Anzahl der Beobachtungen angezeigt, die diesen Wert als Ausprägung besitzen. Die
vierte Kolumne (CUMULATIVE FREQUENCY) enthält die *kumulierten absoluten
Häufigkeiten*. In der dritten Kolumne (PERCENT) sind für die Werte 1, 2 und 3 die
relativen Häufigkeiten — bezogen auf die Gesamtheit der Beobachtungen, welche
die Frage beantwortet haben — angegeben. Die *kumulierten relativen Häufigkeiten*
sind in der letzten Kolumne (CUMULATIVE PERCENT) zusammengefaßt.

Wir entnehmen der Häufigkeitstabelle der Variablen AUSBILD z.B., daß 4 Beobachtungen keinen gültigen Wert besitzen und daß die meisten Befragten (201), nämlich
rund 52%, noch keine Berufsausbildung begonnen haben. Dagegen haben ungefähr
48% der Befragten auf die Frage nach dem Beginn der Berufausbildung mit "ja''
geantwortet.

5.2   Durchführung der Datenanalyse

SAS-Job

Um das im Abschnitt 5.1 angegebene Beispielprogramm zum Abruf der
Häufigkeitsverteilungen durch das SAS-System zur Ausführung zu bringen, führen

wir einen Dialog mit dem SAS-System am Bildschirmarbeitsplatz (siehe dazu die Erläuterungen im Abschnitt 4.3). Nach der Eröffnung des Dialogs mit dem Betriebssystem durch das Kommando

```
LOGON TSS A20A<etx>
```

geben wir nach der vom Betriebssystem ausgegebenen Bereitschaftsmeldung (Promptmeldung)

```
READY
```

das Kommando[1]

```
SAS<etx>
```

zur Eröffnung des Dialogs mit dem SAS-System ein. Daraufhin wird der Bildschirm in einen Log- und in einen Editor-Bildschirm geteilt (vgl. Abschnitt 4.3), und das SAS-System ist zur Aufnahme von Eingaben in den Editor-Schirm bereit. Die über die Tastatur eingegebenen Daten gelangen in den Editor-Puffer und werden von dort auf dem Editor-Schirm angezeigt (Abbildung 5.5).

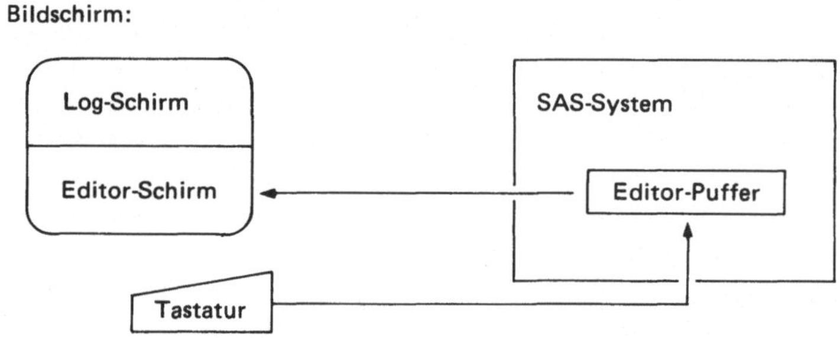

Abbildung 5.5: Eingabe in den Editor-Schirm

Wir tragen unsere Anforderungen an das SAS-System in Form des folgenden *SAS-Jobs* in den Editor-Schirm ein (siehe Abbildung 5.6 auf der nächsten Seite):
Grundsätzlich dürfen die SAS-Anweisungen *formatfrei* in die Eingabezeilen eingetragen werden, d.h. es gibt keine Vorschrift über evtl. zu beachtende Zeichenpositionen. Allerdings sollte man die Eingabe so vornehmen, daß das SAS-Programm übersichtlich und damit gut lesbar ist. Deshalb beginnen wir die DATA- und die PROC-Anweisung in der Zeichenposition 1 einer neuen Zeile und rücken alle anderen Anweisungen geeignet ein. Jede Anweisung beginnt in einer neuen Zeile. Sie wird, falls eine Zeile für die Darstellung nicht ausreicht, in nachfolgenden Zeilen fortgesetzt.

---

[1] s. die Fußnote im Abschnitt 4.3.

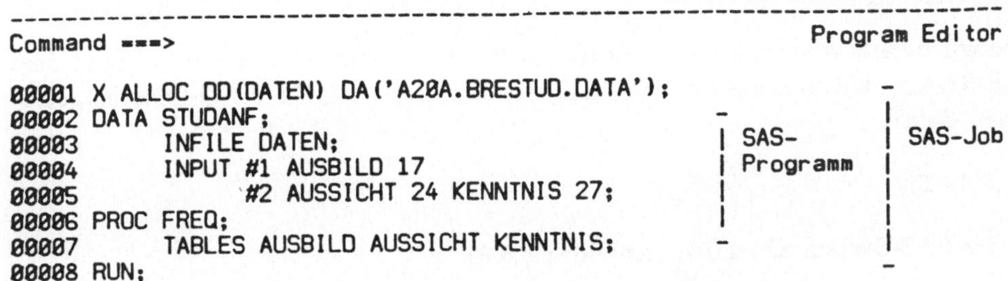

Abbildung 5.6: SAS-Job im Editor-Schirm

Ein *SAS-Job* faßt alle diejenigen Anweisungen zusammen, die vom SAS-System als ein Arbeitsauftrag zur Ausführung gebracht werden sollen. Unser SAS-Job wird durch die *X-Anweisung*

```
X ALLOC DD(DATEN) DA('A20A.BRESTUD.DATA');
```

eingeleitet. Diese Anweisung fordert vom SAS-System, daß es dem Betriebssystem die Verknüpfung des DD-Namens DATEN mit der auf einer Magnetplatte abgespeicherten Daten-Datei namens "A20A.BRESTUD.DATA" mitteilen soll (Abbildung 5.7):

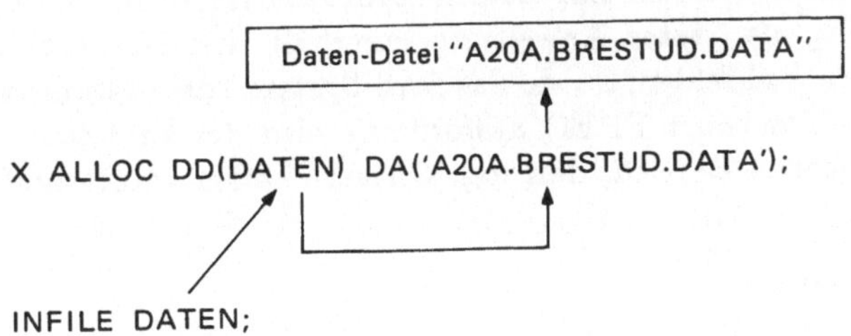

Abbildung 5.7: Verknüpfung von DD-Name und Datei

An die X-Anweisung schließen sich die Programmzeilen des SAS-Programms an. Hinter dem PROC-Step mit dem Schlüsselwort FREQ folgt die *RUN-Anweisung*

```
RUN;
```

die den SAS-Job beendet und damit auch das Ende des PROC-Steps markiert. Ohne die RUN-Anweisung würde das SAS-System zunächst nur den DATA-Step ausführen, da nicht erkennbar ist, ob der PROC-Step bereits vollständig angegeben wurde.

Ausführung des SAS-Jobs

Wie wir bereits wissen, können wir die im Editor-Schirm eingetragenen Daten dem
SAS-System dadurch übermitteln, daß wir den in der COMMAND-Zeile eingetragenen Befehl

    SUBMIT

an das SAS-System absenden (Abbildung 5.8):

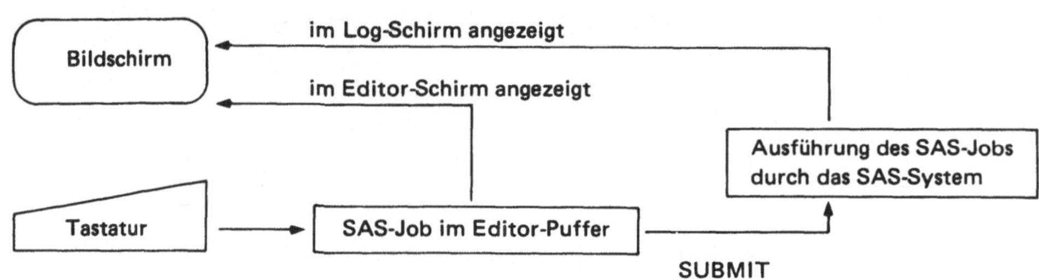

Abbildung 5.8: Ausführung des SUBMIT-Befehls

Jetzt werden die im Editor-Puffer eingetragenen Programmzeilen als SAS-Job an
das SAS-System übertragen und Anweisung für Anweisung ausgeführt, wobei jede
bearbeitete Anweisung auf dem Log-Schirm protokolliert wird. Nach dem Anlisten
der RUN-Anweisung als letzter Anweisung innerhalb des SAS-Jobs (diese Anweisung darf auf keinen Fall fehlen, da sie das SAS-System zur Ausführung des PROC-
Steps mit dem Schlüsselwort FREQ auffordert) wird der Bildschirm automatisch
auf einen dritten Schirm-Bereich, den sog. *Output-Schirm* umgeschaltet.

Der Output-Schirm

Innerhalb des Output-Schirms, der den gesamten Bildschirm ausfüllt, werden die
durch die Datenanalyse mit dem SAS-System (durch die Ausführung des PROC-
Steps) erzeugten Analyseergebnisse auf einer oder mehreren Ausgabeseiten protokolliert — wir sprechen im folgenden vom *Output-Protokoll.*
Um das automatische Umschalten auf den Output-Schirm — nach der Ausführung
des SAS-Jobs — zu verhindern, setzen wir für das folgende voraus, daß wir vor dem
Absenden des SUBMIT-Befehls den Befehl

    OUTPUT OFF

(in der COMMAND-Zeile des Editor-Schirms) eingeben. Dadurch befindet sich der
Cursor nach der Jobausführung im Editor-Schirm, so daß wir uns durch die Eingabe
des Befehls

OUTPUT

(in die COMMAND-Zeile) die erste Ausgabeseite des erzeugten Output-Protokolls
anzeigen lassen können.

Es ist sinnvoll, zunächst die PF2-Taste, eine Spezialtaste der Tastatur, zu drücken,
woraufhin der Output-Schirm durch eine COMMAND-Zeile eingeleitet wird und
sich — in unserem Fall — wie folgt darstellt (Abbildung 5.9):

```
Command ===>                                            Procedure Output
                                  CUMULATIVE  CUMULATIVE
AUSBILD    FREQUENCY    PERCENT   FREQUENCY   PERCENT
------------------------------------------------------------
   .           4           .          .           .
   1          23          6.0         23         6.0
   2         162         42.0        185        47.9
   3         201         52.1        386        100.0


                                  CUMULATIVE  CUMULATIVE
AUSSICHT   FREQUENCY    PERCENT   FREQUENCY   PERCENT
------------------------------------------------------------
   .          14           .          .           .
   1          16          4.3         16         4.3
   2         154         41.0        170        45.2
   3         168         44.7        338        89.9
   4          38         10.1        376        100.0
                                  CUMULATIVE  CUMULATIVE
KENNTNIS   FREQUENCY    PERCENT   FREQUENCY   PERCENT
------------------------------------------------------------
   .          10           .          .           .
```

Abbildung 5.9: Anfang des Output-Protokolls

Der Output-Schirm zeigt die erste Seite des Output-Protokolls an, die durch den
PROC-Step erzeugt wurde. Zum Umblättern auf die nächste Ausgabeseite tragen
wir den Befehl

FORWARD

in die COMMAND-Zeile ein und schicken ihn mit der <etx>-Taste an das SAS-
System ab. Für das "Rückwärtsblättern" steht der Befehl

BACKWARD

zur Verfügung. Direkt an die erste Seite des Output-Protokolls gelangen wir durch
die Eingabe des Befehls

```
TOP
```

und die letzte Ausgabeseite kann durch den Befehl

```
BOTTOM
```

abgerufen werden.
Durch die Eingabe des Befehls

```
END
```

kann der Output-Schirm verlassen und wiederum auf den Bildschirm mit dem Log-
und dem Editor-Schirm umgeschaltet werden. In diesem Fall steht der Cursor wieder in der ersten Bildschirmzeile des Editor-Schirms, so daß unmittelbar ein neuer
SAS-Job zusammengestellt und dieser anschließend durch den SUBMIT-Befehl vom
SAS-System ausgeführt werden kann.

Schrittweises Vorgehen

Unsere im o.a. SAS-Job formulierten Aufgabenstellungen brauchen wir nicht un-
bedingt in Form eines einzigen SAS-Jobs zur Ausführung zu bringen. Vielmehr
könnten wir etwa zunächst die X-Anweisung in den Editor-Schirm eintragen und als
ersten SAS-Job durch den SUBMIT-Befehl absenden und vom SAS-System die Da-
teizuordnung vornehmen lassen. Danach könnten wir den Rest des ursprünglichen
SAS-Jobs, d.h. den DATA- und den PROC-Step (mit der das Ende des PROC-Steps
kennzeichnenden RUN-Anweisung), in den Editor-Schirm eintragen und als zweiten
SAS-Job ausführen lassen.

Soll der ursprüngliche SAS-Job so zergliedert werden, daß er in drei Arbeitsschrit-
ten abläuft, so könnte der zweite Schritt aus dem Absenden des DATA-Steps (einschließlich einer das Ende des DATA-Steps markierenden RUN-Anweisung) in der
Form

```
DATA STUDANF;
     INFILE DATEN;
     INPUT #1 AUSBILD 17
           #2 AUSSICHT 24 KENNTNIS 27;
RUN;
```

und der dritte Schritt aus dem Abschicken eines SAS-Jobs bestehen, der allein den
PROC-Step in der Form

```
PROC FREQ;
     TABLES AUSBILD AUSSICHT KENNTNIS;
RUN;
```

enthält. Auch bei einer derartigen Auftragsteilung in drei nacheinander auszuführende SAS-Jobs wird hinsichtlich der Ausgabe der Meldungen auf den Bildschirm genauso verfahren, wie wir es oben kennengelernt haben. X-Anweisung und
DATA-Step-Anweisungen werden im Log-Schirm protokolliert, und die Bearbeitung
des PROC-Steps führt zu Eintragungen im Log-Schirm und im Output-Schirm. Bei
der Ausgabe in den Log-Schirm wird nach der Eintragung in die letzte Zeile dieses
Bildschirmteils der gesamte Inhalt automatisch um 1 Zeile nach oben verschoben
(scrolling).

Datenausgabe auf Drucker

Alle innerhalb des Log- bzw. des Output-Schirms vorgenommenen Ausgaben sind
zuvor im *Log-* bzw. im *Output-Pufferbereich* gesammelt worden, so daß die jeweils
dort vorhandenen Protokollzeilen jederzeit auf einem Drucker ausgegeben werden
können. Zum Ausdruck eines dieser Pufferbereiche ist der Befehl [2]

```
PRINT
```

mit den möglichen Spezifikationswerten LOG und OUTPUT an das SAS-System
zu übermitteln.
So werden etwa durch die Eintragung

```
PRINT OUTPUT<etx>
```

in die COMMAND-Zeile (des Editor-Schirms) alle im Output-Puffer enthaltenen
Protokollzeilen, die bei der Ausführung von PROC-Steps erzeugt und während des
aktuellen SAS-Dialogs hintereinander in diesen Pufferbereich eingetragen wurden,
auf den Drucker ausgegeben. Durch die Ausführung dieses Befehls wird der Puffer
nicht geleert. Dies ist mit dem *CLEAR-Befehl* in der Form

```
CLEAR OUTPUT
```

ausdrücklich anzufordern.

Submit-Gedächtnis

Neben dem Log- und dem Output-Puffer gibt es das sog. *Submit-Gedächtnis* als weiteren Pufferbereich. In dem Submit-Gedächtnis sind sämtliche durch den SUBMIT-
Befehl an das SAS-System abgeschickten SAS-Jobs (hintereinander) abgespeichert
(Abbildung 5.10).

---

[2] Es ist installationsabhängig, ob durch die Ausführung des PRINT- Befehls zunächst eine Ausgabe in eine Magnetplatten-Datei vorgenommen wird, deren Inhalt man erst durch die Ausführung
eines weiteren Kommandos auf einen Drucker ausgeben lassen kann.

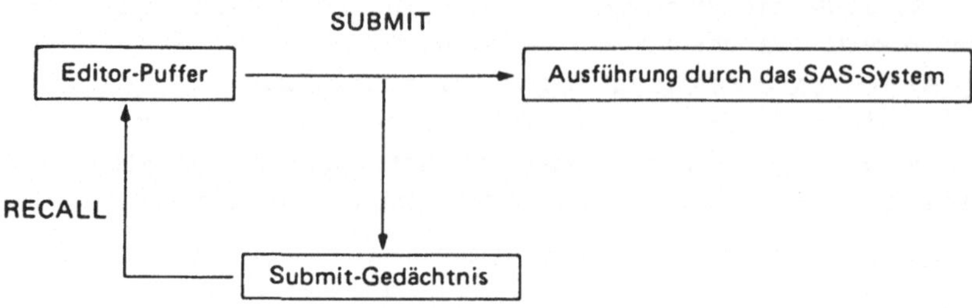

Abbildung 5.10: Zugriff auf das Submit-Gedächtnis

Die Programmzeilen des zuletzt abgesandten SAS-Jobs können durch den Befehl

RECALL

in den Editor-Schirm (und damit auch in den Editor-Puffer) übertragen werden.
Enthält dieser Schirm zum Zeitpunkt der Ausführung des RECALL-Befehls Programmanweisungen, so werden die Zeilen aus dem Submit-Gedächtnis vor der ersten
Bildschirmzeile eingetragen.

Mit Hilfe von geeigneten Editor-Befehlen (s. Anhang A.2) können Zeilen des Editor-Schirms bequem verändert, gelöscht, vervielfacht, transportiert und kopiert werden,
so daß ein unmittelbar zuvor als fehlerhaft erkannter SAS-Job aus dem Submit-Gedächtnis wieder bereitgestellt, sofort korrigiert und anschließend erneut mit einem SUBMIT-Befehl zur Ausführung gebracht werden kann.

Zur Archivierung kann mit Hilfe des Befehls

PRINT RECALL

der Inhalt des Submit-Gedächtnisses ebenfalls auf einen Drucker ausgeben werden.
Ferner ist es möglich, den aktuellen Inhalt des Editor-Puffers auf einem Drucker
protokollieren zu lassen. Dazu ist der Befehl

PRINT PROGRAM

dem SAS-System zu übermitteln.

SAS-Dialog

Abschließend beschreiben wir die Möglichkeiten, die dem Anwender im *Dialog*
mit dem SAS-System zur Verfügung stehen, durch das folgende Schema (Abbildung 5.11):

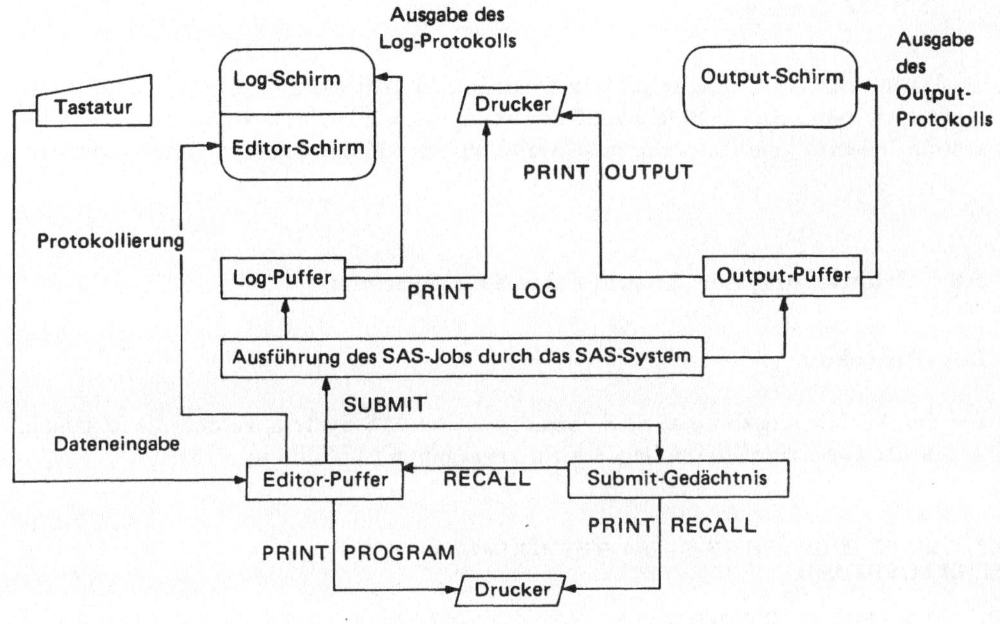

Abbildung 5.11: Befehlsübersicht

In diesem Schaubild kennzeichnen die Angaben an den Datenfluß-Pfeilen die Befehle, die wir oben näher erläutert haben. Abschließend ergänzen wir dieses Schaubild durch den folgenden Zusatz (Abbildung 5.12):

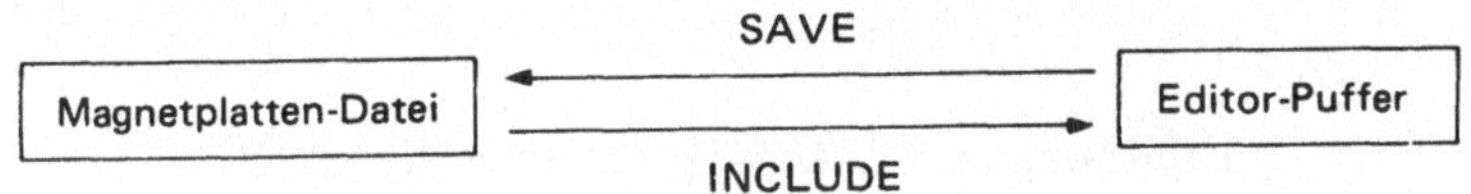

Abbildung 5.12: Laden und Sichern des Editor-Puffers

Dies bedeutet, daß sich mit dem *SAVE-Befehl* der Form

    SAVE ddname

der Inhalt des Editor-Puffers in eine Magnetplatten-Datei sichern läßt. Dabei muß dem Betriebssystem zuvor durch die Ausführung einer geeigneten X-Anweisung durch das SAS-System die Korrespondenz des im SAVE-Befehl angegebenen DD-Namens mit dem Dateinamen einer Magnetplatten-Datei bekannt gemacht worden sein. Diese Möglichkeit der Datensicherung haben wir bereits bei der Datenerfassung (s. Abschnitt 4.3) ausgenutzt. Umgekehrt können mit dem *INCLUDE*-Befehl der Form:

INCLUDE ddname

die Datensätze einer Magnetplatten-Datei in den Editor-Puffer übertragen werden.
Genau wie beim SAVE-Befehl muß der angegebene DD-Name zuvor dem Betriebssystem bekannt gemacht worden sein und auf eine Magnetplatten-Datei verweisen.

5.3 Erläuterung der Ausgabe des SAS-Systems

Log-Protokoll

Bei der Ausführung des o.a. SAS-Jobs durch das SAS-System werden die folgenden
Zeilen als *Log-Protokoll* im Log-Schirm ausgegeben (Abbildung 5.13):

```
68 X ALLOC DD(DATEN) DA('A20A.BRESTUD.DATA');
69 DATA STUDANF;
70       INFILE DATEN;
71       INPUT #1 AUSBILD 17
72           #2 AUSSICHT 24 KENNTNIS 27;
NOTE: INFILE DATEN IS:
      DSNAME=A20A.BRESTUD.DATA,
      UNIT=DISK,VOL=SER=USER04,DISP=OLD,
      DCB=(BLKSIZE=3120,LRECL=80,RECFM=FB)
NOTE: 780 LINES WERE READ FROM INFILE DATEN.
NOTE: DATA SET WORK.STUDANF HAS 390 OBSERVATIONS AND 3 VARIABLES. 680 OBS/TRK.

73 PROC FREQ;
74       TABLES AUSBILD AUSSICHT KENNTNIS;
75 RUN;
```

Abbildung 5.13: Anfang des Log-Protokolls

Im Log-Schirm werden grundsätzlich alle Anweisungen eines SAS-Programms protokolliert, und jede Programmzeile wird durch eine Reihenfolgenummer eingeleitet. Zusätzlich werden Meldungen des SAS-Systems über die Ein-/Ausgabe von
Daten und über die jeweils für die Ausführung eines DATA- bzw. PROC-Steps
benötigte Zeit angegeben. Diese Meldungen werden stets in Form einer Anmerkung
(NOTE:) im Log-Protokoll eingetragen. So entnehmen wir dem o.a. Log-Protokoll
etwa, daß dem DD-Namen DATEN die Magnetplatten-Datei (UNIT=DISK) auf
dem Laufwerk USER04 (VOL=SER=USER04) namens "A20A.BRESTUD.DATA"
(DSNAME=A20A.BRESTUD.DATA) zugeordnet ist. Aus dieser Datei sind 780
Datensätze bei der Ausführung des DATA-Steps eingelesen worden, und die SAS-
Datei namens (WORK.)STUDANF (s. Abschnitt 11.7) enthält 390 Beobachtungen
und 3 Variable. Dabei sind jeweils 680 Variablenwerte pro Spur auf der Magnetplatte abgespeichert.

Output-Protokoll

Die Ergebnisse eines PROC-Steps werden als *Output-Protokoll* im Output-Schirm
eingetragen. In unserem Fall werden die drei abgerufenen Häufigkeitstabellen auf
drei aufeinanderfolgenden Ausgabeseiten angezeigt. Die Druckausgabe dieser Ausgabeseiten (abgerufen durch den PRINT-Befehl, s. Abschnitt 5.2) enthält die folgenden — in Abbildung 5.14 dargestellten — Angaben (die Tabelle für die Variable
AUSBILD haben wir im Abschnitt 5.1 näher erläutert):

```
                                   CUMULATIVE   CUMULATIVE
AUSBILD    FREQUENCY    PERCENT    FREQUENCY    PERCENT
-----------------------------------------------------------
   .           4           .            .           .
   1          23          6.0          23          6.0
   2         162         42.0         185         47.9
   3         201         52.1         386        100.0


                                   CUMULATIVE   CUMULATIVE
AUSSICHT   FREQUENCY    PERCENT    FREQUENCY    PERCENT
-----------------------------------------------------------
   .          14           .            .           .
   1          16          4.3          16          4.3
   2         154         41.0         170         45.2
   3         168         44.7         338         89.9
   4          38         10.1         376        100.0


                                   CUMULATIVE   CUMULATIVE
KENNTNIS   FREQUENCY    PERCENT    FREQUENCY    PERCENT
-----------------------------------------------------------
   .          10           .            .           .
   1          21          5.5          21          5.5
   2         257         67.6         278         73.2
   3          99         26.1         377         99.2
   4           3          0.8         380        100.0
```

Abbildung 5.14: Druckausgabe der Häufigkeitstabellen

Die Ergebnisse der abgerufenen Häufigkeitsauszählungen werden zwar übersichtlich
präsentiert, jedoch empfinden wir es bei der tabellarischen Darstellung als störend,
daß wir bei der Interpretation wieder in unserem Kodeplan nachschauen müssen,
um uns z.B. zu vergegenwärtigen, daß wir mit dem Namen KENNTNIS das Merkmal "Arbeitsmarktkenntnis" und mit den zugehörigen Kodewerten 1, 2, 3 und 4
die Ausprägungen "sehr gut informiert", "gut informiert", "schlecht informiert"
und "sehr schlecht informiert" bezeichnen. Angenehmer wäre es, wenn man die
Lesbarkeit der Häufigkeitstabelle durch entsprechende zusätzliche Texteintragun-

gen erhöhen könnte. Diesen Komfort stellt das SAS-System dadurch bereit, daß man Variablen- und Werteetiketten vereinbaren kann. Dazu ist in unserem Fall unser ursprüngliches SAS-Programm wie folgt abzuändern:

```
PROC FORMAT;
     VALUE FAUSBILD
          1 = 'JA, BEGONNEN'
          2 = 'JA, ABGESCHLOSS.'
          3 = 'NEIN';
     VALUE FAUSSICH
          1 = 'SEHR GUT'
          2 = 'GUT'
          3 = 'NICHT GUT'
          4 = 'SCHLECHT';
     VALUE FKENNTNI
          1 = 'SEHR GUT INF.'
          2 = 'GUT INF.'
          3 = 'SCHLECHT INF.'
          4 = 'SEHR SCHL. INF.';
DATA STUDANF;
     INFILE DATEN;
     INPUT #1 AUSBILD 17
          #2 AUSSICHT 24 KENNTNIS 27;
     LABEL AUSBILD = 'BERUFSAUSBILDUNG'
          AUSSICHT = 'AUSSICHTEN'
          KENNTNIS = 'ARBEITSMARKTKENNTNIS';
     FORMAT AUSBILD FAUSBILD.
          AUSSICHT FAUSSICH.
          KENNTNIS FKENNTNI.;
PROC FREQ;
     TABLES AUSBILD AUSSICHT KENNTNIS;
RUN;
```

Werteetiketten werden durch eine FORMAT-Anweisung innerhalb des DATA-Steps in Verbindung mit einem vorausgehenden PROC-Step mit dem Schlüsselwort FORMAT verabredet. Die dadurch vereinbarten Etiketten werden dann innerhalb der ersten Kolumne, die mit dem Variablennamen überschrieben ist, in der Häufigkeitstabelle eingetragen. Mit Hilfe der LABEL-Anweisung innerhalb des DATA-Steps wird etwa dem Variablennamen KENNTNIS das Variablenetikett "ARBEITSMARKTKENNTNIS" zugeordnet, das in der Häufigkeitstabelle als Überschrift ausgegeben wird (zu näheren Angaben über die FORMAT- und die LABEL-Anweisungen siehe die Abschnitte 6.3 und 6.4). Somit ergibt sich bei der Ausführung unseres erweiterten SAS-Programms das folgende (mit Hilfe des PRINT-Befehls ausgedruckte) Output-Protokoll (Abbildung 5.15):

```
BERUFSAUSBILDUNG

                                            CUMULATIVE   CUMULATIVE
        AUSBILD      FREQUENCY    PERCENT    FREQUENCY    PERCENT
        ------------------------------------------------------------
                  .      4           .           .            .
        JA, BEGONNEN          23       6.0          23          6.0
        JA, ABGESCHLOSS.     162      42.0         185         47.9
        NEIN                 201      52.1         386        100.0


AUSSICHTEN

                                            CUMULATIVE   CUMULATIVE
        AUSSICHT     FREQUENCY    PERCENT    FREQUENCY    PERCENT
        ------------------------------------------------------------
                  .     14           .           .            .
        SEHR GUT             16       4.3          16          4.3
        GUT                 154      41.0         170         45.2
        NICHT GUT           168      44.7         338         89.9
        SCHLECHT             38      10.1         376        100.0


ARBEITSMARKTKENNTNIS

                                            CUMULATIVE   CUMULATIVE
        KENNTNIS     FREQUENCY    PERCENT    FREQUENCY    PERCENT
        ------------------------------------------------------------
                  .     10           .           .            .
        SEHR GUT INF.        21       5.5          21          5.5
        GUT INF.            257      67.6         278         73.2
        SCHLECHT INF.        99      26.1         377         99.2
        SEHR SCHL. INF.       3       0.8         380        100.0
```

Abbildung 5.15: Druckausgabe der Häufigkeitstabellen

Fehlermeldungen im Log-Protokoll

Enthält ein SAS-Programm Fehler — z.B. Syntaxfehler wegen orthographisch falscher Schlüsselwörter bzw. wegen einer falschen Satzstellung innerhalb einer SAS-Anweisung — und kann deswegen nicht vom SAS-System ausgeführt werden, so wird im Log-Protokoll für jeden Fehler eine entsprechende Anmerkung (ERROR:) gemacht. Die Stelle, an der das SAS-System einen Fehler festgestellt hat, wird durch eine Fehlernummer markiert. Daran schließt sich eine durch diese Fehlernummer eingeleitete Zeile mit geeigneten Angaben über die Fehlerart an. Hätten wir etwa in unserem o.a. SAS-Programm im PROC-Step die Anweisungen

```
PROC FREQ;
     TABLES AUSBILD AUSSICHT KENNUNG;
```

formuliert und somit fälschlicherweise den Namen KENNUNG als Variablennamen
anstelle der (korrekten) Angabe KENNTNIS eingetragen, so wäre nach dem Absenden des SUBMIT-Befehls (s. Abschnitt 5.2) zum Aufruf der Ausführung des SAS-
Jobs der Log-Schirm mit den folgenden Zeilen gefüllt worden (Abbildung 5.16):

```
 25      FORMAT AUSBILD FAUSBILD.
 26             AUSSICHT FAUSSICH.
 27             KENNTNIS FKENNTNI.;
NOTE: INFILE DATEN IS:
      DSNAME=A20A.BRESTUD.DATA,
      UNIT=DISK,VOL=SER=USER04,DISP=OLD,
      DCB=(BLKSIZE=3120,LRECL=80,RECFM=FB)
NOTE: 780 LINES WERE READ FROM INFILE DATEN.
NOTE: DATA SET WORK.STUDANF HAS 390 OBSERVATIONS AND 3 VARIABLES. 680 OBS/TRK.

 28 PROC FREQ;
 29
ERROR: VARIABLE KENNUNG NOT FOUND.
 29      TABLES AUSBILD AUSSICHT KENNUNG;
 30 RUN;
NOTE: SAS STOPPED PROCESSING THIS STEP BECAUSE OF ERRORS.
```

Abbildung 5.16: Beispiel einer Fehlermeldung

Die letzte Anmerkung (NOTE:) informiert uns darüber, daß die Ausführung des
PROC-Steps im SAS-Programm nicht vorgenommen wird, da der aufgetretene Fehler eine Programmausführung nicht sinnvoll erscheinen läßt. In dieser Situation
kann mit dem RECALL-Befehl der Inhalt des Submit-Gedächtnisses wieder in den
Editor-Schirm übertragen, die Angaben in der TABLES-Anweisung verbessert und
der SAS-Job erneut (durch den SUBMIT-Befehl) zur Ausführung gebracht werden
(s. Abschnitt 5.2).

Kapitel 6

Einrichtung einer SAS-Datei

6.1 Einleitung des DATA-Steps und Benennung der SAS-Datei (DATA-Anweisung)

Zur Durchführung einer Datenanalyse (mit einem PROC-Step) muß dem SAS-System eine SAS-Datei bereitgestellt werden, in der die auszuwertenden Daten in einem internen Ablageformat abgespeichert sind. Die Vorschrift, wie eine SAS-Datei aus einer Daten-Datei aufgebaut werden soll, muß vor dem PROC-Step innerhalb eines DATA-Steps angeben werden.

Ein DATA-Step wird durch eine *DATA-Anweisung* in der Form

```
DATA sas-dateiname ;
```

eingeleitet. Die einzurichtende SAS-Datei erhält den Dateinamen "sas-dateiname".

Bei der Syntax-Darstellung einer SAS-Anweisung schreiben wir alle Platzhalter, die durch frei gewählte Namen oder Werte ersetzt werden können, in Kleinbuchstaben. Dadurch unterscheiden wir diese Angaben von den fest verabredeten Schlüsselwörtern, die stets in Großbuchstaben angegeben werden.

In unseren o.a. Beispielprogrammen haben wir innerhalb der DATA-Anweisung für den Platzhalter "sas-dateiname" stets den Namen "STUDANF" zur Bezeichnung einer SAS-Datei eingetragen.

Generell wird der Name einer SAS-Datei — wie der Name einer Variablen — durch einen Buchstaben eingeleitet, dem bis zu 7 Zeichen in Form von

- Buchstaben von "A" bis "Z",
- Ziffern von "0" bis "9" und
- Unterstreichungszeichen "_"

folgen dürfen.

Hinter der DATA-Anweisung ist zu beschreiben, welche Daten einzulesen sind und

wie diese Daten strukturiert sind. Dahinter dürfen Anweisungen zur Bearbeitung
der eingelesenden Daten angegeben werden (Abbildung 6.1).

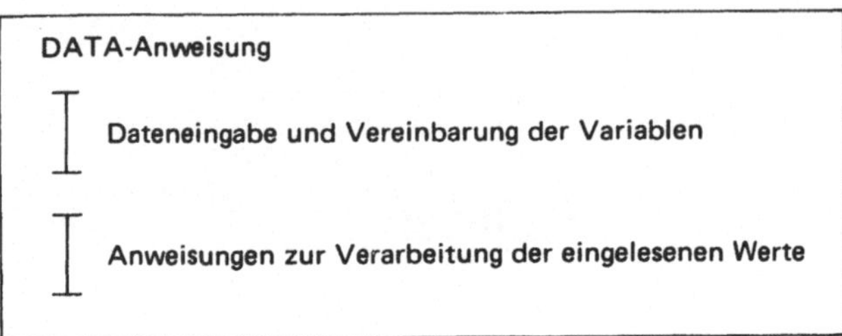

Abbildung 6.1: Struktur des DATA-Steps

Ein DATA-Step wird abgeschlossen durch

- eine PROC-Anweisung zur Einleitung der nachfolgenden SAS-Prozedur oder
  durch

- eine DATA-Anweisung zur Einleitung des nächsten DATA-Steps oder

- durch das Ende des SAS-Programms in Form einer abschließenden RUN-
  Anweisung.

Bei der Ausführung eines DATA-Steps wird zunächst die SAS-Datei mit dem in
der DATA-Anweisung aufgeführten Dateinamen auf der Magnetplatte eingerichtet.
Dann werden die Werte der 1. Beobachtung (d.h. die 1. Datenmatrixzeile) nach den
Angaben der Eingabe-Anweisungen INPUT und INFILE (s. Abschnitt 6.2) aus der
Daten-Datei eingelesen.

Sind weitere Programmanweisungen im DATA-Step aufgeführt, so werden die Werte
der ersten Beobachtung schrittweise, d.h. Anweisung für Anweisung, verarbeitet.
Nach Durchlaufen der letzten Programmanweisung — am Ende des DATA-Steps
— werden die für die 1. Beobachtung resultierenden Werte in die SAS-Datei übertragen. Anschließend wird die Verarbeitung für die 2. Beobachtung aus der Daten-
Datei wiederholt, dann für die 3. Beobachtung usw.

Man kann sich die Durchführung eines DATA-Steps somit als Schleifenprozeß
vorstellen, bei dessen Ausführung alle im DATA-Step angegebenen Anweisungen
zunächst für die 1., dann für die 2. und alle anderen Beobachtungen durchlaufen werden. Dabei ist grundsätzlich zu beachten, daß am Schleifenende d.h. am
Ende des DATA-Steps, bei der Datenausgabe in die SAS-Datei die Werte aller zu
diesem Zeitpunkt eingerichteten Variablen übertragen werden. So werden auch alle
Hilfsgrößen, die für bestimmte Verarbeitungsschritte eingerichtet wurden, mit in die
SAS-Datei übernommen (dies kann durch den Einsatz einer DROP- bzw. KEEP-
Anweisung verhindert werden, s. Abschnitt 11.7).

Nach der Abspeicherung der Werte der letzten Beobachtung in der SAS-Datei ist
der DATA-Step ausgeführt, und das SAS-System fährt mit der Verarbeitung des
nachfolgenden DATA- bzw. PROC-Steps fort bzw. beendet seinen Lauf, sofern das
Ende des SAS-Programms erreicht ist (BYE-Befehl im Editor-Menü).

Wird während des Dialogs mit dem SAS-System ein DATA-Step ausgeführt, in dessen DATA-Anweisung der Name für eine bereits vorhandene SAS-Datei angegeben
ist, so wird der alte Dateiinhalt — ohne Warnung — durch die aktuelle Ausgabe
überschrieben.

6.2 Dateneingabe und Vereinbarung der Variablen
(INPUT-, INFILE- und CARDS-Anweisung)

INPUT-Anweisung

Wie die Werte der Datenmatrix, die in einer Daten-Datei abgespeichert sind, für
die Übertragung in eine SAS-Datei einzulesen sind, muß innerhalb einer *INPUT-
Anweisung* in der Form[1]

```
INPUT [#n1] varname-1 zpn1 [-zpn2] [varname-2 zpn3 [-zpn4]]...
      [ [#n2] varname-3 zpn5 [-zpn6] [varname-4 zpn7 [-zpn8]]... ] ;
```

angegeben werden.

Innerhalb unseres Beispielprogramms (s. Abschnitt 5.1) haben wir die INPUT-
Anweisung

```
INPUT #1 AUSBILD 17
      #2 AUSSICHT 24 KENNTNIS 27;
```

kodiert, die sich als der Spezialfall

```
INPUT #n1 varname-1 zpn1
      #n2 varname-3 zpn5 varname-4 zpn7 ;
```

aus der o.a. allgemeinen Form der INPUT-Anweisung ableitet. Die Platzhalter
"varname-1", "varname-3" und "varname-4" haben wir dabei durch die Namen
"AUSBILD", "AUSSICHT" und "KENNTNIS" ersetzt. Hinter dem Namen "AUS-
BILD" ist — als Ersetzung des Platzhalters "zpn1" — die Zeichenposition 17 angegeben, und hinter den Namen "AUSSICHT" und "KENNTNIS" sind die Platzhalter
"zpn5" und "zpn7" für die jeweiligen Zeichenpositionen durch die konkreten Werte
"24" und "27" ersetzt.

---

[1] Die in sog. Optionalklammern "[" und "]" eingeschlossenen Ausdrücke dürfen angegeben werden oder auch fehlen. Durch die drei Punkte "..." hinter dem Zeichen "]" wird angedeutet, daß
der eingeklammerte Ausdruck beliebig oft aufgeführt werden darf. Die Zeichenfolge "zpn" soll das
Wort "Zeichenposition" abkürzen und als Platzhalter für eine ganze Zahl fungieren. Die Platzhalter "n1" und "n2" hinter dem Nummernsymbol "#" stehen stellvertretend für jeweils eine ganze
Zahl.

In unserem Beispiel sind die Werte für jede Beobachtung in jeweils zwei unmittelbar aufeinanderfolgenden Datensätzen abgespeichert. Daher muß festgelegt werden, ob sich eine Zeichenposition auf den 1. oder den 2. Datensatz innerhalb dieser Satzfolge bezieht. Dazu sind gemäß der Syntax der INPUT-Anweisung Angaben für die Platzhalter "n1" und "n2" hinter dem *Nummernsymbol* "#" zu machen. Die Zeichenposition 17 bezieht sich auf den 1. Datensatz. Daher ist "n1" durch "1" ersetzt. Die beiden weiteren Zeichenpositionen weisen auf den 2. Datensatz. Daher ist "n2" durch den Wert "2" ersetzt.

Sind für jede Beobachtung *mehrere Satzarten* in der Daten-Datei abgespeichert, so muß aus den Angaben innerhalb der INPUT-Anweisung die Anzahl der verschiedenen Satzarten hervorgehen, d.h. die hinter dem zuletzt aufgeführten Nummernsymbol "#" angegebene Zahl muß mit der Anzahl der verschiedenen Satzarten übereinstimmen.

Sollen z.B. in unserem Fall nur die Werte der Variablen AUSBILD eingelesen werden, so ist die INPUT-Anweisung

```
INPUT #1 AUSBILD 17
      #2 ;
```

anzugeben. Dabei teilt die Markierungsangabe "#2" mit, daß bei der Ausführung der INPUT-Anweisung jeweils 2 aufeinanderfolgende Sätze aus der Daten-Datei bereitgestellt werden, aus denen die Werte für eine Beobachtung nach den Angaben innerhalb dieser Anweisung (in unserem Fall die Werte für AUSBILD) zu entnehmen sind.

Für den Fall, daß keine verschiedenen Satzarten vorliegen, sondern zu jeder Beobachtung nur *ein* Datensatz gehört, kann auf die Angabe "#1" hinter dem Wort INPUT verzichtet und die Syntax der INPUT-Anweisung in der Form

```
INPUT varname-1 zpn1 [- zpn2] [ varname-2 zpn3 [- zpn4] ]... ;
```

abkürzend beschrieben werden.

Variable

Jeder in der INPUT-Anweisung aufgeführte Name bezeichnet eine *Variable*, d.h. eine Kolumne der SAS-Datei (vgl. Abschnitt 5.1).

Werden in die Variablen bei der Dateneingabe *numerische Werte* (Zahlen) übertragen — so wie es bei unserer Untersuchung der Fall ist — so spricht man von *numerischen Variablen*. Der erste in der INPUT-Anweisung angegebene Variablenname bezeichnet die erste Variable der SAS-Datei, der zweite Variablenname die zweite Variable usw., so daß jede SAS-Datei die folgende Struktur besitzt (Abbildung 6.2):

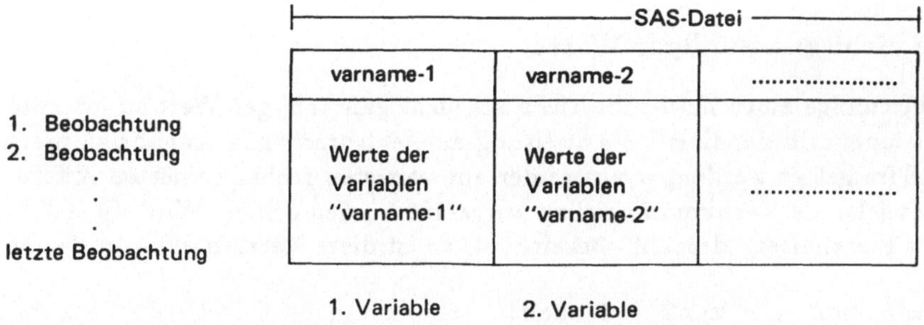

	SAS-Datei	
varname-1	varname-2	....
Werte der Variablen "varname-1"	Werte der Variablen "varname-2"	....

1. Beobachtung
2. Beobachtung
.
.
.
letzte Beobachtung

1. Variable   2. Variable

Abbildung 6.2: Struktur einer SAS-Datei

Eingabe ganzzahliger Werte

Welche Daten in welche Variablen übertragen werden sollen, wird innerhalb der INPUT-Anweisung durch die Angabe der Variablennamen und der Zeichenbereiche bzw. der einzelnen Zeichenpositionen in der Form

```
varname zpn1 [ - zpn2 ]
```

beschrieben. Soll hinter dem Variablennamen "varname" kein Zeichenbereich, sondern nur eine einzige Zeichenposition angeben werden, so kodiert man

```
varname zpn1
```

und legt damit fest, daß der Inhalt der Zeichenposition "zpn1" als Wert der Variablen "varname" übernommen werden soll.

Sind die Werte im Bereich der Zeichenposition "zpn1" bis "zpn2" erfaßt, so ist[2]

```
varname zpn1 - zpn2
```

anzugeben.

Folglich wird durch die INPUT-Anweisung

```
INPUT #1 AUSBILD 17
      #2 AUSSICHT 24 KENNTNIS 27;
```

insgesamt festgelegt, daß der Variablen AUSBILD die Werte zugewiesen werden, die in der Zeichenposition 17 des jeweils 1. Datensatzes für eine Beobachtung eingetragen sind. Die Werte in den Zeichenpositionen 24 und 27 des jeweils 2. Datensatzes

---

[2]Sind in einem Zeichenbereich hinter der letzten Ziffer Leerzeichen vorhanden, so werden sie nicht als Nullen interpretiert sondern ausgeblendet. Grundsätzlich sollte jede Zahl rechtsbündig im Zeichenbereich eingetragen sein.

werden den Variablen AUSSICHT und KENNTNIS — in dieser Reihenfolge —
zugeordnet.

Eingabe nicht ganzzahliger Werte

Ist die Ziffernfolge eines Zeichenbereichs als nicht ganzzahliger Wert zu interpretieren, so ist innerhalb der INPUT-Anweisung eine entsprechende Angabe zu machen.
Dazu muß festgelegt werden, wie viele der am weitesten rechts kodierten Ziffern des
Zeichenbereichs als Nachkommastellen aufgefaßt werden sollen. Wird diese Anzahl
durch den Platzhalter "dezzahl" bezeichnet, so ist diese Vereinbarung in der Form

```
varname zpn1 [ - zpn2 ] dezzahl
```

vorzunehmen.[3]

Alphanumerische Variable

Bislang haben wir die Dateneingabe von numerischen Werten beschrieben. Mit
dem SAS-System können auch *alphanumerische Werte*, d.h. Texte (aus bis zu 200
Zeichen), in Variable übertragen werden. Dazu ist in der INPUT-Anweisung hinter
dem Variablennamen die Markierungsangabe "$" in der Form

```
varname $ zpn1 [ - zpn2 ]
```

einzutragen. Es ist zu beachten, daß führende Leerzeichen innerhalb des angegebenen Zeichenbereichs nicht in die Variable "varname" übertragen werden (s.
Abschnitt 11.10.1). Nach dem Einlesen alphanumerischer Werte dürfen natürlich
mit diesen Werten keine numerischen Berechnungen wie etwa eine Summenbildung
durchgeführt werden. Allerdings kann es sinnvoll sein, die Häufigkeitsverteilung
einer derartigen *alphanumerischen Variable* ermitteln zu lassen.

Hätten wir etwa das Merkmal "Geschlecht" nicht mit den numerischen Werten 1
und 2, sondern mit den alphanumerischen Werten "M" (für "männlich") und "W"
(für "weiblich") verschlüsselt, so müßten wir

```
INPUT GESCHL #1 $ 5
            #2;
```

kodieren, falls wir in einem nachfolgenden PROC-Step z.B. eine Häufigkeitsauszählung für das Merkmal "Geschlecht" abrufen wollten.

Wir fassen die mögliche Form der INPUT-Anweisung zur Einrichtung von numerischen und alphanumerischen Variablen wie folgt zusammen:

---

[3] Ist ein nicht ganzzahliger Wert mit Dezimalpunkt im Zeichenbereich erfaßt worden, so braucht
die Nachkommastellenzahl nicht angegeben zu werden, da die erforderliche Interpretation automatisch erfolgt. Für die Eingabe nicht ganzzahliger Werte gilt ebenfalls die Anmerkung in der o.a.
Fußnote.

```
INPUT [#n1] varname-1 [ $ ] zpn1 [ - zpn2 ] [ dezzahl1 ]
       [ varname-2 [ $ ] zpn3 [ - zpn4 ] [ dezzahl2 ] ]...
  [ [#n2] varname-3 [ $ ] zpn5 [ - zpn6 ] [ dezzahl3 ]
       [ varname-4 [ $ ] zpn7 [ - zpn8 ] [ dezzahl4 ] ]...] ;
```

INFILE-Anweisung

Einer INPUT-Anweisung zur Eingabe von Werten, die in einer Daten-Datei auf der Magnetplatte abgespeichert sind, muß stets eine *INFILE-Anweisung* der Form

```
INFILE ddname ;
```

innerhalb des DATA-Steps vorausgehen. Dabei gibt der Name "ddname" an, auf welche Daten-Datei zugegriffen werden soll. Diesem DD-Namen ist vor der DATA-Anweisung zur Einleitung dieses DATA-Steps durch eine X-Anweisung in der Form

```
X ALLOC DD(ddname) DA(dateiname) ;
```

der Name der Magnetplatten-Datei mit den einzulesenden Daten zuzuordnen. Durch diese Verbindung von "DD-Name" zu "Magnetplatten-Datei" ist man bzgl. der Angaben innerhalb eines DATA-Steps somit unabhängig von der jeweils für die Ausführung ausgewählten Magnetplatten-Datei. Dies hat den Vorteil, daß man verschiedene Magnetplatten-Dateien mit demselben SAS-Programm verarbeiten kann, ohne eine Veränderung innerhalb dieses Progamms vornehmen zu müssen. Es genügt, die jeweils gewünschte Magnetplatten-Datei dem innerhalb des Programms festgelegten DD-Namen durch eine X-Anweisung vor der Programmausführung zuzuordnen.

Als Reihenfolge für die Plazierung der benötigten Anweisungen für die Dateneingabe wählen wir stets die Abfolge:

- X-Anweisung;
- DATA-Anweisung;
- INFILE-Anweisung;
- INPUT-Anweisung;

So haben wir z.B. die X-Anweisung

```
X ALLOC DD(DATEN) DA('A20A.BRESTUD.DATA');
```

dem DATA-Step mit den Anweisungen

```
DATA STUDANF;
     INFILE DATEN;
     INPUT #1 AUSBILD 17
           #2 AUSSICHT 24 KENNTNIS 27;
```

vorausgeschickt, so daß die Daten über den DD-Namen DATEN aus der Daten-Datei "A20A.BRESTUD.DATA" gelesen wurden.

CARDS-Anweisung

Bei sehr kleiner Datenmatrix ist es u.U. sinnvoll, die Werte der Datenmatrix nicht getrennt in einer Magnetplatten-Datei zu erfassen, sondern zusammen mit den Programmzeilen eines DATA-Steps zur Verarbeitung bereitzustellen. Dazu verzichten wir auf die INFILE-Anweisung und geben am Ende des DATA-Steps die *CARDS-Anweisung* in der Form

```
CARDS ;
```

an (die ansonsten vor dem DATA-Step abzusendende X-Anweisung entfällt natürlich auch). Dieser Anweisung müssen die Datenzeilen mit den Werten der Datenmatrix folgen, und der letzten Datenzeile muß entweder eine PROC-Anweisung (zur Einleitung eines PROC-Steps), eine DATA-Anweisung (zur Einleitung eines neuen DATA-Steps) oder das Programmende in Form einer RUN-Anweisung folgen.

In unserem Fall wäre das SAS-Programm wie folgt zu strukturieren:

```
DATA STUDANF;
      INPUT #1 AUSBILD 17
            #2 AUSSICHT 24 KENNTNIS 27;
      CARDS;

      Datenzeilen mit den Werten der Datenmatrix


PROC FREQ;
      TABLES AUSBILD AUSSICHT KENNTNIS;
RUN;
```

6.3   Etikettierung von Variablen (LABEL-Anweisung)

In unserem Beispielprogramm (vgl. Abschnitt 5.1) haben wir (durch die INPUT-Anweisung) die Variablen unserer SAS-Datei durch die Namen AUSBILD, AUSSICHT und KENNTNIS vereinbart. Wegen der auf maximal 8 Zeichen beschränkten Länge von Variablennamen sind in der Regel nur derart abgekürzte Bezeichnungen für die Merkmale aus dem Fragebogen verwendbar. Jedoch kann die Lesbarkeit der Druckausgabe durch den Einsatz der *LABEL-Anweisung* innerhalb eines DATA-Steps in der Form

```
LABEL varname-1 = 'etikett1'
     [ varname-2 = 'etikett2' ]...  ;
```

verbessert werden. Dadurch sind Variablennamen jeweils maximal 40 Zeichen lange *Etiketten* zuordbar, die in der SAS-Datei abgespeichert und bei der Auswertung

zusammen mit den Variablennamen ins Output-Protokoll eingetragen werden.[4]
Z.B. haben wir in unserem zweiten Beispielprogramm (s. Abschnitt 5.3) die Etikettierung durch die LABEL-Anweisung

```
LABEL AUSBILD  = 'BERUFSAUSBILDUNG'
      AUSSICHT = 'STELLENAUSSICHTEN NACH DEM STUDIUM'
      KENNTNIS = 'ARBEITSMARKTKENNTNIS';
```

veranlaßt.

6.4   Etikettierung von Variablenwerten
(FORMAT-Prozedur und FORMAT-Anweisung)

Nicht nur bei der Ausgabe von Variablennamen, sondern auch bei der Protokollierung von Variablenwerten (siehe das von der FREQ-Prozedur erzeugte Output-
Protokoll im Abschnitt 5.3) ist es wichtig, die Lesbarkeit der Ausgabeinformatio-
nen zu verbessern. Die durch den Kodeplan erzwungene Umwandlung der meist
"sprechenden" Merkmalsausprägungen des Fragebogens in im allgemeinen nichts-
sagende numerische Werte sollte bei der Präsentation von Analyseergebnissen wieder rückgängig gemacht werden können, indem nicht die Werte, sondern die ursprünglichen Bezeichnungen der Merkmalsausprägungen (vor der Kodierung) ausgegeben werden. Diese Forderung wird vom SAS-System durch die FORMAT-
Prozedur und die FORMAT-Anweisung unterstützt.

FORMAT-Prozedur

Zunächst müssen die für die einzelnen Variablen gewünschten *Werteetiketten* innerhalb eines gesonderten PROC-Steps namens *FORMAT* verabredet werden. In
unserem o.a. Beispiel haben wir dies innerhalb der folgenden FORMAT-Prozedur
getan:

```
PROC FORMAT;
     VALUE FAUSBILD
           1 = 'JA, BEGONNEN'
           2 = 'JA, ABGESCHLOSS.'
           3 = 'NEIN';
     VALUE FAUSSICH
           1 = 'SEHR GUT'
           2 = 'GUT'
           3 = 'NICHT GUT'
           4 = 'SCHLECHT';
```

---

[4]Enthält ein Etikett ein Hochkomma ('), so muß es ersatzweise durch zwei aufeinanderfolgende
Hochkommata (") dargestellt werden.

```
VALUE FKENNTNI
      1 = 'SEHR GUT INF.'
      2 = 'GUT INF.'
      3 = 'SCHLECHT INF.'
      4 = 'SEHR SCHL. INF.';
```

Dabei werden z.B. hinter dem Namen FAUSBILD den numerischen Werten 1, 2 und 3 die alphanumerischen Werte (Texte) 'JA, BEGONNEN', 'JA, ABGESCHLOSS.' und 'NEIN' — in dieser Reihenfolge — zugeordnet. Grundsätzlich müssen die Werteetiketten durch ein Hochkomma (')eingeleitet und beendet werden. Enthält der Text selbst ein Hochkomma, so ist dieses Zeichen ersatzweise durch zwei unmittelbar aufeinanderfolgende Hochkommata (") darzustellen.

VALUE-Anweisung

Die Zuordnung der *Werteetiketten* zu den Kodewerten ist durch *VALUE-Anweisungen* der Form

```
VALUE formatname wert1 = 'etikett1'
                [ wert2 = 'etikett2' ]... ;
```

vorgenommen worden.

Durch die VALUE-Anweisungen haben wir die *Formatnamen* FAUSBILD, FAUSSICHT und FKENNTNI zur Kennzeichnung der drei Etikettenvereinbarungen verabredet.

Dabei unterliegt ein Formatname dem gleichen Bildungsgesetz wie ein Variablenname, und ein Werteetikett darf — wie ein Variablenetikett — aus maximal 40 Zeichen bestehen (, wobei u.U. nur die jeweils ersten 8 oder ersten 16 Zeichen bei der Ausgabe verwendet werden — dies ist abhängig von der jeweiligen Auswertungsprozedur).[5]

Werden für eine alphanumerische Variable Werteetiketten verabredet, muß der Formatname durch das Zeichen "$" eingeleitet werden. In diesem Fall sind die zugehörigen alphanumerischen Werte (vor dem Gleichheitszeichen) in Hochkommata einzufassen.

Jede innerhalb der Prozedur FORMAT getroffene Verabredung über Werteetiketten wird in einer gesonderten, vom SAS-System intern verwalteten *FORMAT-Datei* abgespeichert. Nach der Ausführung einer FORMAT-Prozedur kann dann über die definierten Formatnamen auf die jeweils verabredeten Werteetiketten verwiesen werden. Dies setzt grundsätzlich voraus, daß die FORMAT-Prozedur stets vor dem DATA-Step ausgeführt werden muß, in dem die getroffenen Verabredungen verwendet werden sollen.

---

[5]Einschränkend darf ein Formatname nicht mit einer Ziffer enden und nicht mit dem Namen einer SAS-Prozedur oder einer Funktion (vgl. Abschnitt 11.1) übereinstimmen.

FORMAT-Anweisung

In unserem Beispielprogramm benutzen wir die in der vorausgehenden Prozedur
FORMAT verabredeten Formatnamen FAUSBILD, FAUSSICH und FKENNTNI
innerhalb der FORMAT-Anweisung

```
FORMAT AUSBILD FAUSBILD.
       AUSSICHT FAUSSICH.
       KENNTNIS FKENNTNI.;
```

zur Etikettierung der Werte der Variablen AUSBILD, AUSSICHT und KENNTNIS.
Generell unterliegt eine *FORMAT-Anweisung*, mit der die Formatnamen den Variablennamen zugewiesen werden, der folgenden Syntax:

```
FORMAT varliste-1 formatname1.
       [ varliste-2 formatname2. ]...  ;
```

Es ist darauf zu achten, daß jeder Formatname durch einen Punkt (.) abgeschlossen
wird. Gemäß der angegebenen Syntax darf vor einem Formatnamen eine Variablenliste aufgeführt werden, so daß eine Definition von Werteetiketten gleichzeitig mehreren Variablen zugeordnet werden kann. Dabei grenzt der Punkt als Trennsymbol
den vorausgehenden Formatnamen von der nachfolgenden Variablenliste ab.

Variablenliste

Unter einer *Variablenliste* versteht man dabei eine Aneinanderreihung von Variablennamen der Form

```
varname-1 [ varname-2 ]...
```

oder eine abkürzende Zusammenfassung mehrerer, in der SAS-Datei unmittelbar
aufeinanderfolgender Variablen der Form (vor und hinter den beiden Zeichen "- -"
darf kein Leerzeichen stehen)

```
varname_anf--varname_end
```

so daß dadurch alle Variablen hinter "varname_anf" und vor "varname_end" (inklusive dieser beiden Variablen) spezifiziert werden (siehe die Abbildung 6.3 auf der
nächsten Seite):
Als Abkürzung für die Angabe aller in einer SAS-Datei abgespeicherten Variablen
darf das Schlüsselwort "_ALL_" verwendet werden. Alle numerischen bzw. alphanumerischen Variablen können durch das Schlüsselwort "_NUMERIC_" bzw.
"_CHARACTER_" zusammengefaßt werden.
Als Abkürzung für die zwischen "varname_anf" und "varname_end" enthaltenen
numerischen (alphanumerischen) Variablen läßt sich die Angabe

```
varname_anf-NUMERIC-varname_end
```

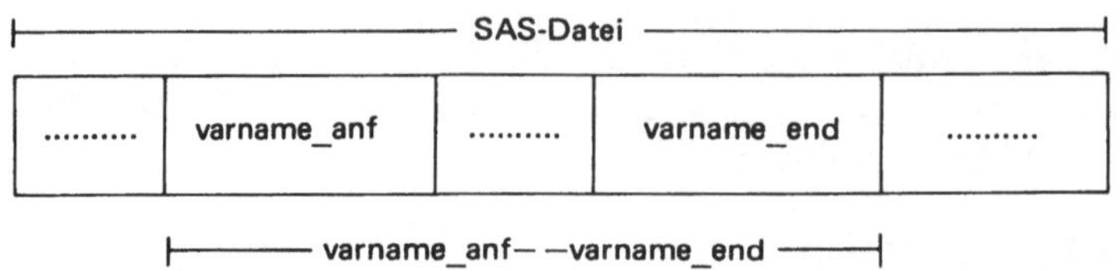

Abbildung 6.3: Zusammenfassung von Variablen durch eine Variablenliste

bzw.

    varname_anf-CHARACTER-varname_end

verwenden.   Dabei ist zwischen dem Schlüsselwort "NUMERIC" bzw.
"CHARACTER" und dem vorausgehenden und dem nachfolgenden Variablennamen jeweils ein Bindestrich "-" einzutragen.

6.5 Datenmodifikationen

Bevor die Werte für eine Beobachtung — nach dem Einlesen aus einer Daten-Datei
— in eine SAS-Datei übertragen werden, können sie im Hinblick auf nachfolgend
durchzuführende Datenanalysen geeignet modifiziert werden (Abbildung 6.4).

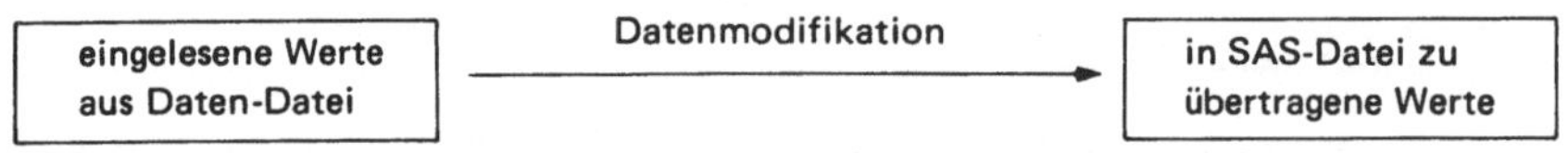

Abbildung 6.4: Datenmodifikation im DATA-Step

Dazu sind geeignete Anweisungen zur Datenmodifikation (hinter der INPUT-
Anweisung) am Ende des DATA-Steps anzugeben.
Sind z.B. die 4 Antwortkategorien der Variablen KENNTNIS zu den beiden neuen
Klassen "gut informiert" und "schlecht informiert" für eine nachfolgende Analyse
zusammenzufassen, so kann dies durch die beiden *IF-Anweisungen*

```
IF KENNTNIS EQ 1 OR KENNTNIS EQ 2
   THEN KENNTNIS = 1;
IF KENNTNIS EQ 3 OR KENNTNIS EQ 4
   THEN KENNTNIS = 2;
```

erreicht werden. Diese beiden Anweisungen sind im o.a. Beispielprogramm hinter
der INPUT- und vor der PROC-Anweisung einzufügen.

Für jeden eingelesenen Wert der Variablen KENNTNIS werden diese beiden Anweisungen nacheinander durchlaufen. Wurde für die Variable KENNTNIS der Wert 1 oder (OR) der Wert 2 eingelesen, so ist die in der 1. IF-Anweisung aufgeführte Bedingung

```
KENNTNIS EQ 1 OR KENNTNIS EQ 2
```

erfüllt, und es wird die im sog. *THEN-Zweig* eingetragene *Zuweisung*

```
KENNTNIS = 1
```

ausgeführt, d.h. es wird der Variablen KENNTNIS der Wert 1 als Variablenwert zugewiesen. Ist der Wert 1 oder 2 eingelesen, so ist die Bedingung

```
KENNTNIS EQ 3 OR KENNTNIS EQ 4
```

der nachfolgenden 2. IF-Anweisung nicht erfüllt, und folglich wird der dort angegebene THEN-Zweig nicht durchlaufen, so daß für diese Beobachtung der Wert 1 in der SAS-Datei abgespeichert wird.

Ist andererseits für eine Beobachtung der Wert 3 oder 4 aus der Daten-Datei in die Variable KENNTNIS eingelesen worden, so ist die in der 1. IF-Anweisung aufgeführte Bedingung nicht erfüllt, so daß die im dortigen THEN-Zweig eingetragene Zuweisung nicht ausgeführt wird. Da die Bedingung in der 2. IF-Anweisung erfüllt ist, wird in diesem Fall der Wert 2 als neuer Wert zugewiesen und anschließend in die SAS-Datei übertragen.

Zuweisung

Generell kann man mit einer *Zuweisung* der Form

```
varname = ausdruck ;
```

die Werte einer vorhandenen Variablen rekodieren (abändern) oder aber eine neue Variable einrichten (siehe Abschnitt 11.1). In beiden Fällen muß der Name der betreffenden Variablen auf der linken Seite des Zuweisungszeichens "=" kodiert werden. Wie die Variablenwerte zu bestimmen sind, wird durch den rechts vom Zuweisungszeichen angegebenen Ausdruck beschrieben.
So legt z.B. die Zuweisung

```
KENNTNIS = 1;
```

fest, daß die Variable KENNTNIS für jede Beobachtung den Wert 1 erhalten soll. Ersetzen wir die beiden o.a. IF-Anweisungen zur Zusammenfassung der vier Antwortkategorien von KENNTNIS etwa durch die Anweisungen

```
KENNTNEU = KENNTNIS;
```

```
IF KENNTNIS EQ 1 OR KENNTNIS EQ 2
   THEN KENNTNEU = 1;
IF KENNTNIS EQ 3 OR KENNTNIS EQ 4
   THEN KENNTNEU = 2;
```

so wird eine neue Variable namens KENNTNEU (als 4. Variable in der SAS-Datei) eingerichtet, welche die geforderten Werte enthält. In diesem Fall werden die ursprünglichen Werte der Variablen KENNTNIS (unverändert) in die SAS-Datei übernommen. Die Zuweisung

```
KENNTNEU = KENNTNIS;
```

darf dann entfallen, wenn KENNTNIS nur die Werte 1, 2, 3 und 4 als Variablenwerte enthält.

IF-Anweisung

Generell kann mit Hilfe der *IF-Anweisung* in der Form

```
IF bedingung
   THEN varname = ausdruck ;
```

einer Variablen in Abhängigkeit von der Gültigkeit einer Bedingung der Wert eines Ausdrucks zugeordnet werden.

Im o.a. Beispiel haben wir die beiden *Vergleichsbedingungen*

```
KENNTNIS EQ 1
```

und

```
KENNTNIS EQ 2
```

mit Hilfe des logischen Operators OR (oder) zu der *komplexen Bedingung*

```
KENNTNIS EQ 1 OR KENNTNIS EQ 2
```

zusammengefaßt. Diese Bedingung ist für eine Beobachtung dann nicht erfüllt, falls der zugehörige Wert von KENNTNIS weder 1 noch 2 ist.

Allgemein lassen sich mehrere Vergleichsbedingungen durch die logischen Operatoren *OR* (oder), *AND* (und) und *NOT* (nicht) verknüpfen (zur Prioritätenfolge bei der Auswertung von komplexen Bedingungen siehe Abschnitt 11.2.1).

Innerhalb einer Vergleichsbedingung können neben der Gleichheitsabfrage mit dem Schlüsselwort "EQ" als weitere Vergleichsoperatoren die folgenden Schlüsselwörter verwendet werden:[6]

---

[6] Bei alphanumerischen Werten wird der Vergleich gemäß der lexikographischen Ordnung durchgeführt, d.h. die Beziehung wird durch die Ordnungsbeziehung der beiden Zeichen bestimmt, die positionsgleich in den zu vergleichenden Werten enthalten sind und für die als erste keine Übereinstimmung besteht.

- GT für "größer als",

- LT für "kleiner als",

- NE für "ungleich",

- GE für "größer oder gleich" und

- LE für "kleiner oder gleich".

Somit hätten wir für die beiden o.a. IF-Anweisungen z.B. auch

```
IF KENNTNIS EQ 1 OR KENNTNIS EQ 2
    THEN KENNTNIS = 1;
IF KENNTNIS GT 2
    THEN KENNTNIS = 2;
```

schreiben können.[7]

6.6   Vereinbarung von fehlenden Werten (MISSING-Anweisung)

Eingabe fehlender Werte

Für unseren Fragebogen haben wir festgelegt, daß für nicht beantwortete Fragen *Leerzeichen* als fehlende Werte kodiert werden sollen (vgl. Abschnitt 4.1).

Ist bei der Eingabe eines Variablenwerts (durch die Ausführung einer INPUT-Anweisung) der zugehörige Zeichenbereich nur mit Leerzeichen oder dem Dezimalpunkt "." als alleinigem Zeichen belegt, so wird der Beobachtung ein sog. "fehlender Wert" zugewiesen. Bei einer numerischen Variablen wird dieser Wert durch den Dezimalpunkt "." und bei einer alphanumerischen Variablen durch den Dezimalpunkt oder das Leerzeichen dargestellt.

Bei zukünftigen Auswertungen werden Beobachtungen mit fehlenden Werten nicht in die Auswertung mit einbezogen oder aber gesondert verrechnet (dies ist abhängig von der jeweiligen SAS-Prozedur).

Spezielle fehlende Werte

Sollen bei numerischen Variablen verschiedene Formen von fehlenden Werten unterschieden werden (siehe die Anmerkungen im Abschnitt 4.1), so lassen sich bis zu 27 verschiedene Arten durch die Buchstaben von "A" bis "Z" und das Unterstreichungszeichen "_" als sog. *spezielle fehlende Werte* für alle *numerischen Variablen* festlegen. Dazu ist die *MISSING-Anweisung* der Form[8]

---

[7]Hätten wir als erste Anweisung

```
IF KENNTNIS LE 2
    THEN KENNTNIS = 1;
```

geschrieben, so hätten wir den Fehler begangen, daß die fehlenden Werte durch den Wert "1" ersetzt worden wären (das Zeichen "." geht dem Wert "2" in der Sortierordnung voraus).

[8]Für alphanumerische Variable können keine speziellen fehlende Werte verabredet werden.

```
MISSING spez-fehl-wert-1 [ spez-fehl-wert-2 ]...  ;
```

anzugeben. Tritt ein in einer MISSING-Anweisung aufgeführter Wert bei der Dateneingabe für eine numerische Variable auf, so wird er nicht als falscher Eingabewert
bemängelt, sondern als spezieller fehlender Wert interpretiert. Der Vorteil besteht
darin, daß durch dieses Vorgehen verschiedenartige fehlende Werte für die weitere
Verarbeitung differenziert werden können.

Um z.B. das Antwortverhalten "weiß nicht" und "trifft nicht zu" auseinanderzuhalten, könnten die Zeichen "W" und "T" als Kodewerte verabredet, diese Zeichen
an den entsprechenden Zeichenpositionen in der Datenmatrix erfaßt und durch die
Anweisung

```
MISSING T W;
```

als spezielle fehlende Werte ausgewiesen werden.

Zuweisung von fehlenden Werten

Hätten wir nicht das Leerzeichen, sondern den Wert 0 als Kennung für eine fehlende Antwort in unserem Kodeplan festgelegt, so könnte der Wert 0 — nach der
Dateneingabe und vor der Übertragung in die SAS-Datei — durch die Ausführung
der Anweisung

```
IF KENNTNIS EQ 0
   THEN KENNTNIS = .;
```

durch den fehlenden Wert "." ersetzt werden.
Wollten wir in dieser Situation den speziellen fehlenden Wert "F" zuweisen, so wäre
zunächst "F" in der Form

```
MISSING F;
```

als spezieller fehlender Wert festzulegen und anschließend die Anweisung

```
IF KENNTNIS EQ 0
   THEN KENNTNIS = .F;
```

in den DATA-Step einzutragen. Wird nämlich ein spezieller fehlender Wert als
Konstante innerhalb einer Anweisung aufgeführt, so muß dem jeweiligen Zeichen
ein Punkt "." unmittelbar vorausgehen, wie es soeben durch die Angabe von ".F"
geschehen ist. Im Gegensatz zu ihrer Aufführung als Konstante werden spezielle
fehlende Werte bei der Datenausgabe dagegen stets ohne vorausgehenden Dezimalpunkt protokolliert.

Sortierfolge von fehlenden Werten

In gesonderten Fällen spielt die Sortierordnung der speziellen fehlenden Werte eine Rolle. Sind nämlich für eine Variable mehrere fehlende Werte, z.B. für die Variable V die Werte "W" und "T" durch die MISSING-Anweisung

```
MISSING T W;
```

verabredet, so können diese Werte durch die Ausführung der Anweisung

```
IF V LE .Z
   THEN V = .;
```

in den fehlenden Wert "." umgewandelt werden, da für die speziellen fehlenden Werte die *Sortierfolgeordnung*

```
_ . A B C    ...   Z
```

gilt.

Automatische Zuordnung von fehlenden Werten

Wie o.a. wird bei der Dateneingabe für eine numerische Variable dann der fehlende Wert zugeordnet, wenn im Zeichenbereich des eingelesenen Datensatzes ein ungültiges Zeichen (wie etwa ein Fragezeichen) enthalten ist (gleichzeitig wird im Log-Protokoll eine diesbezügliche Meldung ausgegeben, siehe Abschnitt 6.7).

Bei der Einrichtung einer neuen Variablen (siehe Abschnitt 6.5) wird jeder Beobachtung zunächst der fehlende Wert zugeordnet. Dieser Wert wird in die SAS-Datei als Variablenwert übernommen, wenn für eine Beobachtung kein Variablenwert aus der Zuordnungsvorschrift gebildet werden kann (etwa bei der Division durch Null) oder bei der Auswertung eines Ausdrucks ein zu verrechnender Variablenwert als fehlend gekennzeichnet ist.

6.7   Überprüfung der Eingabedaten

Leider kann in der Regel nicht davon ausgegangen werden, daß die in den Datensätzen der Magnetplatten-Datei erfaßten Werte unserer Datenmatrix alle korrekt sind, da Erfassungsfehler nicht auszuschließen sind. Deshalb muß vor Beginn der eigentlichen Datenanalysen zunächst eine Datenprüfung durchführt werden.

Eingabefehler

Bei der Dateneingabe kontrolliert das SAS-System standardmäßig, ob die in numerische Variablen zu übertragenden Werte auch tatsächlich nur aus Ziffern bestehen,

die gegebenenfalls einen Dezimalpunkt enthalten und durch ein Vorzeichen eingeleitet sein dürfen.[9]

Ist etwa versehentlich für die 3. Beobachtung in der Zeichenposition 24 des 2. Satzes
der Buchstabe "A" erfaßt worden, so wird dies bei der Dateneingabe vom SAS-
System durch die folgende im Log-Protokoll eingetragene Fehlermeldung angezeigt
(Abbildung 6.5):

```
NOTE: INFILE DATEN IS:
      DSNAME-A20A.BRESTUD.DATA,
      UNIT-DISK,VOL-SER-USER04,DISP-OLD,
      DCB-(BLKSIZE-3120,LRECL-80,RECFM-FB)
NOTE: INVALID DATA FOR AUSSICHT IN LINE 6 24-24.      80:24
RULE:        ----+----1----+----2----+----3----+----4----+----5----+----6----+----
5            312602        3                                                       7
     71    5
6            32                        A1
     71
AUSBILD-3 AUSSICHT-. KENNTNIS-. _ERROR_-1 _N_-3
NOTE: 780 LINES WERE READ FROM INFILE DAT.
NOTE: DATA SET WORK.STUDANF HAS 390 OBSERVATIONS AND 3 VARIABLES. 680 OBS/TRK.
```

Abbildung 6.5: Beispiel für eine Fehlermeldung

In diesem Fall muß im Fragebogen, dessen Identifikationsnummer in den ersten drei
Zeichenpositionen des protokollierten Datensatzes eingetragen ist, die Kodierung
der Ausprägung des Merkmals "Stellenaussichten nach dem Studium" überprüft
und eine entsprechende Korrektur vorgenommen werden.

Liegen derartige Eingabefehler nicht vor, so sind als nächstes die vom SAS-System
ausgedruckte Anzahl der Beobachtungen ("observations") mit der erwarteten Anzahl zu vergleichen. Stimmen diese beiden Größen nicht überein, so sind die Fra-
gebogennummern, die in unserem Beispiel im Zeichenbereich 1 - 3 in jedem Datensatz eingetragen sind, zu überprüfen. Dazu lassen wir uns Häufigkeitstabellen
für die Identifikationsnummern innerhalb der 1. und der 2. Satzart durch das
SAS-Programm

```
DATA TEST;
    INFILE DATEN;
    INPUT #1 IDENTNR1 1 - 3
         #2 IDENTNR2 1 - 3;
PROC FREQ;
```

---

[9]Als Nichtziffernzeichen werden nur die durch eine MISSING-Anweisung verabredeten speziel-
len fehlenden Werte toleriert. Falls ein Zeichenbereich nur aus Leerzeichen besteht bzw. nur den
Dezimalpunkt "." als alleiniges Zeichen enthält, wird — bei gleichzeitiger Protokollierung im
Log-Protokoll — der Dezimalpunkt als fehlender Wert zugewiesen.

ausdrucken, mit deren Hilfe wir ermitteln können, ob z.B. die Angaben zu einer Beobachtung fehlen oder u.U. mehrfach erfaßt wurden.

Überprüfung der Satzfolge

Standardmäßig wird bei der Dateneingabe überprüft, ob die Anzahl der eingelesenen Sätze ganzzahlig durch die Anzahl der pro Beobachtung vorhandenen Satzarten (die innerhalb der INPUT-Anweisung mitgeteilt werden muß) teilbar ist. Bei einer Unregelmäßigkeit wird die entsprechende Fehlermeldung ins Log-Protokoll eingetragen.

Da in unserem Beispiel pro Beobachtung jeweils 2 Datensätze vorliegen, ist es möglich, daß bei einer falschen Anzahl von Beobachtungen evtl. folgende Fehler vorliegen:

- für eine Beobachtung fehlt eine Satzart oder

- für eine Beobachtung wurde eine Satzart fälschlicherweise mehrfach erfaßt.

Zudem ist es in jedem Fall erforderlich, die Reihenfolge der Datensätze auf Korrektheit zu überprüfen, damit sichergestellt ist, daß pro Beobachtung jeweils 2 Datensätze vorliegen und der jeweils 2. Satz auf den jeweils 1. Satz folgt.

In unserem Fall überprüfen wir die richtige Satzfolge durch den DATA-Step[10]

```
DATA _NULL_;
INFILE DATEN;
INPUT #1 IDENTNR1 1 - 3 SATZART1 4
      #2 IDENTNR2 1 - 3 SATZART2 4;
IF NOT (IDENTNR1 EQ IDENTNR2 AND SATZART1 EQ 1 AND SATZART2 EQ 2)
    THEN LOSTCARD;
```

Durch die Ausführung dieses DATA-Steps werden etwaige Unregelmäßigkeiten in der Satzfolge im Log-Protokoll ausgewiesen, so daß daraufhin die Daten-Datei korrigiert werden kann. U.U. ist es erforderlich, die Datensätze nach der Identifikationsnummer und diesbezüglich (bei gleicher Identifikation) nach der Satzart zu ordnen. Dazu kann die SORT-Anweisung eingesetzt werden (s. Abschnitt 7.2).

Die interne Variable _N_

Für Datenüberprüfungen ist es oftmals nützlich, sich über die Nummer der aktuellen Beobachtung innerhalb der Reihenfolge aller Beobachtungen informieren zu können. Dazu stellt das SAS-System eine *interne Variable* namens "_N_" zur Verfügung, die innerhalb eines DATA-Steps automatisch eingerichtet und nicht mit in die SAS-Datei übernommen wird.

---

[10]Da die Auswertung bereits innerhalb des DATA-Steps erfolgt, braucht keine SAS-Datei für einen nachfolgenden PROC-Step aufgebaut zu werden. In diesem Fall ist das Schlüsselwort "_NULL_" in der DATA-Anweisung anstelle eines Dateinamens für eine SAS-Datei anzugeben.

Überprüfung von Werten

Sind die Anzahl und die Identifikationsnummern der Beobachtungen (und die
Satzfolge bei mehreren Sätzen pro Beobachtung) korrekt, so sollten zunächst die
Häufigkeitsverteilungen aller zu analysierenden Variablen ausgegeben werden. Dadurch läßt sich feststellen, ob etwa infolge von Kodier- oder Erfassungsfehlern un-
zulässige Werte auftreten.

Nehmen wir z.B. an, daß wir für die Variable AUSSICHT dreimal den unzulässigen
Wert 9 festgestellt hätten. Dann könnten wir uns die betreffenden Fragebogennum-
mern und die relative Lage der gesuchten Beobachtungen in der Daten-Datei etwa
so ausgeben lassen:

```
DATA _NULL_;
   INFILE DATEN;
   INPUT #2 IDENTNR 1 - 3 AUSSICHT 24;
   IF AUSSICHT EQ 9
      THEN PUT IDENTNR = 5 - 15 AUSSICHT = 20 - 29 _N_ = 35 - 41;
```

Für die Beobachtungen, für welche die Variable AUSSICHT den Wert 9 besitzt,
wird die *PUT-Anweisung*

```
PUT IDENTNR = 5 - 15 AUSSICHT = 20 - 29 _N_ = 35 - 41;
```

ausgeführt. Dadurch wird eine Ausgabe ins Log-Protokoll vorgenommen, wobei der
aktuelle Wert der Variablen IDENTNR in den Zeichenbereich 5 - 15, der Wert 9
von AUSSICHT (zur Kontrolle) in den Zeichenbereich 20 - 29 und die Nummer
der gerade bearbeiteten Beobachtung — diese ist in der *internen Variablen _N_*
als Wert enthalten — in den Zeichenbereich 35 - 41 der aktuellen Ausgabezeile
eingetragen wird. Vor der Fragebogennummer, dem Wert der Variablen AUSSICHT
und der Beobachtungsnummer werden die Texte "IDENTNR = ", "AUSSICHT = "
und "_N_ = " protokolliert. Insgesamt werden für die drei fehlerhaften Werte der
Variablen AUSSICHT drei Ausgabezeilen in das Log-Protokoll ausgegeben.

Allgemein läßt sich die *PUT-Anweisung* in der Form

```
PUT varname-1 [ = ] [ $ ] zpn1 [ - zpn2 ] [ dezzahl1 ]
    [ varname-2 [ = ] [ $ ] zpn3 [ - zpn4 ] [ dezzahl2 ] ]... ;
```

zur Ausgabe von Werten in das Log-Protokoll einsetzen. Die Syntax entspricht
bis auf die zusätzlich mögliche Angabe des Gleichheitszeichens "=" hinter dem Variablennamen genau der Syntax der INPUT-Anweisung. Durch die Angabe des
Gleichheitszeichens ist es möglich, den zugehörigen Variablennamen vor dem auszugebenden Variablenwert ins Protokoll aufzunehmen, so daß die Zeilen des Log-
Protokolls besser lesbar sind. In diesem Fall kennzeichnet die hinter dem Gleichheitszeichen angegebene Positionsnummer die Zeichenposition, ab welcher der Variablenname ausgegeben werden soll. Hinter dem Variablennamen folgt unmittelbar
das Gleichheitszeichen, und daran anschließend wird der Variablenwert — ohne
Zwischenraum — in die Ausgabezeile eingetragen.

Kapitel 7

Protokollierung der Daten einer SAS-Datei

7.1 Druckausgabe (PRINT-Prozedur)

Ausgabe ins Log-Protokoll

Sollen bei der Ausführung eines DATA-Steps alle oder einzelne eingelesene Datensätze in das Log-Protokoll ausgegeben werden, so kann die *LIST-Anweisung* in der Form

```
LIST ;
```

verwendet werden. Bei der Ausführung der LIST-Anweisung wird der gesamte eingelesene Datensatz — unverändert — in eine Ausgabezeile des Log-Protokolls eingetragen.

Im Hinblick auf die Diskussion im Abschnitt 6.7 könnten wir z.B. die Sätze, in denen die Variable AUSSICHT den falschen Wert 9 besitzt, durch den folgenden DATA-Step protokollieren lassen:

```
DATA _NULL_;
   INFILE DATEN;
   INPUT #2 AUSSICHT 24;
   IF AUSSICHT EQ 9
      THEN LIST;
```

Dadurch werden die drei betroffenen Datensätze untereinander ins Log-Protokoll ausgegeben.

Ausgabe ins Output-Protokoll

Sind nicht alle, sondern evtl. nur ausgewählte Daten eines Datensatzes zu protokollieren, und soll die Druckausgabe strukturiert werden, so ist die *Prozedur PRINT* in der Form

```
PROC PRINT [ DATA = sas-dateiname ] [ LABEL ] ;
   [ VARIABLES variablenliste-1 ; ]
   [ ID variablenliste-2 ; ]
   [ FORMAT variablenliste-3 ; ]
   [ TITLE[n] 'text-1' ; ]...
   [ FOOTNOTE[m] 'text-2' ; ]...
   [ BY [DESCENDING] varname-1 [ [DESCENDING] varname-2 ]... ; |
      BY varname-3 [varname-4 ]...  NOTSORTED ; ]
```

einzusetzen.[1]

Hinter dem Schlüsselwort "*PRINT*" können ein oder mehrere der aufgeführten Optionen angegeben werden, die — durch mindestens ein Leerzeichen voneinander getrennt — hintereinander aufzuschreiben sind.

In der DATA-Option ist hinter dem Schlüsselwort "*DATA*" — durch ein Gleichheitszeichen getrennt — der Name der SAS-Datei anzugeben, deren Inhalt ins Output-Protokoll ausgegeben werden soll. Unterbleibt die Angabe der DATA-Option, so wird auf die Sätze derjenigen SAS-Datei zugegriffen, die vor diesem PROC-Step als letzte SAS-Datei eingerichtet wurde.

So werden durch das SAS-Programm

```
DATA DRUCKAUF;
   INFILE DATEN;
   INPUT #1 GESCHL 5 FAMSTAND 8 AUSBILD 17
         #2 AUSSICHT 24 ANSPRUCH 25 KENNTNIS 27;
PROC PRINT;
   VARIABLES GESCHL FAMSTAND AUSBILD AUSSICHT ANSPRUCH KENNTNIS;
```

die Variablenwerte der innerhalb der VARIABLES-Anweisung

```
VARIABLES GESCHL FAMSTAND AUSBILD AUSSICHT ANSPRUCH KENNTNIS;
```

im PROC-Step aufgeführten Variablen kolumnenweise untereinander ausgegeben, wobei jede Kolumne durch den zugehörigen Variablennamen überschrieben und jede Ausgabezeile durch eine Kennung für die jeweilige Beobachtung eingeleitet wird.

Kennzeichnung der Werte

Standardmäßig wird die erste Kolumne durch den Namen "*OBS*" überschrieben und in ihr werden als Kennung für die Beobachtungen die jeweiligen Werte der internen Variablen _N_ eingetragen. Sollen stattdessen die Werte einer oder mehrerer in der SAS-Datei enthaltener Variablen zur Kennzeichnung der Beobachtungen vor den Kolumnen der auszugebenden Variablenwerte protokolliert werden, so sind die zugehörigen Variablennamen in einer *ID-Anweisung* in der Form

---

[1]Der senkrechte Strich "|" besagt, daß entweder die davorstehende oder aber die dahinter angegebene Form der BY-Anweisung verwendet werden darf. Das Schlüsselwort "VARIABLES" kann durch "VAR" abgekürzt werden.

```
    ID varname-1 [ varname-2 ]... ;
```

innerhalb der PRINT-Prozedur aufzuführen.

Soll z.B. die Fragebogennummer zu Beginn jeder Ausgabezeile protokolliert werden, so ist das SAS-Programm

```
DATA DRUCKAUF;
    INFILE DATEN;
    INPUT #1 IDENTNR 1 - 3 GESCHL 5 FAMSTAND 8 AUSBILD 17
          #2 AUSSICHT 24 ANSPRUCH 25 KENNTNIS 27;
PROC PRINT;
    VARIABLES GESCHL FAMSTAND AUSBILD AUSSICHT ANSPRUCH KENNTNIS;
    ID IDENTNR;
```

auszuführen.

Die Option LABEL

Zur Umstellung der standardmäßigen Form der Druckausgabe können geeignete Optionen in der PRINT-Prozedur angeben werden. So lassen sich etwa durch die Aufführung der Option *LABEL* anstelle der Variablennamen die in der SAS-Datei (durch eine LABEL-Anweisung) eingespeicherten Variablenetiketten protokollieren.

Werteetiketten

Sind für eine oder mehrere Variable (etwa durch einen zuvor durchgeführten PROC-Step mit der Prozedur FORMAT) innerhalb der SAS-Datei Werteetiketten verabredet worden, z.B. für die Variable AUSSICHT durch den Formatnamen FAUSSICH, so wird durch die PRINT-Prozedur das jeweilige Werteetikett anstelle des Variablenwerts ausgegeben. Sollen nicht die Werteetiketten, sondern die ursprünglichen Werte protokolliert werden, so ist eine FORMAT-Anweisung (ohne die Zuordnung des Formatnamens) in der Form

```
FORMAT variablenliste ;
```

anzugeben. Dadurch wird für alle in dieser Variablenliste aufgeführten Variablen vereinbart, daß die zuvor durch eine FORMAT-Prozedur vorgenommene Zuordnung von Werteetiketten innerhalb der aktuellen Prozedur außer Kraft gesetzt wird (s. dazu auch Abschnitt 11.11).

In unserem Fall wäre also die Anweisung

```
FORMAT AUSBILD AUSSICHT KENNTNIS;
```

in den PROC-Step aufzunehmen.

Überschriften und Fußnoten

Ist die Ausgabe in das Output-Protokoll — auf jeder Ausgabeseite — durch eine Überschrift einzuleiten oder durch eine Fußnote abzuschließen, so können dazu bis zu jeweils 10 Zeilen durch geeignete TITLE-Anweisungen in der Form

```
TITLE[n] 'text-1' ;
```

bzw. FOOTNOTE-Anweisungen in der Form

```
FOOTNOTE[m] 'text-2' ;
```

formuliert werden. Dabei legen die Nummern "n" bzw. "m", für die unmittelbar hinter dem "E" von "TITLE" bzw. "FOOTNOTE" eine Zahl zwischen 1 und 10 einzusetzen ist, diejenigen Zeilennummern fest, in welche der jeweils angegebene Text zu Beginn und am Ende jeder Seite des Output-Protokolls eingetragen wird. Anstelle von "TITLE1" und "FOOTNOTE1" darf abkürzend "TITLE" bzw. "FOOTNOTE" geschrieben werden.

Ändern wir z.B. den o.a. PROC-Step in der Form

```
PROC PRINT;
    ID IDENTNR;
    TITLE    'LISTING';
    TITLE3   'VON AUSGEWAEHLTEN DATEN';
    TITLE4   'DER SAS-DATEI ''DRUCKAUF'':';
```

ab, so erhalten wir als Anfang des Output-Protokolls die in der Abbildung 7.1 angegebene Eintragung (für die 10 ersten Datensätze):

```
LISTING

VON AUSGEWAEHLTEN DATEN
DER SAS-DATEI 'DRUCKAUF':

IDENTNR GESCHL FAMSTAND AUSBILD AUSSICHT ANSPRUCH KENNTNIS

   1       2       1        2        3        1        3
   2       2       1        3        .        1        .
   3       2       2        3        2        1        .
   4       2       1        3        2        1        2
   5       1       1        2        2        1        2
   6       1       2        3        2        1        3
   7       1       1        3        2        1        2
   8       1       1        3        2        2        2
   9       1       1        3        3        2        2
  10       1       3        2        2        2        2
```

Abbildung 7.1: Anfang einer Druckausgabe durch Prozedur PRINT

Es ist zu beachten, daß die in einer PRINT-Prozedur durch die TITLE- und die FOOTNOTE-Anweisung vereinbarten Überschrifts- und Fußnotenzeilen in der

Folge solange im Output-Protokoll ausgegeben werden, bis sie durch andere TITLE-
und FOOTNOTE-Anweisungen verändert oder gelöscht werden (s. Abschnitt 11.5).

Fehlen der VARIABLES-Anweisung

Wir haben im letzten PROC-Step zur Ausführung der PRINT-Prozedur keine
VARIABLES-Anweisung angegeben, da beim Fehlen dieser Anweisung die Druckausgabe automatisch für alle Variablen der SAS-Datei durchgeführt wird. Die Angabe der VARIABLES-Anweisung ist also nur dann erforderlich, wenn die Reihenfolge der Variablen bei der Druckausgabe gegenüber der Abfolge innerhalb der
SAS-Datei verändert werden oder aber nur ausgewählte Variablen im Protokoll aufgenommen werden sollen.

Auswahl von Datensätzen

Oftmals sollen nicht für alle, sondern nur für eine Auswahl von Beobachtungen
die Werte von Variablen protokolliert werden. Dazu ist vor der Ausführung der
PRINT-Prozedur eine geeignete SAS-Datei mit den erwünschten Beobachtungen
einzurichten.

Sind wir z.B. am Ausdruck der Werte für die Studentinnen interessiert, so lassen
wir dazu das folgende SAS-Programm ausführen:

```
DATA STUD_W;
   INFILE DATEN;
   INPUT #1 GESCHL 5 FAMSTAND 8 AUSBILD 17
         #2 AUSSICHT 24 ANSPRUCH 25 KENNTNIS 27;
   IF GESCHL EQ 1 OR GESCHL EQ .
      THEN DELETE;
PROC PRINT;
   FOOTNOTE2 'AUSDRUCK DER WERTE';
   FOOTNOTE3 'DER STUDENTINNEN';
```

Durch die Ausführung der *DELETE-Anweisung* in der Form

```
DELETE ;
```

werden alle Werte des aktuell eingelesenen Datensatzes gelöscht, d.h. nicht in die
SAS-Datei übertragen. Dies geschieht im o.a. Programm für diejenigen Sätze, für
welche die Variable GESCHL den Wert 1 (Studenten) bzw. den fehlenden Wert
"." besitzt. Die Sätze mit den Antworten der Studentinnen werden in die SAS-
Datei STUD_W übertragen, so daß sie durch den Aufruf des nachfolgenden PROC-
Steps ins Output-Protokoll ausgegeben werden. Dabei wird jede Ausgabeseite durch
eine Fußnote mit dem in den beiden FOOTNOTE-Anweisungen verabredeten Text
beendet.

Spezifizierung einer Ausgabeseite

Standardmäßig ist eine Ausgabeseite des Output-Protokolls durch die Größe des Bildschirms am Bildschirmarbeitsplatz festgelegt. Sollen im Hinblick auf eine Druckausgabe der Ergebnisse — durch den Einsatz des PRINT-Befehls (s. Abschnitt 5.2) — die Voreinstellungen verändert werden, so geben wir eine *OPTIONS-Anweisung* der Form

```
OPTIONS [ TLINESIZE = n ] [ TPAGESIZE = m ] ;
```

innerhalb eines DATA- oder eines PROC-Steps an. Über das Schlüsselwort "TLINESIZE" wird die Zeichenzahl pro Zeile festgelegt, wobei für "n" ein Wert von 64 bis 132 anzugeben ist. Die neue Zeilenzahl pro Ausgabeseite wird durch die Angabe unter dem Schlüsselwort "TPAGESIZE" bestimmt. Dabei darf "m" einen Wert zwischen 20 und 500 annehmen. Für TLINESIZE und TPAGESIZE sind in der Regel die Werte 80 bzw. 24 voreingestellt (dies ist geräte- und installationsabhängig). Die Verabredung über die OPTIONS-Anweisung bleibt während des gesamten Dialogs solange in Kraft, bis sie durch eine nachfolgende OPTIONS-Anweisung überschrieben wird.

Ausgabe von systemspezifischen Voreinstellungen

Wollen wir uns über die aktuell eingestellten systemspezifischen Voreinstellungen (die in der Regel von Installation zu Installation verschiedenartig festgelegt sind) informieren, so müssen wir dazu die *Prozedur OPTIONS* in der Form

```
PROC OPTIONS ;
```

aufrufen, woraufhin die gewünschten Angaben im Log-Protokoll ausgegeben werden.

7.2   Sortierte Datenausgabe (BY-Anweisung und SORT-Prozedur)

Satzgruppe

Sind die Datensätze einer SAS-Datei nach Satzgruppen gegliedert, so kann mit der PRINT-Prozedur eine nach diesen Satzgruppen getrennte Auflistung im Output-Protokoll vorgenommen werden. Unter einer *Satzgruppe* versteht man dabei eine Folge von Datensätzen, die durch eine charakteristische Eigenschaft gekennzeichnet sind.

Z.B. kann es sinnvoll sein, die auszudruckenden Variablenwerte geschlechtsspezifisch in zwei Listen zu präsentieren. In diesem Fall muß die SAS-Datei in zwei Satzgruppen gegliedert sein, wobei zunächst alle Sätze mit der Eigenschaft "GESCHL = 1" und dann alle Sätze mit "GESCHL = 2" hintereinander in der SAS-Datei abgespeichert sein müssen. Ebenso können auch alle Sätze mit "GESCHL = 1" auf die Sätze

GESCHL	weitere Variable
1	
1	.
.	.
.	.
1	
2	
2	.
.	.
.	.
2	.

oder

GESCHL	weitere Variable
2	
2	.
.	.
.	.
2	
1	
1	.
.	.
.	.
1	.

Abbildung 7.2: SAS-Datei, sortiert nach den Werten von GESCHL

mit "GESCHL = 2" folgen, d.h. es muß eine der beiden folgenden Strukturierungen vorliegen (Abbildung 7.2):

Dabei setzen wir voraus, daß alle Beobachtungen, für die GESCHL einen fehlenden Wert besitzt, von der Verarbeitung ausgeschlossen sind.

Die für die beiden Satzgruppen charakteristische Eigenschaft besteht also darin, daß die Variable GESCHL als Kriteriumsvariable eine Abfolge von Sätzen durch ihre Variablenwerte kennzeichnet.

An der Stelle, an der die Kriteriumsvariable für die Satzgruppen ihren Wert ändert, spricht man von einem *Satzgruppenwechsel*.

Satzgruppen können nicht nur durch eine, sondern auch durch mehrere Kriteriumsvariable beschrieben werden. In diesem Fall ist der Satzgruppenwechsel durch die Änderung mindestens eines Variablenwerts einer Kriteriumsvariablen gekennzeichnet.

BY-Anweisung

Sind etwa in einer SAS-Datei namens SEX_SORT zunächst die Sätze mit den Antworten der Studenten und daran anschließend die Sätze für die Studentinnen abgespeichert (wie man diese Satzfolge erreichen kann, werden wir unten lernen), so läßt sich durch die Ausführung der PRINT-Prozedur eine für diese beiden Satzgruppen *getrennte* Druckausgabe abrufen, in der zuerst die Angaben für die 1. Satzgruppe und daran anschließend — als neue Liste — die Angaben für die 2. Satzgruppe enthalten sind. Dazu ist die *BY-Anweisung*, deren generelle Syntax durch

```
   BY [ DESCENDING ] varname-1 [ [ DESCENDING ] varname-2 ]... ;
```

bzw.

```
   BY varname-3 [ varname-4 ]... NOTSORTED ;
```

beschrieben ist, in geeigneter Weise innerhalb des PROC-Steps zur Ausführung der PRINT-Prozedur anzugeben.

In dem angegebenen Fall (SEX_SORT enthält sortierte Sätze) erfüllt der PROC-Step

```
   PROC PRINT DATA = SEX_SORT;
     BY GESCHL;
```

die Aufgabenstellung, weil der Satzgruppenwechsel durch die Änderung des Wertes 1 in den Wert 2 innerhalb der Kriteriumsvariablen GESCHL markiert ist und die Datensätze nach den Werten von GESCHL aufsteigend sortiert sind.

Bei der Angabe der BY-Anweisung ist zu unterscheiden, ob die Satzgruppen in sortierter Reihenfolge vorliegen oder nicht. Bei der Angabe in der Form

```
   BY [ DESCENDING ] varname-1 [ [ DESCENDING ] varname-2 ]... ;
```

wird vorausgesetzt, daß die Sätze der SAS-Datei gemäß der Werte der aufgeführten Variablen sortiert sind. Sind mehrere Variablen hinter dem Wort "BY" angegeben, so müssen die Werte der zweiten Variablen innerhalb gleicher Werte der zuerst aufgeführten Variablen auf- oder (bei der Angabe des Schlüsselwortes "DESCENDING") absteigend sortiert sein, die Werte einer 3. Variablen innerhalb gleicher Wertekombinationen aus 1. und 2. Variablen usw.

Werden die Satzgruppen einer SAS-Datei durch verschiedene Werte bzw. Wertekombinationen von einer oder mehreren Kriteriumsvariablen beschrieben und sind die Sätze gemäß dieser Kriterien unsortiert, so ist zum Abruf einer nach diesen Satzgruppen getrennten Druckausgabe eine BY-Anweisung der Form

```
   BY varname-1 [ varname-2 ]... NOTSORTED ;
```

anzugeben. In diesem Fall werden — beginnend mit dem ersten Satz — solange alle abgerufenen Variablenwerte in die erste Ausgabeliste übertragen, bis ein Satzgruppenwechsel stattfindet, d.h. ein Satz gelesen wird, bei dem für mindestens eine der innerhalb der BY-Anweisung aufgeführten Kriteriumsvariablen ein anderer als der bisherige Wert vorliegt. Entsprechend wird für alle nachfolgenden Satzgruppenwechsel verfahren, bis das Ende der SAS-Datei erreicht ist und damit die letzte Ausgabeliste abgeschlossen werden kann.

SORT-Anweisung

In der Regel soll eine nach Satzgruppen gegliederte Druckausgabe einem Sortierkriterium unterliegen und die diesbzgl. BY-Anweisung ohne das Schlüsselwort "NOTSORTED" angegeben werden. Sind die Datensätze unsortiert in die SAS-Datei übertragen worden, so ist vor der Druckausgabe durch die Prozedur PRINT eine geeignete Sortierung der Sätze durchzuführen. Dazu ist die *Prozedur SORT* in der Form

```
PROC SORT [ DATA = sas-dateiname-1 ] [ OUT = sas-dateiname-2 ] ;
    BY [DESCENDING] varname-1 [ [DESCENDING] varname-2 ]... ;
```

aufzurufen. Es werden die unsortierten Datensätze der SAS-Datei "sas-dateiname-1" nach den in der BY-Anweisung formulierten Sortierkriterien sortiert und anschließend in eine SAS-Datei übertragen, deren Name in der OUT-Option innerhalb der PROC-Anweisung anzugeben ist. Sollen die sortierten Datensätze in die SAS-Datei mit dem Namen "sas-dateiname-1" zurückgeschrieben werden, ist keine OUT-Option anzugeben. Sind die Sätze der zuletzt erstellten SAS-Datei zu verarbeiten, so kann die DATA-Option entfallen.

Vor der erstmaligen Angabe einer SORT-Prozedur muß dafür gesorgt werden, daß die zur Durchführung einer Sortierung erforderlichen Hilfsdateien zur Verfügung stehen. Dazu ist eine *X-Anweisung* in der Form

```
X SASSORT ;
```

anzugeben.

Die Sortierordnung ist abhängig vom Internkode der Datenverarbeitungsanlage, d.h. der Vorschrift, nach der die Zeichen im Speicher dargestellt sind.

Bei der Ausführung der SORT-Prozedur werden die Beobachtungen nach den Werten der zuerst aufgeführten Kriteriumsvariablen "varname-1" geordnet. Sind weitere Kriteriumsvariable angegeben, so werden die Beobachtungen anschließend innerhalb jeder Satzgruppierung gleicher Werte für die erste Variable nach den Variablenwerten der 2. Kriteriumsvariablen "varname-2" geordnet usw. Dabei wird standardmäßig stets eine aufsteigende Sortierung vorgenommen. Davon abweichend wird absteigend sortiert, sofern vor der betreffenden Kriteriumsvariablen das Schlüsselwort "DESCENDING" aufgeführt ist.

Es ist zu beachten, daß die Beobachtungen, für die eine Kriteriumsvariable einen *fehlenden Wert* besitzt, nicht von der Sortierung ausgeschlossen werden. Vielmehr gibt es in diesem Fall nach der Sortierung Satzgruppen, die mit den als fehlend markierten Werten korrespondieren.

Nach der Ausführung der SORT-Prozedur ist die resultierende SAS-Datei nach Satzgruppen gegliedert, für welche die Werte der zugehörigen Kriteriumsvariablen sortiert sind. Somit kann die für die Sortierung angegebene BY-Anweisung unmittelbar in eine andere Auswertungsprozedur wie z.B. die PRINT-Prozedur — unverändert — übernommen werden. Die in der BY-Anweisung gemachten Angaben beschreiben die Satzgruppenstruktur der SAS-Datei, nach der die Auswertung getrennt vorgenommen werden soll.

So können z.B. die unsortierten Sätze der SAS-Datei STUDANF, die durch den DATA-Step

```
DATA STUDANF;
   INFILE DATEN;
   INPUT #1 GESCHL 5 AUSBILD 17
         #2 AUSSICHT 24 ANSPRUCH 25 KENNTNIS 27;
   IF GESCHL EQ . THEN DELETE;
```

erstellt wurde, durch die Ausführung der SORT-Prozedur

```
X SASSORT;
PROC SORT OUT = SEX_SORT;
   BY GESCHL;
```

nach den Werten von GESCHL als Kriteriumsvariable aufsteigend sortiert werden, so daß anschließend eine geschlechtsspezifische Druckausgabe durch die Ausführung von

```
PROC PRINT;
   BY GESCHL;
```

vorgenommen werden kann.

Soll die Druckausgabe ferner nach den Werten der Variablen ANSPRUCH gegliedert sein, so sind die SORT- und die PRINT-Prozedur folgendermaßen abzuändern:

```
PROC SORT OUT = SEX_SORT;
   BY GESCHL ANSPRUCH;
PROC PRINT;
   BY GESCHL ANSPRUCH;
```

In der Druckausgabe innerhalb des Output-Protokolls sind Eintragungen enthalten, die mit dem als fehlend gekennzeichneten Variablenwert der Kriteriumsvariablen ANSPRUCH korrespondieren. Diese Listen können eliminiert werden, falls im vorausgehenden DATA-Step die Anweisung

```
IF GESCHL EQ . OR ANSPRUCH EQ .
   THEN DELETE;
```

ergänzt wird. In diesem Fall werden die von der Verarbeitung auszuschließenden Beobachtungen nicht in die SAS-Datei STUDANF übernommen.

Sortierung nach Satznummern

Im Hinblick auf die Diskussion im Abschnitt 6.7 geben wir als weitere Anwendung
die Sortierung nach Identifikationsnummern und Satzart durch das folgende SAS-
Programm an:

```
DATA UNSORTED;
   INFILE DATEN;
   INPUT IDENTNR 1 - 3 SATZART 4 SATZREST $ CHAR76.;
PROC SORT OUT = SORTIERT;
   BY IDENTNR SATZART;
```

Die sonst übliche Festlegung des Zeichenbereichs für die Dateneingabe in der Form
"5 - 80" muß in diesem Fall durch die Angabe "CHAR76." ersetzt werden, damit
führende Leerzeichen bei der Eingabe in die Variable SATZREST mit berücksichtigt
werden (s. die Angaben in Abschnitt 11.10.1). Dem Programm muß, sofern zuvor
noch keine Sortierung durchgeführt wurde, die X-Anweisung

```
X SASSORT;
```

vorangestellt werden.

Bei der Dateneingabe dürfen nicht — wie gewohnt — jeweils zwei aufeinanderfol-
gende Datensätze einer Beobachtung zugeordnet werden, sondern jede Satzart muß
mit einer eigenständigen (künstlichen) Beobachtung korrespondieren, so daß die
SAS-Datei UNSORTED jetzt 780 Beobachtungen enthält. Weil die Sortierung nach
Satzarten für jede Identifikationsnummer getrennt erfolgen muß, ist die Variable
IDENTNR als erste Kriteriumsvariable innerhalb der BY-Anweisung aufzuführen.
Nach der Sortierung sind die Datensätze innerhalb der SAS-Datei SORTIERT in
der gewünschten Reihenfolge enthalten. Jetzt sind jeweils zwei aufeinanderfolgende
Satzarten mit den Kennungen "1" und "2" (an der Zeichenposition 4), die inner-
halb der SAS-Datei SORTIERT jeweils einer Beobachtung zugeordnet sind, wieder
als Sätze einer Daten-Datei bereitzustellen, damit sie anschließend — in gewohn-
ter Weise — in eine SAS-Datei übertragen werden können. Dazu ist der folgende
DATA-Step auszuführen:

```
DATA _NULL_;
   SET SORTIERT;
   FILE ROHDATEN;
   PUT IDENTNR 1 - 3 SATZART 4 SATZREST 5 - 80;
```

Dabei fungiert die SET-Anweisung zum Lesen der Sätze aus der SAS-Datei
SORTIERT und entspricht in ihrer Wirkung den Anweisungen INFILE und INPUT
(s. Abschnitt 11.7). Über die FILE-Anweisung wird der DD-Name "ROHDATEN"
für die Datenausgabe in eine auf der Magnetplatte angesiedelten Daten-Datei verabredet (s. Abschnitt 11.11). Mit der PUT-Anweisung wird ein aus der SAS-Datei
eingelesener Satz in die eingestellte Ausgabe-Datei übertragen (s. Abschnitt 11.11).

Kapitel 8

Datenauswertung mit dem SAS-System

Übersicht über das Leistungsangebot von SAS

In den vorangegangenen Abschnitten wurden die Vorarbeiten für eine Analyse beschrieben, nämlich die Datenerfassung, Datenüberprüfung und Einrichtung einer SAS-Datei. Dabei sind bereits verschiedene Möglichkeiten des SAS-Systems, wie zum Beispiel der "Display Manager" und Anweisungen des DATA-Steps, genutzt worden. Eine vertiefende Darstellung der Leistungen des DATA-Steps folgt in Kapitel 11. Jetzt werden wir auf eine Reihe von in der Forschungspraxis am häufigsten gebrauchten *SAS-Prozeduren* eingehen und exemplarisch — geleitet von den in Kapitel 3 formulierten Auswertungsfragen — ihren Einsatz beschreiben. Das Leistungsangebot von SAS auf dem Gebiet der statistischen Analyseprozeduren ist sehr viel umfangreicher als in dieser Einführung dargestellt werden kann. Hier soll ein nach Auswertungszielsetzungen geordneter Überblick über die im Basispaket[1] verfügbaren Prozeduren ausreichen:

- Prozeduren zur Beschreibung von Merkmalen: FREQ, CHART, SUMMARY, TABULATE, MEANS, UNIVARIATE, CORR

- Reportprozeduren: PRINT, QPRINT, FORMS, CHART, PLOT, IDPLOT, CALENDAR, TIMEPLOT

- Prozeduren für lineare und nichtlineare Regressionsanalysen: REG, RSSQUARE, STEPWISE, NLIN, RSREG, GLM

- Varianzanalyseprozeduren: GLM, ANOVA, NESTED, VARCOMP, TTEST, NPAR1WAY

- Prozeduren für multivariate Kategorialdatenanalyse: FREQ, CADMOD

- Prozeduren für Faktorenanalysen: PRINCOMP, FACTOR, CANCORR

---

[1] Nicht berücksichtigt sind dabei statistische Prozeduren, die in Zusatzpaketen lizensiert werden können, z.B. für Ökonometrie und Zeitreihenanalyse (SAS/ETS), Operations Research (SAS/OR) und für statistische Qualitätskontrolle (SAS/QC). Außerdem zeigt die Übersicht nicht die graphischen Möglichkeiten (SAS/GRAPH), auf die allerdings vereinzelt in Kapitel 10 zurückgegriffen wird.

- Diskriminanzanalyseprozeduren: DISCRIM, NEIGHBOR, CANDISC, STEPDISC

- Clusteranalyseprozeduren: CLUSTER, FASTCLUS, VARCLUS, TREE, MODECLUS

- Prozeduren für Survival-Analysen: LIFETEST, LIFEREG

Eine Reihe sehr spezieller statistischer Prozeduren ist außerdem über die sogenannte "Supplemental Library" verfügbar. Es handelt sich dabei um von SAS-Nutzern erstellte Programme, die in das SAS-System eingebaut worden sind.

Stuktur des Arbeitens mit SAS

Wie wir bereits in Kapitel 5 gesehen haben, läßt sich der Einsatz von SAS bei der Datenanalyse als Abfolge von DATA- und PROC-Steps beschreiben. Im DATA-Step erfolgt die Dateneingabe, -definition und -modifikation sowie die Übertragung in eine SAS-Datei, so daß die Analyse der SAS-Datei in einem nachfolgenden PROC-Step vorgenommen werden kann. Im einfachen Fall haben wir eine Reihe, die aus einem DATA-Step und einem oder mehreren PROC-Steps zusammengesetzt ist:

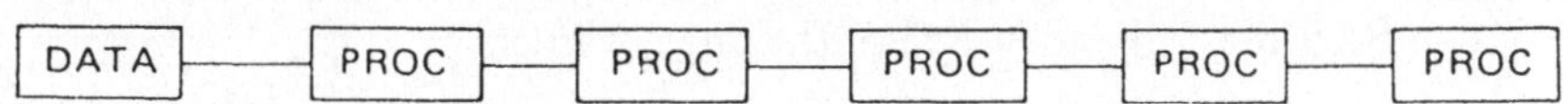

Abbildung 8.1: Schema eines einfachen SAS-Jobs

Ein besonderer Vorteil des Arbeitens mit SAS liegt nun darin, daß beliebig oft und in beliebiger Reihenfolge DATA- und PROC-Steps hintereinandergesetzt werden können. Beim Dialog mit dem SAS-"Display Manager" kann mehr als eine SAS-Datei aufgebaut und für die Datenanalyse in nachfolgenden PROC-Steps verfügbar gehalten werden. Darüberhinaus ist die Reihenfolge von DATA- und PROC-Steps beliebig mit der einzigen Einschränkung, daß die durch einen PROC-Step zu analysierenden Daten in Form einer SAS-Datei zur Verfügung stehen müssen.[2]

DATA-Steps können somit auch PROC-Steps folgen:

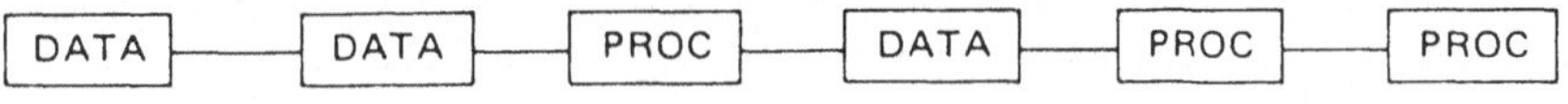

Abbildung 8.2: Schema eines komlexeren SAS-Jobs

---

[2] Die Daten können langfristig als SAS-Datei auf einer Magnetplatte gespeichert sein (siehe Abschnitt 11.6). Eine Reihe von Prozeduren geben — auf Anforderung — Daten als SAS-Datei aus, die in einem folgenden DATA-Step modifiziert oder in einem weiteren PROC-Step analysiert werden können.

Kapitel 9

Beschreibung von Merkmalen

Das erste Ziel bei Auswertungen empirischer Untersuchungen ist eine übersichtliche Darstellung der Untersuchungsergebnisse. Die Auflistung aller Daten, wie sie die Prozedur PRINT vornimmt (vergleiche deren Beschreibung in Abschnitt 7.1), eignet sich nur im Falle weniger Beobachtungen. Bei zahlreichen Merkmalsträgern sollten wir Verfahren anwenden, die die Meßergebnisse zusammenfassen und in übersichtlicher Form zum Ausdruck bringen. Als geeignete Darstellung der Analyseergebnisse können wir in SAS die folgenden Präsentationen wählen:

- tabellarische Darstellung mit den Prozeduren FREQ und TABULATE (9.1),

- graphische Darstellung mit der Prozedur CHART (9.2) und

- Verteilungskennwerte mit den Prozeduren UNIVARIATE und MEANS (9.3).

9.1 Tabellarische Ausgabe von Häufigkeitsverteilungen (FREQ)

Allgemeine Form der FREQ-Prozedur

Im SAS steht die Prozedur FREQ für die Darstellung von einfachen Häufigkeitsverteilungen zur Verfügung. Häufigkeitstabellen zeigen die Verteilung der Ausprägungen eines Merkmals, nämlich wie oft welche Antwort auf eine bestimmte Frage gegeben wurde. Der Prozeduraufruf erfolgt mit der Anweisung

```
PROC FREQ;
```

Diese Anweisung allein — ohne Ergänzung — bewirkt die Ausgabe *aller* Merkmalsverteilungen der Variablen der zuletzt gebildeten SAS-Datei. Alle Voreinstellungen des Systems werden genutzt. Wollen wir hiervon abweichen — sei es, daß wir nur einige diskrete Merkmale tabellarisch dargestellt haben wollen oder eine bestimmte Form der Tabellendarstellung wünschen —, so müssen wir die PROC-Anweisung ergänzen:

```
PROC FREQ  [ DATA=sas-dateiname-1 ]
             [ ORDER=INTERNAL | FREQ | DATA | FORMATTED ] ;
   [ TABLES  varliste
                 / [ MISSING ] [ OUT=sas-dateiname-2 ]
                     [ NOCUM ] [ NOPRINT ] ; ]
   [ WEIGHT  varname-1; ]
   [ BY [DESCENDING] varname-2 [ [DESCENDING] varname-3 ]... ; |
   [ BY varname-4 [varname-5]... NOTSORTED ; ]
```

Optionen zur PROC FREQ-Anweisung

Die möglichen Ergänzungen zur oben angegebenen Kurzform der PROC FREQ-
Anweisung, mit denen die Art der Ausgabe der gewünschten Tabellen beeinflußt
werden kann, sind die DATA- und die ORDER-Option. Die DATA-Option bestimmt die zu analysierende SAS-Datei, und die ORDER-Option legt die Reihenfolge fest, in der die Werte tabellarisch dargestellt werden. Im einzelnen ist die
Wirkung dieser Optionen wie folgt zu beschreiben:

DATA=sas-dateiname   Hiermit wird explizit der Name einer SAS-Datei angegeben, die mit der FREQ-Prozedur ausgewertet werden
soll. Fehlt diese Angabe, wird die zuletzt gebildete Datei
ausgewertet.

ORDER=   Diese Option bestimmt die Reihenfolge der dargestellten
Merkmalswerte in der Häufigkeitstabelle. Folgende vier
Spezifikationen sind alternativ möglich:

INTERNAL   Die Ausgabe erfolgt aufsteigend nach den *Werten* der
Merkmalsausprägungen. Diese Spezifikation ist voreingestellt.

FREQ   Die Ausgabe erfolgt absteigend nach den *Häufigkeiten*
der einzelnen Merkmalsausprägungen.

DATA   Die Ausgabe erfolgt *unsortiert* in der Reihenfolge des
jeweils *ersten Auftretens* von Merkmalswerten im Datensatz.

FORMATTED   Die Ausgabe erfolgt nach der *alphabetischen Reihenfolge*
der durch eine FORMAT-Anweisung (siehe Abschnitt
6.4) zugewiesenen Werteetiketten.

Die TABLES-Anweisung

Mit der *TABLES-Anweisung* geben wir an, für welche Merkmale Häufigkeitstabellen
ausgegeben werden sollen. Auch hier stehen eine Reihe von Optionen zur Verfügung, mit denen bestimmte Modifikationen bei der Ausgabe vorgenommen werden
können:

```
   TABLES  varliste / [MISSING] [OUT=sas-dateiname]
                      [NOCUM] [NOPRINT] ;
```

Die Spezifikationen haben die folgende Bedeutung:

varliste	An dieser Stelle können die Variablennamen von einem oder mehreren Merkmalen aufgelistet werden. Sie sind jeweils durch ein Leerzeichen zu trennen.
MISSING	Die vom System als fehlend identifizierten Merkmalswerte werden für die angeforderten Tabellen als nicht fehlend behandelt und bei der Berechnung von kumulierten und prozentualen Werten einbezogen.
OUT=sas-dateiname	Die Tabelle wird in der durch "sas-dateiname" spezifizierten SAS-Datei gespeichert. Dies kann eine bereits bestehende oder auch eine neue Datei sein. Wenn in der TABLES-Anweisung mehr als ein Merkmal aufgeführt ist, wird nur für das letzte Merkmal eine Tabelle gespeichert.
NOCUM	Der Ausdruck kumulierter Häufigkeiten und Prozente wird unterdrückt.
NOPRINT	Es wird keine Häufigkeitstabelle ausgegeben. Diese Option ist zusammen mit "OUT=sas-dateiname" sinnvoll.

Die WEIGHT-Anweisung

Bei der Berechnung von Häufigkeitsverteilungen mit der Prozedur FREQ wird jede Beobachtung gleichwertig mit dem Gewicht 1 gezählt. Wir können mit der *WEIGHT-Anweisung* diese gleichgewichtige Behandlung der Beobachtungen ändern (genaue Angaben erfolgen in Abschnitt 11.4).
Die Gewichtung erfolgt mit der Anweisung

```
   WEIGHT varname ;
```

Der Name "varname" kennzeichnet eine Variable der SAS-Datei, die den Gewichtungsfaktor beinhaltet. Die einzelnen Werte sind entweder schon bei der Dateneingabe in die Daten-Datei aufgenommen oder durch nachträgliche Anweisungen im DATA-Schritt definiert worden, zum Beispiel durch:[1]

```
   IF GESCHL=1 THEN GEWICHT=0.5;
   ELSE IF GESCHL=2 THEN GEWICHT=1;
```

Die Anweisungen für eine gewichtete Häufigkeitsverteilung könnten dann so lauten:

```
   PROC FREQ;  TABLES AUSBILD;  WEIGHT GEWICHT;
```

---

[1] Zur ELSE-Anweisung siehe Abschnitt 11.2.

Diese Anweisungen bewirken, daß die Häufigkeitswerte der Merkmalsträger mit dem Kodewert 1 bei dem Merkmal Geschlecht nur zur Hälfte gezählt werden.

Als Gewichtungsfaktoren sind negative und positive Werte sowie der Wert Null zulässig. Wie das obige Beispiel zeigt, brauchen sie aber nicht ganzzahlig zu sein. Die gewichteten Werte werden summiert, und erst die Summe wird gerundet und dann ausgegeben. Eine WEIGHT-Anweisung gilt für alle Tabellen einer PROC FREQ-Anweisung.

Die BY-Anweisung

Die BY-Anweisung kann benutzt werden, um für die nach Satzgruppen gegliederte SAS-Datei jeweils getrennte Häufigkeitsverteilungen ausgeben zu können, ohne daß für jede Gruppe eine eigene SAS-Datei erstellt werden muß. Satzgruppen definieren sich über gemeinsame Werte bei einem oder mehreren Merkmalen (siehe ausführliche Beschreibung in Abschnitt 7.2).

Beispiel einer Standard-Tabelle

Im folgenden orientieren wir uns an den in Kapitel 3 formulierten Fragen. Wir werden somit Häufigkeitsauszählungen der Merkmale Geschlechtszugehörigkeit, Familienstand und Bundesland mit Hilfe der Prozedur FREQ berechnen lassen und dabei einige der oben vorgestellten Optionen einsetzen.

Wir beginnen mit der Anforderung einer Häufigkeitsauszählung, bei der wir alle Voreinstellungen des Systems nutzen. Zunächst wollen wir wissen, wieviel Männer und wieviel Frauen befragt worden sind. Dazu bringen wir das folgende SAS-Programm zur Ausführung:

```
X   ALLOC DD(DATEN)  DA('A20A.BRESTUD.DATA');
DATA STUDANF;
     INFILE DATEN;
     INPUT #1 GESCHL 5  #2 ;
PROC FREQ;
RUN;
```

Wir erhalten folgende Standard-Tabelle:

GESCHL	FREQUENCY	PERCENT	CUMULATIVE FREQUENCY	CUMULATIVE PERCENT
.	12	.	.	.
1	211	55.8	211	55.8
2	167	44.2	378	100.0

Abbildung 9.1: Häufigkeitstabelle

In der ersten Kolumne sind die Ausprägungen des Merkmals GESCHL aufgelistet, zuerst ein Punkt (fehlender Wert) und dann die beiden Werte 1 und 2 in aufstei-

gender Folge. Die zweite und die dritte Kolumne zeigen uns die absolute und die
relative Häufigkeitsverteilung des Merkmals Geschlecht: 211 Männer (55.8 %) und
167 Frauen (44.2 %) wurden befragt. 12 Personen haben keine Angaben zu ihrer
Geschlechtszugehörigkeit gemacht. Bei der Berechnung der Prozentwerte werden
diese Fälle standardmäßig ausgeschlossen. Die vierte und fünfte Kolumne zeigen
uns die kumulierten absoluten und relativen Häufigkeiten. Der letzte Wert in der
vierten Kolumne zeigt die Anzahl der gültigen Fälle.

Beispiel mit MISSING- und NOCUM-Option

Die nächste Frage, die wir beantworten wollen, ist die nach dem Familienstand
der befragten Studenten. Wir holen uns über den RECALL-Befehl das zuvor ausgeführte Programm wieder in den Editor-Schirm. Wir tragen an die erste Zeichenposition der ersten Zeile einen Stern "*" ein, so daß das SAS-Programm durch
eine Kommentarzeile (siehe Abschnitt 11.5) eingeleitet wird. Wir ergänzen die
PROC-Anweisung durch eine TABLES-Anweisung mit den Optionen MISSING und
NOCUM:

```
* X   ALLOC DD(DATEN) DA('A20A.BRESTUD.DATA');
DATA STUDANF;
      INFILE DATEN;
      INPUT #1 GESCHL 5 FAMSTAND 8  #2;
PROC FREQ;
      TABLES FAMSTAND / MISSING NOCUM;
RUN;
```

Wir erhalten folgende Tabelle:

FAMSTAND	FREQUENCY	PERCENT
.	4	1.0
1	285	73.1
2	32	8.2
3	54	13.8
4	15	3.8

Abbildung 9.2: Häufigkeitstabelle (MISSING- und NOCUM-Option)

Wir sehen, daß — als Folge der MISSING-Option — bei der Berechnung der Pro-
zentzahlen die vier Fälle mit fehlender Angabe berücksichtigt und — als Folge der
NOCUM-Option — keine absoluten und prozentualen kumulierten Werte ausgegeben worden sind.

Beispiel mit der Option ORDER=FORMATTED

Die Merkmalsausprägungen sind in den oben abgedruckten Tabellen in auf-
steigender Reihenfolge ausgegeben worden. Hiervon kann mit der ORDER-
Option abgewichen werden. Wir wollen die Wirkung dieser Option anhand der

Häufigkeitsverteilung des Merkmals Bundesland zeigen. Um die Spezifikation FORMATTED einsetzen zu können, müssen zuvor geeignete Werteetiketten festgelegt werden (siehe Abschnitt 6.4). Wir fügen in das SAS-Programm eine FORMAT-Prozedur ein und legen den Namen LANDFMT für das Ausgabeformat fest. Die Anweisungen der Prozedur FREQ muß um eine FORMAT-Anweisung ergänzt werden, so daß wir das folgende SAS-Programm erhalten:

```
*  ALLOC DD(DATEN) DA('A20A.BRESTUD.DATA');
PROC FORMAT;
     VALUE LANDFMT
      1 = 'BADEN-WUERTTEMBERG'
      2 = 'BAYERN'
      3 = 'BERLIN'
      4 = 'BREMEN'
      5 = 'HAMBURG'
      6 = 'HESSEN'
      7 = 'NIEDERSACHSEN'
      8 = 'NORDRHEIN-WESTFALEN'
      9 = 'SCHLESWIG-HOLSTEIN'
     10 = 'RHEINLAND-PFALZ'
     11 = 'SAARLAND'   ;
DATA STUDANF;
     INFILE DATEN;
     INPUT #1 GESCHL 5 FAMSTAND 8  REGION 13-14 #2;
PROC FREQ ORDER=FORMATTED;
     TABLES REGION;
     FORMAT REGION LANDFMT.;
RUN;
```

In der Tabelle auf der folgenden Seite (Abbildung 9.3) sind in der ersten Kolumne anstelle der standardmäßig ausgegebenen Kodewerte die innerhalb der FORMAT-Prozedur festgelegten Werteetiketten protokolliert. Zu beachten ist allerdings, daß nur *maximal 16 Zeichen* ausgegeben werden. Die zu langen Namen einiger Bundesländer werden rechtsbündig abgeschnitten. Die Wirkung der FORMATTED-Spezifikation zeigt sich in der alphabetischen Reihenfolge der Namen.

9.2   Graphische Ausgabe von Häufigkeitsverteilungen (CHART)

Häufigkeitstabellen beschreiben die Verteilung von Merkmalen rein zahlenmäßig. Oftmals ist es sinnvoll, die Verteilung graphisch zu präsentieren, weil wir dadurch einen schnellen Einblick in die Verteilungsstruktur erhalten. Im Programmsystem SAS gibt es die Prozeduren CHART und GCHART, mit der u.a. einfache Häufigkeitsverteilungen diskreter Merkmale bildlich dargestellt werden können. Die Prozedur CHART ist für eine Ausgabe auf einem Drucker vorgesehen; stehen aber

REGION	FREQUENCY	PERCENT	CUMULATIVE FREQUENCY	CUMULATIVE PERCENT
.	18	.	.	.
BADEN-WUERTTEMBE	7	1.9	7	1.9
BAYERN	5	1.3	12	3.2
BERLIN	1	0.3	13	3.5
BREMEN	183	49.2	196	52.7
HAMBURG	12	3.2	208	55.9
HESSEN	10	2.7	218	58.6
NIEDERSACHSEN	114	30.6	332	89.2
NORDRHEIN-WESTFA	27	7.3	359	96.5
RHEINLAND-PFALZ	4	1.1	363	97.6
SCHLESWIG-HOLSTE	9	2.4	372	100.0

Abbildung 9.3: Häufigkeitstabelle (FORMATTED-Option)

Ausgabegeräte, wie z.B. ein Plotter (Zeichengerät) oder ein graphikfähiger Bildschirm, zur Verfügung, kann die Prozedur GCHART eingesetzt werden.[2] Mit der
CHART-Prozedur können wir horizontale und vertikale Balkendiagramme, Blockdiagramme, Kreisdiagramme und Sterndiagramme ausgeben lassen.

Horizontale Balkendiagramme

Für ein horizontales Balkendiagramm müssen folgende Anweisungen eingegeben
werden:

```
PROC CHART [ DATA=sas-dateiname ] ;
    HBAR varliste / [ MISSING ] [ DISCRETE ]
        [ TYPE=FREQ | PERCENT | CFREQ | CPERCENT | SUM | MEAN ]
        [ SYMBOL='zeichen' ]   [ NOSTAT ] [ FREQ ] [ PERCENT ]
        [ CFREQ ] [ CPERCENT ] ;
```

wobei die Gestaltung der Verteilungsdarstellung durch die angegebenen Optionen
in folgender Weise spezifiziert werden können:

---

[2]Der Buchstabe "G" steht für "Graphik". Die Prozedur GCHART gehört nicht zum SAS-
Basispaket, sondern zu den ergänzenden SAS/GRAPH-Prozeduren.

MISSING	Die Kategorie der fehlenden Werte wird in die graphische Darstellung einbezogen.
DISCRETE	Für jede Merkmalsausprägung wird ein "Balken" ausgegeben — im Gegensatz zum Standardfall, in dem die "Balken" automatisch auf vom System gewählte Intervallmittelpunkte gesetzt werden.
TYPE = FREQ | PERCENT | CFREQ | CPERCENT | SUM | MEAN	Hiermit läßt sich spezifizieren, ob die "Balken" jeder Merkmalsausprägung die Häufigkeiten (FREQ), Prozentanteile (PERCENT), kumulierten Häufigkeiten (CFREQ), Summen (SUM) oder Mittelwerte (MEAN) repräsentieren. Voreingestellt ist TYPE=FREQ.
SYMBOL='zeichen'	Diese Option definiert das Zeichen, mit dem die "Balken" in den Diagrammen dargestellt werden sollen. Die Voreinstellung lautet SYMBOL='*'.
NOSTAT	Die standardmäßige Ausgabe von absoluten und kumulierten Häufigkeiten und Prozenten entfällt.
FREQ	Absolute Häufigkeiten werden ausgegeben.
PERCENT	Prozentwerte werden ausgegeben.
CFREQ	Kumulierte Häufigkeiten werden ausgegeben.
CPERCENT	Kumulierte Prozentwerte werden ausgegeben.

Die Verteilung des Merkmals Familienstand soll durch ein horizontales Balkendiagramm dargestellt werden. Um die Lesbarkeit der Darstellung zu erhöhen, sollen anstelle der Kodewerte die durch eine FORMAT-Prozedur festgelegten Etiketten ausgegeben werden. Dazu lassen wir folgendes Programm ausführen:

```
PROC FORMAT; VALUE STANDFMT
            1=LEDIG
            2=VERLOBT
            3=VERHEIRATET
            4=GETRENNT
            5=VERWITWET ;
DATA STUDANF;
      INFILE DATEN;
INPUT #1 FAMSTAND 8 #2;
PROC CHART;
      HBAR FAMSTAND / DISCRETE;
      FORMAT FAMSTAND STANDFMT. ;
   RUN;
```

. In das Output-Protokoll wird das Diagramm in Abbildung 9.4 ausgegeben.

Diese Darstellung vereint die Vorteile einer Tabelle (exakte Zahlen) und die eines Diagramms (Anschaulichkeit der Größenverhältnisse).

```
                         FREQUENCY BAR CHART

FAMSTAND                                    FREQ  CUM.   PERCENT    CUM.
                                                  FREQ              PERCENT

   LEDIG        |****************************** 285   285    73.83    73.83
                |
   VERLOBT      |***                            32   317     8.29    82.12
                |
   VERHEIRATET  |*****                          54   371    13.99    96.11
                |
   GETRENNT     |**                             15   386     3.89   100.00
                |
                ----+----+----+----+----+----
                   50   100  150  200  250

                         FREQUENCY
```

Abbildung 9.4: Horizontales Balkendiagramm

Vertikale Balkendiagramme

Zur Ausgabe eines vertikalen Balkendiagramms muß die CHART-Prozedur wie folgt
angegeben werden:

```
PROC CHART [ DATA=sas-dateiname ] ;
     VBAR varliste / [ MISSING ] [ DISCRETE ]
          [ TYPE=FREQ | PERCENT | CFREQ | CPERCENT | SUM | MEAN ]
          [ SYMBOL='zeichen' ] ;
```

Gegenüber der o.a. Struktur für den Abruf eines horizontalen Balkendiagramms
stehen die Optionen NOSTAT, FREQ, PERCENT, CFREQ und CPERCENT nicht
zur Verfügung.

In dem folgenden Beispiel eines vertikalen Balkendiagrammes wollen wir in der Vertikalen nicht die Häufigkeiten, sondern die Prozentanteile dargestellt haben. Dazu
muß die TYPE=PERCENT-Option angegeben werden. Das Programm

```
PROC CHART DATA=STUDANF;
     VBAR FAMSTAND / TYPE=PERCENT DISCRETE;
     FORMAT FAMSTAND STANDFMT.;
RUN;
```

liefert das Ergebnis in Abbildung 9.5 auf der folgenden Seite.

Blockdiagramme

Blockdiagramme eignen sich besonders gut für die Darstellung der gemeinsamen
Verteilung mehrerer Merkmale. Aber auch für die Darstellung eines Merkmals sind
sie einsetzbar. Wie bei den horizontalen Balkendiagrammen enthält ein Blockdiagramm auch die Ausgabe der Häufigkeiten.

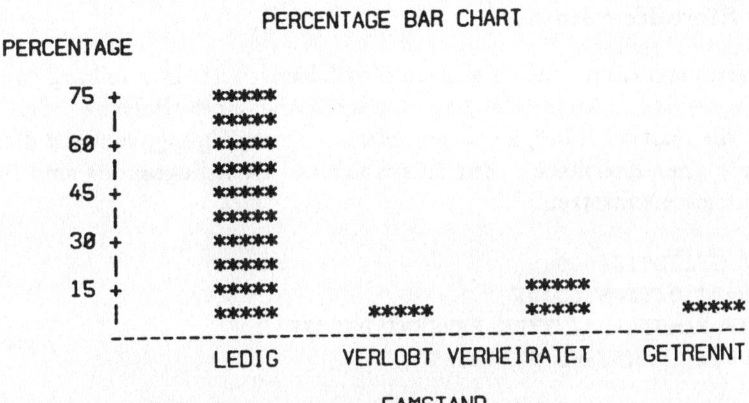

Abbildung 9.5: Vertikales Balkendiagramm

Für ein Blockdiagramm geben wir folgende Anweisungen ein:

```
PROC CHART DATA=STUDANF;
      BLOCK FAMSTAND / TYPE=PERCENT DISCRETE;
      FORMAT FAMSTAND STANDFMT.;
   RUN;
```

und erhalten das Ergebnis in Abbildung 9.6.

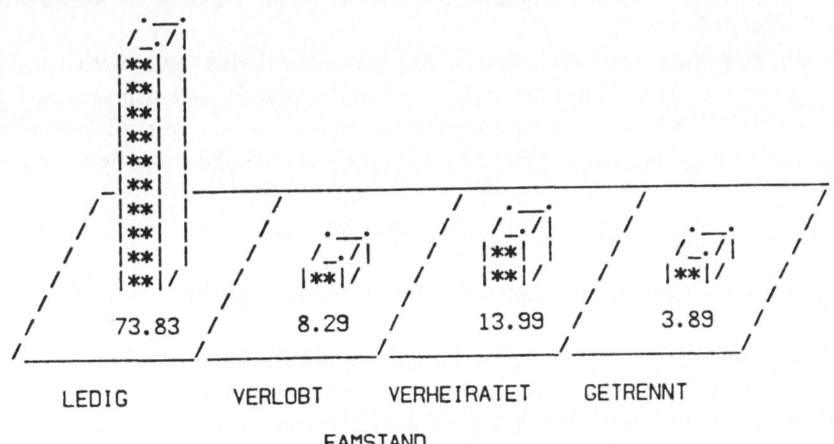

Abbildung 9.6: Blockdiagramm

In die BLOCK-Anweisung sind ergänzende Optionen wie bei der VBAR-Anweisung einzusetzen (siehe dort).

Kreis- und Sterndiagramme

Kreis- und Sterndiagramme stellen weitere Möglichkeiten der Darstellung von Merkmalsverteilungen dar.   Nicht die Länge oder Höhe eines Balkens oder Blocks
repräsentiert die relative Häufigkeit einer Merkmalsausprägung, sondern die Größe
eines Segments einer Kreisfläche. Zur Ausgabe eines Kreisdiagramms sind folgende
SAS-Anweisungen einzusetzen:

```
OPTIONS TPAGESIZE=40;
PROC CHART DATA=STUDANF;
     PIE FAMSTAND / TYPE=PERCENT DISCRETE;
     FORMAT FAMSTAND STANDFMT.;
RUN;
```

Hier haben wir die Anweisung "OPTIONS TPAGESIZE=40" (siehe Abschnitt 7.1)
ergänzt. Wir legen damit fest, wieviel Zeilen eine Seite des Output-Protokolls umfassen soll. Wenn wir mit dem SAS-"Display-Manager" an einem Bildschirmgerät
arbeiten, so begrenzt die Bildschirmgröße automatisch den Zeilenumfang: Die Anzahl der Zeilen, die auf einem Bildschirm darstellbar sind, werden vom SAS-System
als Voreinstellung für die TPAGESIZE-Spezifikation genommen. Ist ein Diagramm
mit dieser Voreinstellung nicht auf einer Seite darstellbar, wird in das Log-Protokoll
eine entsprechende Meldung gegeben, und SAS erstellt statt eines Kreisdiagramms
ein horizontales Balkendiagramm. Um aber das gewünschte Diagramm zu erhalten, müssen wir die zulässige Zahl der Zeilen pro Seite des Output-Protokolls wie
oben erhöhen (max. auf 500). Dabei stellte sich die Zahl 40 als angemessene Größe
heraus.

Mit den oben formulierten Anweisungen erhalten wir das Ergebnis in Abbildung
9.7 auf der nächsten Seite.

Wollen wir ein *Sterndiagramm* erstellen lassen, müssen wir das Schlüsselwort PIE
durch STAR ersetzen. Sowohl bei der PIE- wie bei der STAR-Anweisung sind Optionen wie bei der VBAR-Anweisung anzugeben. Sterndiagramme sind besonders
zur Präsentation von zyklischen Daten (z.B. Monats- oder Wochentagsverteilungen)
geeignet.

9.3   Ausgabe von Verteilungskennziffern (UNIVARIATE, MEANS)

Die bisher vorgestellten Formen, empirische Informationen aufzubereiten (Häufig-
keitstabellen, Diagramme), sind insbesondere geeignet, Verteilungen von diskreten
Merkmalen, die nicht unübersichtlich viele Ausprägungen aufweisen, darzustellen.
Wollen wir aber Ergebnisse der Messung kontinuierlicher Merkmale mit sehr vielen
Merkmalsausprägungen präsentieren oder Verteilungen zweier Merkmale verglei-
chen, kommen wir mit Häufigkeitsverteilungen oder Diagrammen sehr schnell an die
Grenze der Übersichtlichkeit. In diesem Fall besteht die Möglichkeit, für einzelne
Merkmalsverteilungen Kennwerte (Verteilungsparameter) berechnen zu lassen, die

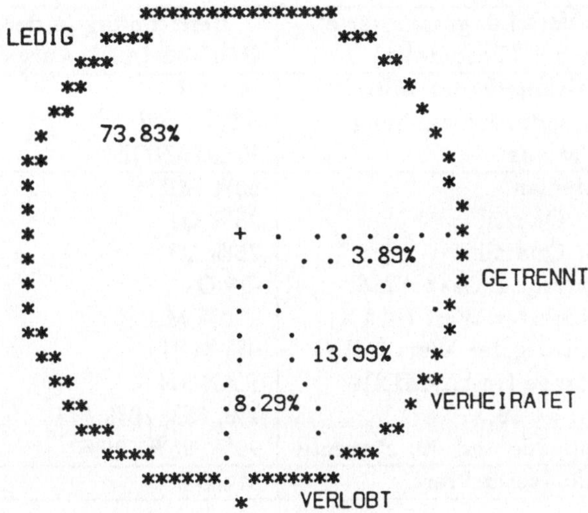

Abbildung 9.7: Kreisdiagramm

eine kompakte charakteristische Information darstellen. Es handelt sich u.a. um Kennwerte der zentralen Tendenz einer Verteilung (z.B. Mittelwert) oder Kennwerte der Variablilität (z.B. Varianz). Im SAS-System sind vor allem zwei Prozeduren für die Berechnung von Verteilungskennwerten (Parameter) vorgesehen, und zwar UNIVARIATE und MEANS.[3]

Skalenqualität und Verteilungskennwerte

Die Prozedur UNIVARIATE berechnet standardmäßig eine Reihe von Verteilungskennwerten, die aber nur in Abhängigkeit vom Skalenniveau des betreffenden Merkmals diskutiert werden dürfen. Einige Parameter haben nur Sinn für nominalskalierte Merkmale, andere für ordinalskalierte und wieder andere für intervallskalierte.[4] Die von UNIVARIATE berechneten Parameter ordnen wir in der nachfolgenden Übersicht (siehe Seite 88) den genannten Skalenniveaus zu, wobei anzumerken ist, daß Kennwerte für nominal- und ordinalskalierte Merkmale auch auf intervallskalierte Merkmale anzuwenden sind und Kennwerte für nominalskalierte Merkmale auch auf ordinalskalierte.

---

[3]Für die genannten Zwecke sind außerdem die Prozeduren SUMMARY und TABULATE geeignet.

[4]Vergleiche die Ausführungen zum Skalenniveau in Abschnitt 4.1.

Merkmal ist	Verteilungskennwerte[5] (Parameter)	Bezeichnung in der UNIVARIATE-Ausgabe
intervallskaliert	arithmetisches Mittel Standardabweichung Varianz	MEAN STD DEV VARIANCE
ordinalskaliert	Median 1. Quartil 3. Quartil Interquartilsabstand Höchster Wert (MAX) Niedrigster Wert (MIN) Range (MAX-MIN) 1., 5., 10., 90., 95. und 99. Perzentil	50% MED 25% Q1 75% Q3 Q3-Q1 100% MAX 0% MIN RANGE 1%, 5%, 10%, 90%, 95%, 99%
nominalskaliert	häufigster Wert	MODE

9.3.1 Die UNIVARIATE-Prozedur

Zur Berechnung von Verteilungskennzahlen geben wir die Anweisung

```
PROC UNIVARIATE;
```

an, so daß die Analyse für alle numerischen Variablen der durch einen vorangehenden DATA-Step eingerichteten SAS-Datei durchgeführt wird.

Wollen wir nur die Kennwerte des Merkmals Alter ermitteln, so geben wir an:

```
DATA STUDANF;
     INFILE DATEN;
     INPUT #1 GEBJAHR 6-7 #2;
     ALTER = 79 - GEBJAHR;
PROC UNIVARIATE;
     VARIABLES ALTER;
RUN;
```

Die Variable ALTER ist in der Daten-Datei nicht erfaßt, kann aber mit Hilfe des jeweiligen Geburtsjahres und der Information über das Jahr der Erhebung annäherungsweise berechnet werden. Das Alter ergibt sich aus der Subtraktion von Erhebungsjahr und Geburtsjahr, was mit der Anweisung

```
ALTER = 79 - GEBJAHR;
```

realisiert wird (zur VARIABLES-Anweisung siehe unten).

In das Output-Protokoll werden die Tabellen auf der folgenden Seite ausgegeben (Abbildung 9.8).

---

[5]Die statistischen Grundlagen der einzelnen Parameter können jedem einführenden Statistiklehrbuch entnommen werden.

```
UNIVARIATE

VARIABLE=ALTER


                        MOMENTS

N                     363   SUM WGTS              363
MEAN ·            24.1322   SUM                  8760
STD DEV          4.82273   VARIANCE          23.2587
SKEWNESS         1.42908   KURTOSIS          2.55745
USS               219818   CSS               8419.65
CV               19.9846   STD MEAN        0.253128
T:MEAN=0         95.3362   PROB>|T|          0.0001
SGN RANK           33033   PROB>|S|          0.0001
NUM ¬ = 0            363



UNIVARIATE

VARIABLE=ALTER


          QUANTILES(DEF=4)                        EXTREMES

100% MAX        47    99%           41      LOWEST    HIGHEST
 75% Q3         27    95%      32.7998          19         40
 50% MED        23    90%           30          19         41
 25% Q1         20    10%           19          19         41
  0% MIN        19     5%           19          19         42
                       1%           19          19         47

RANGE           28
Q3-Q1            7
MODE            20

MISSING VALUE           .
        COUNT          27
  % COUNT/NOBS        6.92
```

Abbildung 9.8: Ausgabe der Prozedur UNIVARIATE

Die Ausgabe umfaßt eine Tabelle mit statistischen Kennziffern (MOMENTS), eine mit Quantilen (QUANTILES) sowie eine weitere mit den fünf höchsten und den fünf niedrigsten Werten (EXTREMES).

Im einzelnen läßt sich den Tabellen zur Altersverteilung der Befragten folgendes entnehmen: Von den 390 Personen haben 363 eine Angabe zu ihrem Geburtsjahr gemacht (N), das heißt auf der anderen Seite, daß die Werte von 27 Personen (6.92%) fehlen (MISSING VALUE COUNT). Das Durchschnittsalter der Studienanfänger liegt bei etwa 24 Jahren (MEAN). Die Alterswerte streuen durchschnittlich 4.8 Jahre um das arithmetische Mittel (STD DEV). Dieser als Standardabweichung bezeichnete Wert ist definiert als die positive Quadratwurzel aus der Varianz (VARIANCE). Aus dem relativ geringen Wert der Streuung läßt sich schließen, daß die Gruppe der Studienanfänger altersmäßig relativ homogen ist. Eine Maßzahl für Homogenität oder Heterogenität bietet der Variationskoeffizient (CV). Dieser beschreibt den Anteil der Standardabweichung am Mittelwert in Prozent. Das Mindestalter liegt in der Befragtengruppe bei 19 Jahren (0% MIN), das Höchstalter bei 47 Jahren (100% MAX), was einer zahlenmäßigen Spannweite von 28 Jahren entspricht (RANGE). Das Alter von 20 Jahren kommt dabei am häufigsten vor (MODE).

Das Maß der Schiefe (SKEWNESS) zeigt an, ob und in welche Richtung eine Verteilung von dem theoretischen Modell der Symmetrie einer Normalverteilung abweicht. Ist der Wert gleich Null, liegt Symmetrie vor, bei einem negativen Wert ist die Verteilung "linksschief", bei einem positiven Wert "rechtsschief". Der hier vorliegende Wert von etwa 1.4 indiziert eine vergleichsweise größere Konzentration bei den unteren Alterswerten (Rechtsschiefe).

Der ebenfalls positive Wert der Wölbung (KURTOSIS) zeigt eine stärkere Zentrierung der Alterswerte im Vergleich zu einer Normalverteilung mit gleichem Mittelwert und gleicher Varianz. Ein negativer Wert würde eine vergleichsweise breitere Streuung anzeigen, der Wert 0 eine Übereinstimmung mit der theoretischen Normalverteilung.

Auf das Vorliegen einer rechtsschiefen Verteilung läßt sich auch aus einem bestimmten zahlenmäßigen Verhältnis von Modalwert (MODE), Median (MED) und arithmetischem Mittel (MEAN) schließen, und zwar wenn die Rangfolge

```
MODE < MED < MEAN
```

gegeben ist. Dies ist bei der Altersverteilung der Fall:

```
(MODE=) 20 < (MED=) 23 < (MEAN=) 24.1
```

Standardmäßig werden eine Reihe weiterer Kennwerte ausgegeben, die im Falle der Altersvariablen der vorliegenden Untersuchung keine oder nur eine untergeordnete Bedeutung haben:

SUM	Summe aller Merkmalswerte.
SUM WGTS	Summe aller gewichteten Merkmalswerte. Sie unterscheidet sich von N nur dann, wenn mit einer WEIGHT-Anweisung (s.u.) der einheitliche Gewichtungsfaktor 1 verändert wird.
USS	Summe der quadrierten Merkmalswerte.
CSS	Korrigierte Summe der quadrierten Merkmalswerte (USS-MEAN*MEAN*N).
STD MEAN	Standardfehler des Mittelwertes. Dieser ist im Falle von Zufallsstichproben als Gütemaß für den Schluß vom errechneten Stichprobenmittelwert auf den "wahren" Wert der zentralen Tendenz der Grundgesamtheit zu interpretieren. Er dient zur Schätzung von sog. Konfidenzintervallen.

T:MEAN=0	Realisation einer t-verteilten Teststatistik (T-Wert) für einen Test der Hypothese, daß der Mittelwert der Grundgesamtheit gleich Null ist (parametrischer Test).
PROB> |T|	Wahrscheinlichkeit dafür, daß eine Realisation der t-verteilten Teststatistik absolutmäßig größer oder gleich dem errechneten T-Wert ist (Signifikanzniveau).
SNG RANK	Vorzeichentest zur Prüfung der Hypothese, daß der Mittelwert der Grundgesamtheit gleich Null ist (nichtparametrischer Test).
PROB> |S|	Signifikanzniveau für den errechneten SNG RANK-Wert.
NUM¬=0	Anzahl der Merkmalswerte, die ungleich Null sind.

Ausgabe von kompakten Häufigkeitstabellen

Sind wir zusätzlich zu den oben erläuterten statistischen Kennwerten an der Ausgabe einer detaillierten Häufigkeitstabelle der Alterswerte interessiert, müssen wir beim o.a. Prozeduraufruf ergänzend die Option FREQ angeben:

```
PROC UNIVARIATE FREQ;
```

Die Häufigkeitstabelle wird in einer kompakten Form in das Output-Protokoll geschrieben (Abbildung 9.9).

```
UNIVARIATE

VARIABLE=ALTER

FREQUENCY TABLE

                 PERCENTS                          PERCENTS
  VALUE COUNT  CELL    CUM        VALUE COUNT  CELL    CUM
     19    40  11.0   11.0           32     5   1.4   95.0
     20    62  17.1   28.1           33     2   0.6   95.6
     21    43  11.8   39.9           34     2   0.6   96.1
     22    29   8.0   47.9           35     1   0.3   96.4
     23    23   6.3   54.3           36     1   0.3   96.7
     24    15   4.1   58.4           37     2   0.6   97.2
     25    29   8.0   66.4           38     1   0.3   97.5
     26    30   8.3   74.7           39     4   1.1   98.6
     27    23   6.3   81.0           40     1   0.3   98.9
     28    12   3.3   84.3           41     2   0.6   99.4
     29     8   2.2   86.5           42     1   0.3   99.7
     30    14   3.9   90.4           47     1   0.3  100.0
     31    12   3.3   93.7
```

Abbildung 9.9: Kompakte Häufigkeitstabelle (Option FREQ)

Die Tabelle hat vier Kolumnen: Die erste (überschrieben mit VALUE) bezeichnet die Merkmalswerte, die zweite (COUNT) die absoluten Häufigkeiten, die dritte

(PERCENTS CELL) die den Häufigkeiten entsprechenden Prozentwerte und die
vierte (PERCENTS CUM) die kumulierten Prozentwerte.

Graphische Darstellung von Verteilungen mit UNIVARIATE

Die Option PLOT innerhalb der PROC UNIVARIATE-Anweisung bewirkt
zusätzlich zu den oben erläuterten statistischen Kennziffern die Ausgabe graphi-
scher Darstellung der Merkmalsverteilungen:

```
PROC UNIVARIATE PLOT;
```

In das Output-Protokoll werden

- ein Histogramm oder, wenn nicht mehr als 48 Beobachtungen in ein Wertein-
  tervall fallen, ein "stem-and-leave-plot",

- ein "box-and-whisker-plot"(Boxplot),

- ein "normal-probability-plot".

ausgegeben (siehe Abbildung 9.10 auf der folgenden Seite).

Im Falle der Altersvariablen ist ein vertikales Balkendiagramm (HISTOGRAM)
ausgegeben worden. Es ist deutlich der aus den Kennzahlen bereits diagnostizierte
rechtsschiefe Charakter der Verteilung erkennbar.

Das neben dem Histogramm dargestellte BOXPLOT-Diagramm gibt eine Übersicht
über die Lage der wichtigsten Verteilungskennziffern. Die dargestellte rechteckige
Box wird unten begrenzt von der Lage des 1. Quartils (25% Q1) und oben von der
des 3. Quartils (75% Q3). Die mittlere Linie kennzeichnet die Lage des Medians
(50% MED). Das einzelne Pluszeichen "+" innerhalb der Box verweist auf die Lage
des arithmetischen Mittels. Die senkrechten Striche oberhalb und unterhalb der
Box, die sog. "whisker", gehen maximal bis zum eineinhalbfachen des Interquar-
tilsabstandes oberhalb des 3. Quartils [Q3 + (1.5*(Q3-Q1))] bzw. unterhalb des 1.
Quartils [Q1 - (1.5*(Q3-Q1))]. Jeder extremere Wert der Verteilung ist mit einer
"ø" verzeichnet, wenn er nicht weiter als drei Interquartilsabstände vom Wert des
3. bzw. des 1. Quartils entfernt ist, oder mit einem "*" in allen anderen Fällen.

Das dritte Diagramm, überschrieben mit "NORMAL PROBABILITY PLOT", erlaubt einen visuellen Vergleich der empirischen Merkmalsverteilung mit der theoretischen Normalverteilung. Wenn die Merkmalswerte, in der Graphik durch das
Symbol "*" dargestellt, annähernd normalverteilt sind, liegen sie eng um die Linie, die mit dem Symbol "+" angedeutet ist. Im Falle der Altersvariablen ist die
Merkmalsverteilung nicht kongruent mit der Normalverteilung.[6]

---

[6]Nähere methodische Erläuterungen zu den graphischen Darstellungen sind in der einschlägigen
Fachliteratur zu finden, z.B. in: J.M. Chambers u.a., Graphical Methods for Data Analysis, Boston
1983.

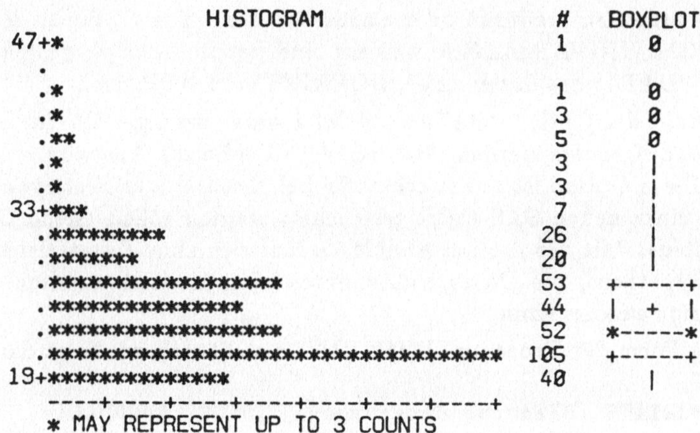

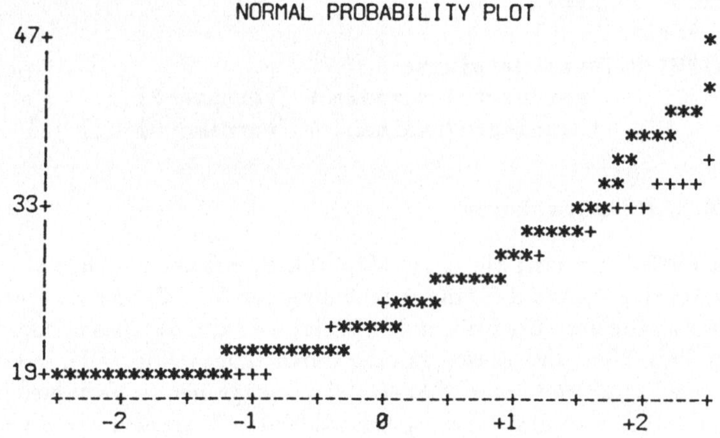

Abbildung 9.10: Graphische Darstellungen (Option PLOT)

Die allgemeine Form der PROC UNIVARIATE-Anweisung

Der oben vorgestellte Prozeduraufruf PROC UNIVARIATE berücksichtigt alle Voreinstellungen des Systems, und zwar: Berechnung von Kennwerten für *alle numerischen Merkmale* der *zuletzt* gebildeten SAS-Datei; Ausgabe der Ergebnisse ins Output-Protokoll. Durch die Angabe von Optionen und weiteren Anweisungen sind die Voreinstellungen zu ergänzen oder einzuschränken. Die Optionen FREQ und PLOT der PROC UNIVARIATE-Anweisung sind bereits oben vorgestellt worden. Weitere sind: "DATA=sas-dateiname", NOPRINT und NORMAL.

Durch die Angabe der Option "DATA=sas-dateiname" kann gezielt eine SAS-Datei für die Analyse aufgerufen werden. Mit NOPRINT wird die Ausgabe von Tabellen unterdrückt. Diese Option ist nur zweckmäßig bei gleichzeitiger Festlegung, daß die Ergebnisse in einer neuen SAS-Datei gespeichert werden sollen (siehe OUTPUT-Anweisung unten). Mit der Option NORMAL läßt sich eine Teststatistik abrufen, mit der die Hypothese, die Daten entstammten einer normalverteilten Grundgesamtheit, geprüft werden kann.

Die allgemeine Form der Prozedur UNIVARIATE stellt sich wie folgt dar:

```
PROC UNIVARIATE [DATA=sas-dateiname-1] [PLOT] [NORMAL]
                [FREQ] [NOPRINT] ;
   [ VARIABLES varliste  ; ]
   [ BY [DESCENDING] varname-1 [[DESCENDING] varname-2]... ;
     | BY varname-3 [varname-4]... NOTSORTED ; ]
   [ FREQ variable ; ]
   [ WEIGHT variable ; ]
   [ ID variable ; ]
   [ OUTPUT OUT=sas-dateiname-2
               kennwert-1=varname-5 [varname-6]...
               [kennwert-2=varname-7 [varname-8]...] ; ]
```

Die VARIABLES-Anweisung

Die *VARIABLES-Anweisung* bietet die Möglichkeit, aus einer Menge von Variablen einer SAS-Datei eine Auswahl für die Berechnung von Verteilungskennwerten vorzunehmen. Die Angabe der auszuwählenden Variablen kann durch Aneinanderreihung der einzelnen Variablennamen erfolgen oder durch eine verkürzende, auf die interne Reihenfolge von Variablen in einer SAS-Datei zurückgreifende Variablenliste, wobei der Name der ersten und der letzten auszuwählenden Variablen der SAS-Datei namentlich aufgeführt und mit *zwei Bindestrichen* (ohne Leerstelle) verbunden werden müssen (siehe Abschnitt 6.4):

```
DATA STUDANF;
     INFILE DATEN;
     INPUT #1 GEBJAHR 6-7
           #2 AUSSICHT 24 KENNTNIS 27;
```

```
      ALTER = 79 - GEBJAHR;
  PROC UNIVARIATE;
      VARIABLES AUSSICHT--ALTER;
  RUN;
```

Die BY-Anweisung

Die *BY-Anweisung* bewirkt eine nach Satzgruppen jeweils getrennte Berechnung
von Verteilungskennwerten. Die Satzgruppen definieren sich über gemeinsame
Werte bei einem oder mehreren Merkmalen. Die Daten müssen nach den Werten der BY-Variablen aufsteigend oder absteigend (Angabe von DESCENDING
notwendig) sortiert sein. Ist die Datei nach anderen Kriterien der BY-Variablen geordnet, ist die NOTSORTED-Option anzugeben (siehe ausführliche Beschreibung
in Abschnitt 7.2).

Die WEIGHT- und die FREQ-Anweisung

Die *WEIGHT-Anweisung* bewirkt die Berechnung von gewichteten Mittelwerten
und Varianzen und damit zusammenhängenden statistischen Kennzahlen. Die Gewichtung erfolgt mit der Anweisung

```
  WEIGHT variable ;
```

wobei "variable" auf eine Variable des Datensatzes verweist, die den Gewichtungsfaktor für jede Beobachtung enthält. Es sind nur positive Werte oder der Wert Null
gültig, negative Werte werden als Null interpretiert. Die WEIGHT-Anweisung hat
keine Wirkungen auf die Berechnung der Quantile und Extremwerte. Die Werte der
Schiefe und Wölbung werden nicht ausgegeben.
Durch die Angabe der *FREQ-Anweisung* wird die Anzahl der Beobachtungen für
die Durchführung der Berechnungen verändert, was Auswirkungen auf fast alle
Verteilungskennziffern hat (außer Extremwerten). Mit der Anweisung

```
  FREQ variable ;
```

wird festgelegt, wie oft jede Beobachtung des Datensatzes vervielfältigt werden soll.
Der jeweilige Wert von "variable" gibt den Zählfaktor an. Taucht dabei ein Wert
kleiner Eins auf, wird die Beobachtung von der Analyse ausgeschlossen. Als FREQ-
Werte werden nur ganze positive Zahlen akzeptiert. Eventuell vorkommende Dezimalstellen werden nicht berücksichtigt (siehe Abschnitt 11.4).

Die ID-Anweisung

Die *ID-Anweisung* hat zwei Funktionen. Zum einen ist es mit ihr möglich, die in die
Tabelle der Extremwerte (EXTREMES) ausgegebenen fünf höchsten und fünf niedrigsten Werte einer Variablen mit dem Wert einer in der ID-Anweisung aufgeführten

Identifikationsvariablen (z.B. die Numerierung der Fragebögen) zu kennzeichnen.
Zum anderen wird die Variable - wenn eine OUTPUT-Anweisung angegeben ist -
in die dort spezifizierte Ausgabe-Datei (s.u.) übernommen. Der gespeicherte Wert
entspricht dem der ersten Beobachtung oder — im Falle einer BY-Anweisung —
der jeweils ersten Beobachtung in jeder Satzgruppe.

Die OUTPUT-Anweisung

Die Angabe der *OUTPUT-Anweisung* bewirkt die Ausgabe ausgewählter Verteilungskennziffern in eine neue SAS-Datei:

```
OUTPUT OUT=sas-dateiname kennwort-1=varname-1 [varname-2]...
                    [kennwort-2=varname-3 [varname-4]...] ;
```

Die Option "OUT=sas-dateiname" bezeichnet die neu zu bildende SAS-Datei,
in der die berechneten Werte gespeichert werden. Mit der Spezifikation "kenn-
wort=varname" wird zweierlei festgelegt. Es wird aus einer Liste von 26 Verteilungsparametern (siehe unten) eine Auswahl vorgenommen und gleichzeitig ein Variablenname bestimmt, über den auf die in der neuen Datei gespeicherten Werte
zurückgegriffen werden kann. Mindestens ein Kennwort und ein Variablenname
müssen angegeben werden. Hinter dem Gleichheitszeichen können so viele unterschiedliche Variablennamen aufgeführt werden, wie in der VARIABLES-Anweisung
an Variablen aufgelistet sind.

Gültige Kennworte von Verteilungsparametern sind: N, NMISS, NOBS, MEAN,
SUM, STD, VAR, SKEWNESS, KURTOSIS, SUMWGT, MAX, MIN, RANGE,
Q3, MEDIAN, Q1, QRANGE, P1, P5, P10, P90, P95, P99, MODE, SIGNRANK,
NORMAL.

9.3.2   Die MEANS-Prozedur

Die Prozedur MEANS berechnet eine Untermenge der Verteilungskennzahlen, die
von der Prozedur UNIVARIATE ausgegeben werden, und zwar diejenigen für intervallskalierte, kontinuierliche Merkmale. Im Unterschied zu UNIVARIATE läßt
sich mit MEANS eine gezielte Auswahl von Kennziffern berechnen, die bei Angabe
mehrerer Variablen übersichtlich untereinander ausgegeben werden. Mit MEANS
ist es ebenso wie bei der zuvor beschriebenen Prozedur UNIVARIATE möglich,
ausgewählte Parameter in einer neuen SAS-Datei zu speichern, um sie mit anderen
Prozeduren weiterzuverarbeiten.

Die allgemeine Form der *Prozedur MEANS* stellt sich wie folgt dar:

```
PROC MEANS [ DATA=sas-dateiname-1 ] [ NOPRINT ] [ MAXDEC=n ]
           [ N ] [ NMISS ] [ MEAN ] [ STD ] [ MIN ] [ MAX ]
           [ RANGE ] [ SUM ] [ VAR ] [ USS ] [ CSS ] [ STDERR ]
           [ CV ] [ SKEWNESS ] [ KURTOSIS ] [ T ] [ PRT ]
           [ SUMWGT ] ;
```

```
[ VARIABLES varliste ; ]
[ BY [DESCENDING] varname-1 [[DESCENDING] varname-2]... ; ]
  | BY varname-3 [varname-4] ... NOTSORTED ·; ]
[ FREQ varname-5 ; ]
[ WEIGHT varname-6 ; ]
[ ID varname-7 [varname-8]... ; ]
[ OUTPUT OUT=sas-dateiname-2
            kennwort-1=varname-9 [varname-10]...
            [kennwort-2=varname-11[varname-12]...]... ; ]
```

Optionen zur PROC MEANS-Anweisung

Bei der PROC MEANS-Anweisung sind ebenfalls die bereits bekannten Optionen "DATA=sas-dateiname" und NOPRINT einsetzbar (siehe Ausführungen zur UNIVARIATE-Prozedur). Mit MAXDEC=n läßt sich die maximale Anzahl von Dezimalstellen (0 bis 8) für die Ausgabe der berechneten Kennzahlen bestimmen. Alle weiteren Optionen beziehen sich auf zu berechnende Kennzahlen:

N	Zahl der Beobachtungen, die in die Berechnung eingehen
NMISS	Zahl der fehlenden Werte
MEAN	arithmetisches Mittel
STD	Standardabweichung
MIN	kleinster Wert
MAX	größter Wert
RANGE	Spannweite (MAX – MIN)
SUM	Summe der Merkmalswerte
VAR	Varianz
USS	Summe der quadrierten Merkmalswerte
CSS	korrigierte Summe der quadrierten Merkmalswerte (USS-MEAN*MEAN*N)
STDERR	Standardfehler des Mittelwertes
CV	Variationskoeffizient
SKEWNESS	Maß der Schiefe
KURTOSIS	Maß der Wölbung
T	T-Wert (nach Student) für einen Test der Hypothese, daß der Mittelwert der Grundgesamtheit gleich Null ist
PRT	Signifikanzniveau für den errechneten T-Wert
SUMWGT	Summe der Werte der Gewichtungsvariablen

Die Anweisungen VARIABLES, BY, FREQ, WEIGHT, ID und OUTPUT entsprechen in ihren Funktionen denjenigen der Prozedur UNIVARIATE (Beschreibung siehe dort). Die Anzahl und Art der in eine neue SAS-Datei zu speichernden statistischen Parameter beschränkt sich jedoch auf die zuvor angegebene Liste.

Beispiel mit **PROC MEANS**

Im folgenden wollen wir ein weiteres Mal — jetzt aber durch die Ausführung der Prozedur MEANS — einige ausgewählte Verteilungskennziffern des Merkmals Alter ausgeben lassen. Dazu formulieren wir folgende SAS-Anweisungen:

```
DATA STUDANF;
     INFILE DATEN;
     INPUT #1 GEBJAHR 6-7 #2;
     ALTER=79-GEBJAHR;
RUN;
PROC MEANS DATA=STUDANF MAXDEC=1 N NMISS MEAN STD CV;
     VARIABLES ALTER;
RUN;
```

Die SAS-Datei mit dem Namen STUDANF beinhaltet die Variablen GEBJAHR und ALTER. Die angegebenen Optionen der PROC MEANS-Anweisung legen fest, daß die Daten dieser Datei analysiert und die Ergebnisse mit einer Dezimalstelle ausgegeben werden sollen, und zwar für die Parameter "Zahl der Beobachtungen" (N), "Zahl der fehlenden Werte" (NMISS), "arithmetisches Mittel" (MEAN), "Standardabweichung" (STD) und "Variationskoeffizient" (CV). Mit der VARIABLES-Anweisung legen wir fest, daß von den zwei Variablen der SAS-Datei nur für die Variable ALTER Berechnungen vorgenommen werden sollen.

Als Ergebnis erhalten wir im Output-Protokoll den Eintrag:

```
VARIABLE        N     N MISSING      MEAN      STANDARD      C.V.
                                               DEVIATION

ALTER          363          27       24.1            4.8      20.0
```

Abbildung 9.11: Ausgabe der Prozedur MEANS

Kapitel 10

Beschreibung der Beziehung von Merkmalen

Die bisherigen Analysen in Kapitel 9 bezogen sich jeweils auf einzelne Merkmale. Die Beschreibung univariater Verteilungen kann in der empirischen Forschung aber nur ein erster Schritt sein. Wenn wir jetzt Prozeduren zur Beschreibung der *Beziehung von Merkmalen* einsetzen, stellen wir uns die Frage nach dem Zusammenhang bzw. der Abhängigkeit jeweils zweier Merkmale für die Gruppe der befragten Personen.

Eine solche Beziehung kann unterschiedlich dargestellt werden:

- Als gemeinsame Verteilung von Häufigkeiten in Form von Kreuztabellen. Diese Darstellungsform entspricht in der Detailliertheit der Information den univariaten Häufigkeitsverteilungen (Abschnitt 10.1).

- Als graphische Darstellung, die eine gemeinsame Verteilung optisch wiedergibt (Abschnitt 10.2).

- Als statistische Kennziffer des Zusammenhangs zweier Merkmale. So wie sich univariate Verteilungen durch einzelne statistische Kennzahlen kennzeichnen lassen, läßt sich auch der statistische Zusammenhang bivariater Verteilungen in Maßzahlen ausdrücken (Abschnitt 10.3).[1]

10.1 Tabellarische Ausgabe von gemeinsamen Verteilungen (FREQ, TABULATE)

Die Prozeduren FREQ und TABULATE sind geeignet, Tabellen gemeinsamer Verteilungen zweier Merkmale zu erzeugen. Die Prozedur FREQ bietet neben der

---

[1] Mit Hilfe der Datenanalyse kann nur eine Beschreibung eines *statistischen Zusammenhangs* erfolgen. Eine Übertragung der Ergebnisse einer statistischen Analyse auf *inhaltliche Bedeutungen* ist eine Frage der theoretischen Argumentation. Dies trifft auch zu auf die Frage kausaler oder nichtkausaler Zusammenhänge. Statistisch feststellbare Zusammenhänge verweisen nicht aus sich heraus auf inhaltlich relevante Ursache-Wirkungs-Beziehungen. Auch hier ist eine theoretisch begründete Entscheidung zu fällen.

Ausgabe univariater und bivariater Tabellen die Möglichkeit der statistischen Analyse des Zusammenhangs der Daten (siehe Abschnitt 10.3), während die Prozedur
TABULATE primär auf die Präsentation eines Reports (Berichts) ausgerichtet ist
und dabei mehr als zwei Variablen in eine tabellarische Darstellung aufnehmen
kann. Bei letztgenannter Prozedur kann die Gestaltung der Tabellen (z.B. Linien-
art, Zellenbreite, Beschriftung) individuell erfolgen. Es ist nicht nur möglich, in die
Tabellenzellen Häufigkeiten und Prozentwerte auszugeben, sondern auch eine Reihe
statistischer Kennwerte, wie wir sie in Abschnitt 9.3 beschrieben haben.

10.1.1   Erstellung von Tabellen mit PROC FREQ

Wir kennen die Prozedur FREQ bereits aus dem Abschnitt 9.1 über die Ausgabe
univariater Häufigkeitsverteilungen. Diese Prozedur kann auch eingesetzt werden,
um bivariate Häufigkeitsverteilungen, sog. Kreuztabellen, herzustellen. Wie gezeigt, kann für die Ausgabe einfacher Häufigkeitsverteilungen eine PROC FREQ-
Anweisung ohne weitere Angaben ausreichen: Die Verteilungen aller Variablen der
zuletzt gebildeten SAS-Datei werden ausgegeben.

Zur Herstellung *bivariater* Tabellen muß der PROC FREQ-Anweisung *immer* eine
TABLES-Anweisung hinzugefügt werden, mit der explizit die gewünschten Tabel-
lenanforderungen angegeben wird. Für Kreuztabellen sieht die TABLES-Anweisung
allgemein wie folgt aus:

```
TABLES (varliste-1) * (varliste-2) [* (varliste-3)]... ;
```

Bei der Angabe von nur zwei Variablenlisten werden die Variablen in "varliste-1" die
Zeilenvariablen der Tabelle und diejenigen in "varliste-2" die Spaltenvariablen. Es
wird für jede mögliche Kombination der durch "*" getrennten Variablen jeweils eine
Tabelle ausgegeben. Variablenlisten müssen in Klammern gesetzt werden. Besteht
die Variablenliste nur aus einem Variablennamen, können die Klammern entfallen.
Mehrere verschiedene Arten von Tabellen können nacheinander angefordert werden.

Sind hinter einer TABLES-Anweisung drei Variablenlisten aufgeführt, so werden
die Variablen in "varliste-2" die Zeilenvariablen der Tabellen und diejenigen der
"varliste-3" die Spaltenvariablen. Für jede Merkmalsausprägung der Variablen
der "varliste-1" werden so viele Tabellen ausgegeben wie die Kombination von
"varliste-2" mit "varliste-3" ergibt.

So produziert die Anweisung (hier mit nur einer Variablen pro Variablenliste)

```
TABLES GESCHL * AUSSICHT * KENNTNIS;
```

zwei Tabellen mit den Variablen AUSSICHT und KENNTNIS, und zwar für die
beiden Merkmalsausprägungen der Variablen GESCHL, männlich und weiblich.

Die allgemeine Form der PROC FREQ-Anweisung für die Ausgabe von Kreuztabellen sieht folgendermaßen aus:

```
PROC FREQ [ DATA=sas-dateiname-1 ]
          [ ORDER=FREQ | DATA | INTERNAL | FORMATTED ; ]
    TABLES (varliste-1) * (varliste-2) [* (varliste-3)]... /
      [ MISSING ] [ LIST ] [ OUT=sas-dateiname-2 ] [ NOPRINT ]
      [ MISSPRINT ] [ SPARSE ] [ NOFREQ ] [ NOPERCENT ]
      [ NOROW ] [ NOCOL ] ;
    [ WEIGHT varname-1 ; ]
    [ BY [DESCENDING] varname-1 [ [DESCENDING] varname-2 ]... ; |
      BY varname-3 [varname-4]... NOTSORTED ; ]
```

Die angegebenen Spezifikationen zur PROC FREQ-Anweisung, zur WEIGHT-
Anweisung und zur BY-Anweisung sind identisch mit denen, die bereits in Abschnitt
9.1 im Zusammenhang univariater Verteilungen vorgestellt worden sind. Über eine
Reihe von optionalen Angaben zur TABLES-Anweisung läßt sich die Gestaltung
der Tabellenausgabe steuern.

Optionen zur TABLES-Anweisung

Standardmäßig, d.h. wenn jede optionale Spezifikation fehlt, wird die Kreuztabelle in einer vorgegebenen Form ausgegeben (siehe Beispiel in Abbildung 10.1).
Sie enthält die Angaben zur absoluten Häufigkeit und drei Angaben zu prozentualen Häufigkeiten, die sich jeweils auf eine unterschiedliche Prozentuierungsbasis
beziehen, und zwar a) auf die Gesamtzahl der gültigen Beobachtungen einer Tabelle, b) auf die jeweiligen Häufigkeiten jeder Zeile (identisch mit den einfachen
Häufigkeiten einzelner Merkmalsausprägungen der Zeilenvariablen) und c) auf die
jeweiligen Häufigkeiten jeder Spalte (identisch mit den einfachen Häufigkeiten einzelner Merkmalsausprägungen der Spaltenvariablen). Von dieser Standardausgabe
kann durch die Angabe folgender Optionen abgewichen werden:

MISSING   Die als fehlend deklarierten Beobachtungen werden mit
                   in die Tabelle aufgenommen und bei der Berechnung von
                   Prozentwerten berücksichtigt.

LIST   Die Ergebnisse werden nicht in Form einer Kreuztabelle,
                   sondern als nebeneinanderstehende Zahlenreihen ausge-
                   geben.

OUT=sas-dateiname Es wird eine neue SAS-Datei mit dem angegebenen
                   Namen erstellt, die die Variablenwerte mit den zu-
                   gehörigen Häufigkeiten (abrufbar durch die Variablen-
                   namen COUNT und PERCENT) enthält. In die Datei
                   wird immer nur die Information *einer* Tabelle abgelegt.
                   Sind in der TABLES-Anweisung mehr als eine Tabelle
                   angefordert, werden die Ergebnisse der *letzten* Tabellen-
                   anforderung in die Datei geschrieben.

NOPRINT	Die Ausgabe der Tabelle wird unterdrückt. Diese Option ist zusammen mit "OUT=sas-dateiname" sinnvoll.
MISSPRINT	Die als *fehlend* deklarierten Beobachtungen werden mit in die Tabelle aufgenommen, gehen aber *nicht* in die Berechnung der Prozentwerte ein.
SPARSE	Es wird jede mögliche Kombination von Merkmalsausprägungen der Variablen der Tabellenanforderungen ausgegeben, auch wenn keine gemeinsamen Häufigkeiten auftreten. Die Option wirkt nur zusammen mit der Angabe von LIST oder OUT=sas-dateiname.
NOFREQ	Die Ausgabe der absoluten Häufigkeiten in den Tabellenzellen wird unterdrückt.
NOPERCENT	Die Ausgabe der Prozentzahlen auf der Basis der Gesamtzahl der gültigen Beobachtungen einer Tabelle wird unterdrückt.
NOROW	Die Ausgabe der Prozentzahlen auf der Basis der Gesamthäufigkeiten jeder *Zeile* wird unterdrückt.
NOCOL	Die Ausgabe der Prozentzahlen auf der Basis der Gesamthäufigkeiten jeder *Spalte* wird unterdrückt.

Ausgabe und Interpretation einer Kreuztabelle

Durch die Ausführung des Programms

```
PROC FORMAT;
     VALUE SEXF  1='M' 2='W';
     VALUE AUSF  1='BEGONNEN' 2='BEENDET' 3='KEINE';
DATA STUDANF;
     INFILE DATEN;
     INPUT #1 GESCHL 5 AUSBILD 17 #2;
     FORMAT GESCHL SEXF. AUSBILD AUSF.;
PROC FREQ;
     TABLES GESCHL * AUSBILD;
RUN;
```

wird eine Kreuztabelle erstellt mit der Variablen GESCHL als Zeilenvariablen und der Variablen AUSBILD als Spaltenvariablen (Abbildung 10.1).

Jede Zelle der Kreuztabelle beinhaltet vier Werte. Der erste Wert stellt die absoluten gemeinsamen Häufigkeiten der Variablen GESCHL und AUSBILD dar (in der Tabelle links oben mit FREQUENCY angezeigt), der zweite Wert repräsentiert die prozentualen Häufigkeiten bezogen auf die Gesamtheit der Beobachtungen, die in der Tabelle mit 374 angegeben ist (PERCENT), der dritte Wert zeigt die Zeilenprozente (ROW PCT) und der vierte Wert die Spaltenprozente (COL PCT). Am rechten Rand der Tabelle ist die absolute und prozentuale Verteilung der Variablen GESCHL und am unteren Rand die der Variablen AUSBILD abgedruckt.

```
        TABLE OF GESCHL BY AUSBILD

        GESCHL      AUSBILD

        FREQUENCY|
         PERCENT |
         ROW PCT |
         COL PCT |BEGONNEN|BEENDET |KEINE   |  TOTAL
        ---------+--------+--------+--------+
        M        |     11 |     85 |    112 |    208
                 |   2.94 |  22.73 |  29.95 |  55.61
                 |   5.29 |  40.87 |  53.85 |
                 |  47.83 |  53.13 |  58.64 |
        ---------+--------+--------+--------+
        W        |     12 |     75 |     79 |    166
                 |   3.21 |  20.05 |  21.12 |  44.39
                 |   7.23 |  45.18 |  47.59 |
                 |  52.17 |  46.88 |  41.36 |
        ---------+--------+--------+--------+
        TOTAL          23      160      191      374
                     6.15    42.78    51.07   100.00

        FREQUENCY MISSING = 16
```

Abbildung 10.1: Standard-Kreuztabelle

Um die Antworten der befragten Studenten und Studentinnen hinsichtlich ihrer
Berufsausbildung vor Beginn des Studiums zu vergleichen, sehen wir uns die zwei
Reihen mit den Zeilenprozenten an. Relativ mehr Studentinnen als Studenten haben
vor dem Studium eine Berufsausbildung begonnen (5.29% Männer, 7.23% Frauen)
oder abgeschlossen (40.87% Männer, 45.18% Frauen), oder anders gesehen, der
Anteil der Studienanfänger ohne Berufsausbildung ist unter den Studenten größer
als unter den Studentinnen (53.85% zu 47.59%).

Veränderung der Tabellen durch TABLES-Optionen

Im letzten Beispiel konnten wir registrieren, daß für eine Interpretation einer Tabelle
nicht die Gesamtheit der ausgegebenen Daten notwendig ist. Die Tabelle würde an
Übersichtlichkeit gewinnen, wenn nur die absoluten Häufigkeiten und die Zeilenpro-
zente in die Tabelle aufgenommen würden. Dies erreichen wir durch die Angabe der
Optionen NOPERCENT und NOCOL, wie das folgende Beispiel für die Merkmale
"Geschlecht" und "Studienerwartungen" zeigt. Die SAS-Anweisungen

```
DATA STUDANF;
     INFILE DATEN;
     INPUT #1 GESCHL 5 ERWART1 69 ERWART2 70 ERWART3 71 #2;
PROC FREQ;
     TABLES GESCHL*(ERWART1--ERWART3) / NOPERCENT NOCOL;
RUN;
```

ergeben die Tabellen auf der folgenden Seite (Abbildung 10.2).

```
TABLE OF GESCHL BY ERWART1

GESCHL     ERWART1

FREQUENCY|
ROW PCT  |      1|      2|      3|      4|      5|      6|      7|  TOTAL
---------+-------+-------+-------+-------+-------+-------+-------+
       1 |    13 |    42 |     5 |    84 |    29 |     2 |    31 |    206
         |  6.31 | 20.39 |  2.43 | 40.78 | 14.08 |  0.97 | 15.05 |
---------+-------+-------+-------+-------+-------+-------+-------+
       2 |    14 |    38 |     8 |    72 |    12 |     1 |    21 |    166
         |  8.43 | 22.89 |  4.82 | 43.37 |  7.23 |  0.60 | 12.65 |
---------+-------+-------+-------+-------+-------+-------+-------+
TOTAL         27      80      13     156      41       3      52       372

FREQUENCY MISSING = 18


TABLE OF GESCHL BY ERWART2

GESCHL     ERWART2

FREQUENCY|
ROW PCT  |      1|      2|      3|      4|      5|      6|      7|  TOTAL
---------+-------+-------+-------+-------+-------+-------+-------+
       1 |    12 |    12 |    17 |    56 |    52 |    23 |    32 |    204
         |  5.88 |  5.88 |  8.33 | 27.45 | 25.49 | 11.27 | 15.69 |
---------+-------+-------+-------+-------+-------+-------+-------+
       2 |    14 |    10 |     6 |    53 |    41 |    10 |    29 |    163
         |  8.59 |  6.13 |  3.68 | 32.52 | 25.15 |  6.13 | 17.79 |
---------+-------+-------+-------+-------+-------+-------+-------+
TOTAL         26      22      23     109      93      33      61       367

FREQUENCY MISSING = 23


TABLE OF GESCHL BY ERWART3

GESCHL     ERWART3

FREQUENCY|
ROW PCT  |      1|      2|      3|      4|      5|      6|      7|  TOTAL
---------+-------+-------+-------+-------+-------+-------+-------+
       1 |    29 |    10 |    18 |    24 |    35 |    52 |    32 |    200
         | 14.50 |  5.00 |  9.00 | 12.00 | 17.50 | 26.00 | 16.00 |
---------+-------+-------+-------+-------+-------+-------+-------+
       2 |    17 |     6 |    16 |    19 |    29 |    28 |    44 |    159
         | 10.69 |  3.77 | 10.06 | 11.95 | 18.24 | 17.61 | 27.67 |
---------+-------+-------+-------+-------+-------+-------+-------+
TOTAL         46      16      34      43      64      80      76       359

FREQUENCY MISSING = 31
```

Abbildung 10.2: Kreuztabelle mit Optionen NOPERCENT und NOCOL

Es sind drei Tabellen ausgegeben worden. Sie enthalten in jeder Zelle nur noch zwei Werte, und zwar die absolute Häufigkeit und die relative Häufigkeit bezogen auf die Zeilenvariable GESCHL (siehe Angaben an der linken oberen Ecke jeder Tabelle).

Es zeigt sich, daß Studenten und Studentinnen mit tendenziell ähnlicher Erwartungsstruktur ein Studium beginnen. Am häufigsten ist das Ziel der persönlichen Weiterentwicklung (Kodewert 4) genannt worden, von Studentinnen geringfügig häufiger als von Studenten. Aber auch das Ziel, sich möglichst schnell und umfassend auf einen Zielberuf hin zu qualifizieren (Kodewert 2), wird häufig genannt, wobei es kaum Differenzen zwischen Studenten und Studentinnen gibt. Die Erwartung an das Studium, neue Leute kennenzulernen (Kodewert 6) — vor allem an dritter Stelle genannt —, hegen vor allem Studenten.

10.1.2   Erstellung von Tabellen mit **PROC TABULATE**

Die TABULATE-Prozedur ist ein Instrument, um individuell gestaltete Tabellen mit deskriptiven statistischen Kennwerten herzustellen. Dabei können, anders als mit der Prozedur FREQ, mehr als zwei Variablen in eine Tabelle aufgenommen werden.[2]

Neben Häufigkeiten und Prozentwerten können statistische Kennwerte, wie wir sie bereits bei der Darstellung der Prozedur MEANS kennengelernt haben, in eine Tabelle ausgegeben werden.

Folgendes soll tabellarisch dargestellt werden: Das durchschnittliche Lebensalter der männlichen und weiblichen Studienanfänger, insgesamt und unterschieden nach den drei Kategorien des Merkmals "Ausbildung vor Studienbeginn".

Dazu lassen wir folgendes Programm ausführen:

```
DATA STUDANF;
    INFILE DATEN;
    INPUT #1 GESCHL 5 GEBJAHR 6-7 AUSBILD 17   #2;
    ALTER = 79 - GEBJAHR;
PROC TABULATE;
    CLASSES     AUSBILD GESCHL;
    VARIABLES   ALTER;
    TABLE       AUSBILD ALL ,
                GESCHL * ALTER * MEAN ;
RUN;
```

Die *TABULATE-Prozedur* wird mit der Anweisung

```
PROC TABULATE;
```

eingeleitet. Mit der *CLASSES-Anweisung* werden Klassifikationsvariablen festgelegt, die geeignet sind, aussagefähige Gruppierungen zu definieren. Dies sind in

---

[2]Zur Erinnerung sei angemerkt, daß auch sog. "mehrdimensionale" PROC FREQ-Tabellen immer nur Tabellen mit zwei Variablen sind, und zwar jeweils für Satzgruppen berechnet, die nach den Merkmalsausprägungen weiterer Variablen unterschieden sind.

der Regel Variablen mit alphanumerischen Ausprägungen oder diskreten numerischen Werten. Die in der VARIABLES-Anweisung aufgelisteten Variablen hingegen dürfen nur numerisch sein und sollten kontinuierliche Merkmalsausprägungen aufweisen. Für diese Variablen können auf Anforderung statistische Kennziffern berechnet werden.

Der Tabelleninhalt und die Tabellenstruktur wird mit der *TABLE-Anweisung* bestimmt. Mit·ihr wird immer nur *eine* Tabelle definiert. Innerhalb der Prozedur TABULATE können aber mehrere TABLE-Anweisungen hintereinander folgen. Die Komponenten "AUSBILD" und "ALL" definieren die Zeilenstruktur der Tabelle. "AUSBILD" ist der von uns gewählte Variablenname des Merkmals "Ausbildung vor Beginn des Studiums" mit den als Kodewerte vorliegenden Merkmalsausprägungen "ja, begonnen" (1), "ja, abgeschlossen" (2) und "nein" (3). "ALL" ist ein vom SAS-System vorgegebenes Schlüsselwort, dem in der Tabelle die Bedeutung von "insgesamt" zukommt und das die Funktion hat, statistische Kennwerte für die gesamte Population auszugeben, die den nach Satzgruppen differenzierten Werten (hier nach dem Merkmal "Ausbildung") zu Vergleichszwecken gegenübergestellt werden können. Die beiden Komponenten sind durch ein Leerzeichen (blank) getrennt. Es bewirkt in der Zeilendimension eine Anordnung der Komponenten, die als Reihung oder Verkettung ("concatenation") zu bezeichnen ist. Das *Komma* ist ein wichtiges Zeichen der TABLE-Anweisung, denn es grenzt die Definition der Zeilenstruktur von derjenigen der Spaltenstruktur ab. Letztere ist bestimmt durch die Komponenten "GESCHL" , "ALTER" und "MEAN", welche jeweils durch das Zeichen "*" getrennt sind. "GESCHL" und "ALTER" sind zwei von uns definierte Variablen, wobei die erste mit den Ausprägungen "männlich" (1) und "weiblich" (2) als Klassifikationsvariable festgelegt ist und die zweite als kontinuierliche Variable. "MEAN" ist ein feststehendes Schlüsselwort, das die Berechnung des arithmetischen Mittelwertes bewirkt. Durch die Zeichen "*" erreichen wir in der Spaltendimension eine hierarchische Anordnung, die als Vernestung oder Schachtelung ("nesting") zu bezeichnen ist mit der Folge, daß für jede Merkmalsausprägung der Variablen "GESCHL" das arithmetische Mittel der Variablen "ALTER" getrennt berechnet wird.

Als Ergebnis des o.a. SAS-Programms erhalten wir die Tabelle in Abbildung 10.3. Die Struktur dieser Tabelle ist weitgehend durch Voreinstellungen festgelegt. Sie kann aber — wie wir in dem Beispiel weiter unten sehen werden — erheblich aussagefähiger gestaltet werden. Zunächst sollen aber einige Grundelemente der TABULATE-Prozedur vorgestellt werden.

Variablentypen

Es können zwei Variablentypen unterschieden werden, die *Klassifikationsvariablen* mit diskreten, inhaltlich beschreibbaren Merkmalsausprägungen und die *Analysevariablen* mit kontinuierlichen Merkmalsausprägungen. Als Klassifikationsvariable kommen sowohl numerische als auch alphanumerische Variable in Frage. Auch Variable mit kontinuierlichen Merkmalsausprägungen können dann sinnvoll als Klas-

```
------------------------------------------------
|                   |          GESCHL          |
|                   |--------------------------|
|                   |    1     |      2        |
|                   |----------+---------------|
|                   |  ALTER   |   ALTER       |
|                   |----------+---------------|
|                   |  MEAN    |   MEAN        |
|-------------------+----------+---------------|
|AUSBILD            |          |               |
|-------------------|          |               |
|1                  |    24.18 |       23.58   |
|-------------------+----------+---------------|
|2                  |    26.57 |       28.66   |
|-------------------+----------+---------------|
|3                  |    21.41 |       21.75   |
|-------------------+----------+---------------|
|ALL                |    23.66 |       24.94   |
------------------------------------------------
```

Abbildung 10.3: PROC TABULATE-Tabelle

sifikationsvariablen eingesetzt werden, wenn mit einer FORMAT-Anweisung eine
Einteilung der Werte in Klassen vorgenommen wird. Für Klassifikationsvariablen
lassen sich als statistische Kennwerte nur die absoluten und relativen Häufigkeiten
berechnen. Klassifikationsvariablen werden in der CLASSES-Anweisung deklariert,
Analysevariablen in der VARIABLES-Anweisung.

Die spezielle Klassifikationsvariable ALL

ALL ist die Bezeichnung für eine Klassifikationsvariable, die die Gesamtheit der
Beobachtungen einer Daten-Datei oder bestimmter Satzgruppen repräsentiert.

Statistische Kennwerte

Wenn in einer TABLE-Anweisung mindestens eine Analysevariable deklariert ist,
können eine oder mehrere der folgenden statistischen Kennwerte als Elemente einer
TABLE-Anweisung Verwendung finden:

N	Häufigkeit gültiger Werte
NMISS	Anzahl fehlender Werte
MEAN	arithmetisches Mittel
STD	Standardabweichung
MIN	niedrigster Wert
MAX	höchster Wert
RANGE	Spannweite
SUM	Summe

USS	unkorrigierte Quadratsumme
CSS	Korrigierte Quadratsumme
STDERR	Standardfehler des Mittelwertes
CV	Variationskoeffizient
T	T-Wert (Student) zum Testen der Hypothese, daß der Mittelwert Null ist
PRT	Signifikanzniveau des T-Wertes
VAR	Varianz
SUMWGT	gewichtete Summe
PCTN	Prozent der Häufigkeit N bezogen auf eine anzugebene Gesamtheit
PCTSUM	Prozent der Summe SUM bezogen auf eine anzugebene Gesamtheit

Sind nur Klassifikationsvariablen in der TABLE-Anweisung spezifiziert, kann nur N oder PCTN als statistischer Kennwert ausgegeben werden. Die voreingestellten statistischen Kennwerte sind bei Klassifikationsvariablen N und bei Analysevariablen SUM.

Die Festlegung des Nenners bei der Berechnung von Prozentwerten

Die Prozedur TABULATE ermöglicht es, Prozentwerte auf der Basis verschiedener Gesamtheiten tabellarisch auszugeben. Die Definition des jeweiligen Nenners ist durch eine Ergänzung der PCTN- und PCTSUM-Komponente in folgender Weise zu erreichen:

```
PCTN<nennerspezifikation> oder PCTSUM<nennerspezifikation>
```

"nennerspezifikation" ist durch einen oder mehrere Variablennamen zu ersetzen, die in derselben TABLE-Anweisung bereits benannt sein müssen. Die Anweisung

```
TABLE A * PCTN<A> ;
```

bedeutet zum Beispiel, daß die Verteilung der relativen Häufigkeiten der Variablen A ausgegeben wird. Die Prozentuierungsbasis ist — so zeigt die Komponente "<A>" an — die Gesamtheit der gültigen Beobachtungen der Variablen A.

Im Fall einer bivariaten Tabelle mit den Klassifikationsvariablen A (Zeilen) und B (Spalten) lassen sich Prozentwerte berechnen, die sich auf drei verschiedene Nenner beziehen. Wenn Prozentwerte auf der Basis der Summe der Häufigkeiten jeder Zeile (Zeilenprozente) berechnet werden sollen, ist die TABLE-Anweisung folgendermaßen zu formulieren:

```
TABLE A , B * PCTN<B> ;
```

Soll der Nenner die Gesamtheit jeder Tabellenspalte (Spaltenprozente) sein, lautet dagegen die Anweisung

```
TABLE A , B * PCTN<A> ;
```

Wählen wir aber als Prozentuierungsbasis die Gesamtheit der Beobachtungen (Gesamtprozente), so sieht die TABLE-Anweisung wie folgt aus:

```
TABLE A , B * PCTN<A*B> ;
```

Tabellendimensionen

Die mit TABULATE produzierten Tabellen können bis zu drei Dimensionen umfassen:

- Seiten

- Zeilen

- Spalten

Die Anzahl und die Art der Dimensionen werden durch die TABLE-Anweisung bestimmt, und zwar in folgender Reihenfolge:

```
TABLE    [seitenkomponente , ]
         [zeilenkomponente , ]
         spaltenkomponente ;
```

Die Definition der einzelnen Dimensionen wird jeweils durch ein *Komma* getrennt. Ist nur eine Dimension bestimmt (die TABLE-Spezifikation enthält kein Komma), bezieht sie sich auf die Spalten. Sind zwei Dimensionen definiert (die TABLE-Spezifikation enthält ein Komma), beziehen sie sich auf Zeilen und Spalten. Mit der dritten Dimension, die dann unmittelbar hinter dem Wort TABLE steht, sind zusätzlich die Seiten definiert (die TABLE-Spezifikation enthält zwei Kommata). Eine in diesem Sinn gemeinte Tabellenseite kann über mehrere Bildschirm- bzw. Druckseiten fortgesetzt sein.

Die Definition der Tabellenstruktur

Die Tabellenstruktur wird durch die Art der Komponenten und deren Anordnung in der TABLE-Anweisung festgelegt. Zu den Komponenten gehören Variablennamen (einschließlich ALL) und die Bezeichner statistischer Kennwerte. Diese werden mit einer Reihe vorgegebener Verknüpfungszeichen zu *Ausdrücken* zusammengebunden. Die jeweilige Anordnung bestimmt die Gestalt der Tabelle.

Folgende Verknüpfungszeichen haben in der TABLE-Anweisung eine Bedeutung:

Komma	","	Wechsel zu einer neuen Dimension
Stern	"*"	Bildung von hierarchisch angeordneten Untergruppen (Schachtelung)
Leerstelle	" "	Aneinanderreihung von Tabellenelementen (Verkettung)
Klammern	"("	Gruppierung zur Steuerung der Schachtelung
	")"	und Verkettung

Mit einfachen Beispielen lassen sich die Wirkungen der verschiedenen Verknüpfungszeichen demonstrieren. Angenommen, wir haben fünf Variablen mit den Namen A, B, C, D und E, die jeweils die beiden Merkmalsausprägungen 1 und 2 haben. Diese wollen wir in bestimmten tabellarischen Anordnungen darstellen. Die Anweisung

```
TABLE A B C , D E ;
```

ergibt folgende Tabellenstruktur:

		D		E	
		1	2	1	2
A					
1					
2					
B					
1					
2					
C					
1					
2					

Abbildung 10.4: Tabellenstruktur der TABLE-Spezifikation A B C , D E

Mit der obigen TABLE-Anweisung sind zwei Dimensionen definiert, und zwar die Zeilen- und die Spaltendimension (ein Komma). Die Variablennamen sind jeweils durch eine Leerstelle getrennt. Das bewirkt in der Tabelle eine Aneinanderreihung der Variablenkomponenten. Das Ergebnis ist eine Tabelle, die aus sechs bivariaten Tabellen zusammengesetzt ist, nämlich aus den Variablen A und D, A und E, B und D, B und E, C und D sowie C und E.

Wollen wir die Variablen D und E hierarchisch anordnen, das heißt für jede Merkmalsausprägung von D die Verteilungen von E darstellen, so lautet die TABLE-Anweisung folgendermaßen:

```
TABLE A B C , D*E ;
```

Die Tabelle ist dann wie folgt strukturiert:

	D			
	1		2	
	E		E	
	1	2	1	2
A				
1				
2				
B				
1				
2.				
C				
1				
2				

Abbildung 10.5: Tabellenstruktur der TABLE-Spezifikation A B C , D*E

Schachtelung und Verkettung können auch in einer Dimension auftreten wie das folgende Beispiel zeigt:

```
TABLE A B , C*D E ;
```

Die Tabellenstruktur sieht dann folgendermaßen aus:

	C				E	
	1		2			
	D		D			
	1	2	1	2	1	2
A						
1						
2						
B						
1						
2						

Abbildung 10.6: Tabellenstruktur der TABLE-Spezifikation A B , C*D E

Die Wirkung der Gruppierungszeichen "(" und ")" wird an dem folgenden Beispiel deutlich. Die Anweisung

```
TABLE A B , C*(D E) ;
```

bewirkt, daß jede Variablenkomponente innerhalb der Klammer Teil einer Verschachtelung des Variablenausdrucks wird, der vor der Klammer steht. Die Tabellenstruktur sieht folgendermaßen aus:

	C							
	1				2			
	D		E		D		E	
	1	2	1	2	1	2	1	2
A								
1								
2								
B								
1								
2								

Abbildung 10.7: Tabellenstruktur der TABLE-Spezifikation A B , C*(D E)

Die allgemeine Form der **TABULATE** Prozedur

Die Herstellung von Tabellen mit der Prozedur TABULATE läßt sich über folgende
Anweisungen steuern:

```
PROC TABULATE  [DATA=sas-dateiname] [MISSING]
    [FORMAT=format-1] [ORDER=FREQ|DATA|INTERNAL|FORMATTED]
    [FORMCHAR[(indexliste)]='zeichenfolge'] [DEPTH=anzahl]
    [NOSEPS] ;
    CLASSES varliste-1 ;
  [ VARIABLES varliste-2 ; ]
  [ BY [DESCENDING] varname-1 [[DESCENDING] varname-2]... ; |
    BY varname-3 [varname-4]... NOTSORTED ; ]
  [ FREQ varname-5 ; ]
  [ WEIGHT varname-6 ; ]
  [ FORMAT varliste-3 format-2 [varliste-4 format-3]... ; ]
  [ LABEL varname-7=etikett-1 [varname-8=etikett-2]... ; ]
  TABLE [seitenkomponente,] [zeilenkomponente,] spaltenkomponente
      [/ [PRINTMISS] [MISSTEXT='text-1'] [FUZZ=zahl]
          [RTSPACE=anzahl] [BOX=_PAGE_|varname-9|'text-2'] ;
  [ KEYLABEL kennwort='text-3' ; ]
```

Die Prozedur TABULATE erfordert mindestens eine CLASSES- oder VARIABLES-
Anweisung und eine TABLE-Anweisung. Die CLASSES- und die VARIABLES-
Anweisungen *müssen* vor der TABLE-Anweisung stehen. Die Position der weiteren
Anweisungen ist beliebig. Auf die Erläuterung der BY-, FREQ- und WEIGHT-
Anweisungen kann an dieser Stelle verzichtet und auf die Ausführungen im Zusam-
menhang mit der UNIVARIATE-Prozedur verwiesen werden.

Optionen zur **PROC TABULATE**-Anweisung

Die Optionen zur PROC TABULATE-Anweisung werden eingesetzt, um die Gestalt der herzustellenden Tabellen in Abweichung von den Voreinstellungen festzulegen. Im einzelnen haben sie die im folgenden beschriebenen Wirkungen:

DATA=sas-dateiname
: Explizite Angabe des Namens einer SAS-Datei, die mit der TABULATE-Prozedur ausgewertet werden soll. Fehlt diese Angabe, wird die zuletzt gebildete Datei ausgewertet.

MISSING
: Die als fehlend deklarierten Werte werden als gültige Klassifikationsniveaus von Klassifikationsvariablen in die Tabelle aufgenommen. Spezielle fehlende Werte werden dabei unterschieden. Fehlt diese Angabe, werden fehlende Werte ausgeschlossen.

FORMAT=format
: Das Ausgabeformat der Werte für alle Tabellenzellen kann hiermit generell festgelegt werden. Als "format" können alle gültigen SAS-Formate (siehe Abschnitt 11.10) in Betracht kommen. Die Voreinstellung ist "12.2", d.h. daß maximal 12-stellige Werte (inklusive Dezimalpunkt und zwei Dezimalstellen) dargestellt werden können. Diese Option kann auch dazu eingesetzt werden, um die maximale Breite der einzelnen Tabellenzellen festzulegen.

ORDER=FREQ | DATA | INTERNAL | FORMATTED
: Bestimmung der tabellarischen Anordnung der einzelnen Merkmalsausprägungen der Klassifikationsvariablen (Zur Bedeutung der Spezifikationen der ORDER-Option siehe die Ausführungen in Abschnitt 9.1).

FORMCHAR(indexliste)='zeichenfolge'
: Hiermit läßt sich festlegen, mit welchen Zeichen die Linien der ausgegebenen Tabellen gestaltet werden sollen. Die zu spezifizierende "zeichenfolge" umfaßt maximal elf Zeichen, und zwar für folgende Elemente der Linierung einer Tabelle: vertikale Linie (1), horizontale Linie (2), linke Ecke oben (3), mittlere Ecken oben(4), rechte Ecke oben(5), linke Ecken Mitte(6), mittlere Ecken Mitte(7), rechte Ecken Mitte (8), linke Ecke unten (9), mittlere Ecken unten (10), rechte Ecke unten (11).

Die in Klammern notierten Ziffern stellen Indexziffern
dar, mit deren Angabe gezielt nur einzelne Linienele-
mente verändert werden können. Die Voreinstellung ist:

```
FORMCHAR=' |----|+|---'
```

Die Spezifikation:

```
FORMCHAR='              ' (11 Leerstellen)
```

bewirkt, daß Tabellen ohne Linien ausgegeben werden.

DEPTH=anzahl Hiermit kann die maximale Tiefe der Verschachtelung
festgelegt werden. Voreinstellung ist DEPTH=10. Der
Ausdruck GESCHL*ALTER*MEAN hat beispielsweise
eine Tiefe von 3.

NOSEPS Die horizontalen Linien zwischen den Zeilentiteln und
den Tabellenzellen werden unterdrückt.

Die CLASSES- und VARIABLES-Anweisung

Alle Variablen, die in einer TABLE-Anweisung verwendet werden, müssen *zuvor*
in einer CLASSES- oder in einer VARIABLES-Anweisung deklariert werden. Damit erfolgt gleichzeitig eine Zuordnung als Klassifikations- oder als Analysevariable
(siehe Ausführungen auf den Seiten 106f.).

FORMAT-, LABEL- und KEYLABEL-Anweisung

Mit der FORMAT-, der LABEL- und der KEYLABEL-Anweisung wird es möglich,
die inhaltliche Bedeutung des Tabelleninhaltes herauszustellen. Die durch die
LABEL-Anweisung (siehe Abschnitt 6.3) zugewiesenen Variablenetiketten und die
mit der Prozedur FORMAT erstellten und in der FORMAT-Anweisung zugeordneten Werteetiketten (siehe Abschnitt 6.4) werden in die Bezeichnungen der Seiten,
Zeilen und Spalten aufgenommen. In der KEYLABEL-Anweisung lassen sich einzelnen Bezeichnern von statistischen Kennwerten und der Klassifikationsvariablen
ALL Etiketten zuordnen, zum Beispiel:

```
KEYLABEL MEAN='Mittelwert'  ALL='insgesamt';
```

Diese Zuordnung gilt für alle TABLE-Anweisungen einer Prozedur TABULATE,
soweit sie nicht innerhalb einer TABLE-Anweisung gezielt geändert wird (siehe
unten).

Die TABLE-Anweisung

In den Abschnitten "Tabellendimensionen" und "Definition der Tabellenstruktur"
sind bereits zentrale Aspekte der TABLE-Anweisung beschrieben worden. Zu

ergänzen sind die Möglichkeiten, in der TABLE-Anweisung für einzelne Variablenwerte die Ausgabeformate zu ändern und Variablennamen und Bezeichner statistischer Kennwerte zu etikettieren. Das für die gesamte TABULATE-Prozedur geltende Ausgabeformat — entweder "FORMAT=12.2" oder ein in der FORMAT-Option der PROC TABULATE-Anweisung vorgegebenes Format — läßt sich innerhalb der TABLE-Anweisung nach folgendem Muster ändern:

```
varname*FORMAT=format-1
oder
kennziffername*FORMAT=format-2
```

Folgende Beispiele beschreiben gültige Zuordnungen:

```
GESCHL*FORMAT=3.
ALTER*MEAN*FORMAT=4.1
```

Es ist darauf hinzuweisen, daß sich durch diese FORMAT-*Spezifikation* nicht die Breite der Tabellenzelle ändert. Diese wird ausschließlich durch die Spezifikation der FORMAT-*Option* der PROC TABULATE-Anweisung bzw. durch deren generelle Voreinstellung bestimmt. Die FORMAT-*Anweisung* betrifft dagegen ausschließlich die Etikettierung der Merkmalsausprägungen der Variablen in der Tabelle (Zeilen- und Spaltenüberschriften).
In der LABEL- und in der KEYLABEL-Anweisung wird die Etikettierung von Variablennamen und Bezeichnern statistischer Kennziffern für eine TABULATE-Prozedur generell festgelegt. Im Einzelfall kann diese Festlegung jedoch innerhalb der TABLES-Anweisung geändert werden. Dazu ist eine Spezifikation nach folgendem Muster erforderlich:

```
varname='etikett-1'
oder
kennziffername='etikett-2'
```

Der in der ersten TABULATE-Tabelle (Abbildung 10.3) ausgegebene Text "MEAN" kann ersetzt werden durch "Mittelwert", wenn die TABLE-Anweisung folgendermaßen formuliert wird:

```
TABLE AUSBILD ALL , GESCHL * ALTER * MEAN='Mittelwert';
```

Regeln für die Spezifikation einer TABLE-Anweisung

Bei der Spezifikation einer TABLE-Anweisung sind einige wichtige Regeln zu beachten:

- Mehrere Analysevariablen oder Bezeichner von statistischen Kennwerten können *nicht* verschachtelt werden.

- Alle Analysevariablen müssen in einer Dimension spezifiziert werden. Das-
  selbe gilt für die Bezeichner statistischer Kennwerte. Jedoch können Analysevariablen einerseits und Bezeichner statistischer Kennwerte andererseits in
  zwei Dimensionen spezifiziert werden.

- Wenn in der TABLE-Anweisung mindestens eine Analysevariable spezifiziert
  ist aber keine statistische Kennziffer, werden in die Tabellenzellen Summen
  (SUM) ausgegeben. Wenn weder eine Analysevariable noch eine statistische Kennziffer spezifiziert ist — also nur Klassifikationsvariablen — werden
  Häufigkeiten (N) ausgegeben.

Optionen zur TABLE-Anweisung

Abgetrennt durch den Schrägstrich "/" sind eine Reihe von Optionen anzugeben,
die die Gestalt einzelner Tabellen in Abänderung von den Voreinstellungen bestimmen.

PRINTMISS	Zeilen und Spalten, die nur fehlende Werte enthalten, werden ausgegeben.
MISSTEXT='text'	Tabellenzellen, die fehlende Werte aufweisen, können mit maximal 20 Zeichen langen Texten gefüllt werden.
FUZZ=zahl	Der absolute Wert einer Tabellenzelle, der geringer als die angegebene "zahl" ist, wird mit dem Wert Null ausgegeben.
RTSPACE=anzahl	Die Anzahl der Positionen für die Variablennamen und -werte bzw. der zugehörigen Etiketten der *Zeilenvariablen*, wird mit der Größe von "anzahl" festgelegt. Die Voreinstellung von "anzahl" beträgt ein Viertel der TLINESIZE-Einstellung. (Zur TLINESIZE-Option siehe Seite 68)
BOX=_PAGE_ | BOX=varname | BOX='text'	
	Der Raum oberhalb der Zeilenbeschriftung kann mit dem Text der Seitendimension (_PAGE_), mit dem Namen bzw. dem Etikett einer Variablen oder mit einem frei wählbaren Text ('text') gefüllt werden.

Beispiel einer Tabellengestaltung

Wir wollen jetzt das eingangs vorgestellte Beispiel einer Tabelle mit den Variablen
GESCHL, AUSBILD und ALTER wieder aufgreifen und durch Angabe von Spezifikationen und Optionen das Aussehen der Tabelle ändern. Diese Veränderung
zielt insbesondere auf die Beschriftung des Tabelleninhaltes. Wir lassen folgendes
SAS-Programm ausführen:

```
PROC FORMAT; VALUE AUSF
              1,2='JA' 3='NEIN';
            VALUE SEXF
              1='STUDENTEN' 2='STUDENTINNEN';
OPTIONS CENTER;
TITLE1 'DURCHSCHNITTSALTER VON STUDENTEN UND STUDENTINNEN';
TITLE2 'NACH BERUFSTAETIGKEIT VOR DEM STUDIUM';
DATA STUDANF;
     INFILE DATEN;
     INPUT #1 GESCHL 5 GEBJAHR 6-7 AUSBILD 17 #2;
     ALTER = 79 - GEBJAHR;
PROC TABULATE DATA=STUDANF FORMAT=12.2 NOSEPS;
     CLASSES AUSBILD GESCHL;
     VARIABLES ALTER;
     FORMAT AUSBILD AUSF.
            GESCHL SEXF.;
     LABEL AUSBILD='BERUFSTAETIGKEIT VOR DEM STUDIUM';
     KEYLABEL ALL='ZUSAMMEN';
     TABLE AUSBILD=' ' ALL ,
           GESCHL=' ' * ALTER=' ' * MEAN='MITTELWERT ALTER'
           / RTSPACE=18 BOX=AUSBILD;
  RUN;
```

In der FORMAT-Prozedur definieren wir zwei Ausgabeformate, und zwar für die Variable GESCHL (mit der Funktion der Etikettierung) und für die Variable AUSBILD (mit der Funktion der Zusammenfassung zweier Merkmalswerte und der Etikettierung).

Mit der OPTIONS-Anweisung bestimmen wir durch das Schlüsselwort CENTER, daß Tabellen und die in den TITLE-Anweisungen angegebenen Tabellenüberschriften zentriert in das Output-Protokoll geschrieben werden.

Nach dem DATA-Step, in dem die SAS-Datei aufgebaut wird, erfolgt der Aufruf der Prozedur TABULATE mit den Optionen DATA=STUDANF (entspricht der Voreinstellung), FORMAT=12.2 (entspricht ebenfalls der Voreinstellung) und NOSEPS. Die Angabe der letzten beiden Optionen bewirkt, daß die Tabellenzellen 12 Zeichen breit und die horizontalen Linien zwischen den Zeilentiteln und den entsprechenden Tabellenzellen unterdrückt werden.

Als Klassifikationsvariable (CLASSES) bestimmen wir AUSBILD und GESCHL und als Analysevariable (VARIABLES) ALTER. Durch die FORMAT-Anweisung werden den Variablen GESCHL und AUSBILD die in der FORMAT-Prozedur eingerichteten Formate zugewiesen. Die Variable AUSBILD erhält mit der LABEL-Anweisung ein Etikett. Mit der KEYLABEL-Anweisung erreichen wir, daß die Klassifikationsvariable ALL mit dem Etikett "ZUSAMMEN" in der Tabelle erscheint.

In der TABLE-Anweisung nutzen wir die Möglichkeit, gezielt Variablen zu etikettieren, und zwar hier mit der Wirkung, daß in den Zeilen- und Spaltenbeschriftungen weder der Variablenname noch dessen Etikett ausgegeben werden. Dies erreichen wir, indem wir als Spezifikation nach dem Gleichheitszeichen eine Leerstelle angeben, wie zum Beispiel:

```
AUSBILD=' '
```

Dagegen soll statt des Textes "MEAN" der Text "MITTELWERT ALTER" in der Tabelle erscheinen, was mit der Spezifikation

```
MEAN='MITTELWERT ALTER'
```

erreicht wird.
Mit der TABLE-Option

```
RTSPACE=18
```

legen wir fest, daß die Breite der Zellen für die Namen und Merkmalsausprägungen der Zeilenvariablen 18 Positionen (inklusive der Begrenzungslinien) sein soll. Bei einem voreingestellten LINESIZE-Wert von 80 hätte sich ansonsten eine Breite von 20 Positionen ergeben.
Die TABLE-Option

```
BOX=AUSBILD
```

bewirkt, daß in die linke obere Zelle das Etikett der Variablen AUSBILD eingesetzt wird.
Als Ergebnis erhalten wir folgende Tabelle:

```
       DURCHSCHNITTSALTER VON STUDENTEN UND STUDENTINNEN
              NACH BERUFSTAETIGKEIT VOR DEM STUDIUM

       --------------------------------------------------
       |BERUFSTAETIGKEIT| STUDENTEN  |STUDENTINNEN|
       |VOR DEM STUDIUM |------------+------------|
       |                | MITTELWERT | MITTELWERT |
       |                | ALTER      | ALTER      |
       |----------------+------------+------------|
       |JA              |      26.28|      27.89|
       |NEIN            |      21.41|      21.75|
       |ZUSAMMEN        |      23.66|      24.94|
       --------------------------------------------------
```

Abbildung 10.8: PROC TABULATE-Tabelle

10.2 Graphische Ausgabe von gemeinsamen Verteilungen (CHART, GCHART, PLOT, GPLOT)

Wollen wir uns einen visuellen Eindruck von bivariaten Verteilungen machen, können wir die Prozeduren PLOT und CHART einsetzen. Die Prozedur PLOT ist geeignet, die gemeinsame Verteilung zweier stetiger oder diskreter Variablen mit vielen Merkmalsausprägungen in Form von Streudiagrammen darzustellen, und die Prozedur CHART ist einzusetzen, wenn wir die gemeinsame Verteilung diskreter Variablen mit wenigen Merkmalsausprägungen als Blockdiagramme darstellen wollen.[3]

Steht ein Graphik-Bildschirm oder ein graphisches Zeichengerät zur Verfügung, lassen sich die SAS/GRAPH-Prozeduren GPLOT und GCHART einsetzen.[4]

Erstellung eines Streudiagramms mit der Prozedur PLOT

Als Beispiel für den Einsatz der Prozedur PLOT wollen wir ein Streudiagramm ausgeben lassen, das die Häufigkeitsverteilung des Merkmals "Alter" beschreibt. Dazu generieren wir neben der intervallskalierten Variablen ALTER zunächst eine weitere intervallskalierte Variable namens COUNT in der folgenden Weise: Wir fordern durch die Anweisungen

```
DATA STUDANF;
   INFILE DATEN;
   INPUT #1 GEBJAHR 6-7 #2;
   ALTER=79-GEBJAHR;
PROC FREQ; TABLES ALTER / OUT=AUSGABE NOPRINT;
```

die Ausgabe der Variablen ALTER, COUNT und PERCENT in die neue SAS-Datei mit dem Namen "AUSGABE" ab, was wir durch die Ausführung von

```
PROC PRINT DATA=AUSGABE;
RUN;
```

dokumentieren (siehe Abbildung 10.9).

Mit ALTER sind die einzelnen Alterswerte, die bei der Gesamtheit der Befragten vorkommen, bezeichnet. COUNT und PERCENT sind Variablen, die im Zuge der Prozedur FREQ eingerichtet worden sind. Die Variable COUNT beinhaltet die Häufigkeitswerte und die Variable PERCENT die entsprechenden prozentualen Häufigkeiten. Uns stehen jetzt mit ALTER und COUNT zwei intervallskalierte Variablen zur Verfügung, für die wir ein Streudiagramm ermitteln wollen.

Dazu lassen wir folgende Anweisungen ausführen:

---

[3]Wie wir in Abschnitt 9.2 gesehen haben, sind mit der Prozedur CHART auch univariate Verteilungen darstellbar.

[4]Zusätzliche Voraussetzung ist, daß das Programmpaket SAS/GRAPH implementiert ist.

```
        OBS ALTER COUNT PERCENT

          1    .     27      .
          2   19     40   11.0193
          3   20     62   17.0799
          4   21     43   11.8457
          5   22     29    7.9890
          6   23     23    6.3361
          7   24     15    4.1322
          8   25     29    7.9890
          9   26     30    8.2645
         10   27     23    6.3361
         11   28     12    3.3058
         12   29      8    2.2039
         13   30     14    3.8567
         14   31     12    3.3058
         15   32      5    1.3774
         16   33      2    0.5510
         17   34      2    0.5510
         18   35      1    0.2755
         19   36      1    0.2755
         20   37      2    0.5510
         21   38      1    0.2755
         22   39      4    1.1019
         23   40      1    0.2755
         24   41      2    0.5510
         25   42      1    0.2755
         26   47      1    0.2755
```

Abbildung 10.9: Ausgabe der PRINT-Prozedur

```
OPTIONS TPAGESIZE=26;
PROC PLOT DATA=AUSGABE;
    PLOT COUNT*ALTER='*';
RUN;
```

Die Prozedur PLOT greift auf die SAS-Datei mit dem Namen "AUSGABE" zu
und erstellt ein Streudiagramm mit den Variablen "COUNT" (vertikale Achse)
und "ALTER" (horizontale Achse) (COUNT*ALTER). Die Ergänzung (='*') zeigt
an, daß die gemeinsamen Koordinatenpunkte durch das Zeichen "*" dargestellt
werden sollen. Als Ergebnis der PLOT-Prozedur erhalten wir das Streudiagramm
in Abbildung 10.10.

Wir sehen, daß die Altersverteilung der befragten Studienanfänger zwei ausgeprägte
Häufigkeitsspitzen aufweist, nämlich bei 20 Jahren und bei 25/26 Jahren. Wie wir
bereits aus der Kreuztabellenanalyse wissen (siehe Abschnitt 10.1), haben wir es
bei den Befragten mit einer Gesamtheit zu tun, die — nach dem Merkmal "Berufstätigkeit vor dem Studium" aufgegliedert — sich in zwei deutlich unterscheid-
bare Alterskollektive aufteilt.

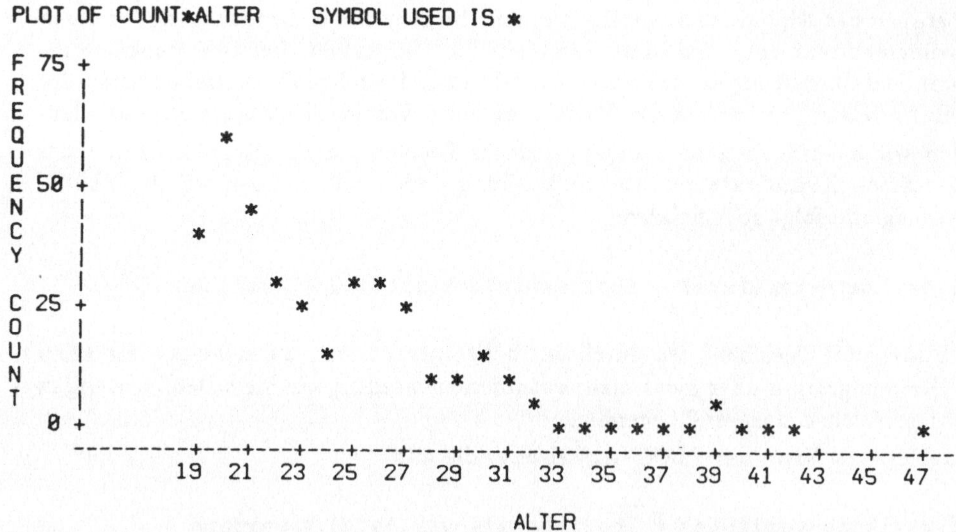

Abbildung 10.10: Streudiagramm (PLOT)

Die allgemeine Form der Prozedur PLOT

Die allgemeine Form der *Prozedur PLOT* lautet wie folgt:

```
PROC PLOT [ DATA=sas-dateiname ] [ UNIFORM ] [ NOLEGEND ]
  PLOT (vertikale-varliste-1)*(horizontale-varliste-1)
  | (vertikale-varliste-2)*(horizontale-varliste-2)='zeichen'
  | (vertikale-varliste-3)*(horizontale-varliste-3)=varname
        / [VAXIS=werte-1] [HAXIS=werte-2] [OVERLAY] ;
```

Die Prozedur wird eingeleitet mit der Anweisung PROC PLOT. Es läßt sich mit der Option "DATA=sas-dateiname" explizit angeben, welche Datei verarbeitet werden soll. Die Option UNIFORM bewirkt eine gleiche Einteilung der Skalen der vertikalen und horizontalen Achsen, wenn beim Einsatz einer BY-Anweisung mehrere Streudiagramme ausgegeben werden.[5] Die Option NOLEGEND unterdrückt die erklärende Textzeile oberhalb des Streudiagramms.

Die Spezifikation der PLOT-Anweisung kann drei Formen annehmen. Wenn sie mit

```
(vertikale-varliste) * (horizontale-varliste)
```

spezifiziert wird, werden die Voreinstellungen des Systems genutzt, das heißt, daß die gemeinsamen Koordinatenpunkte der horizontalen und vertikalen Variablen mit

---

[5] Die Achseneinteilung erfolgt ansonsten automatisch unter Berücksichtigung des jeweils geringsten und höchsten Merkmalswertes der Variablen der horizontalen und vertikalen Achsen.

Buchstaben des Alphabets angezeigt werden. Liegt nur eine Beobachtung für einen Koordinatenpunkt vor, wird diese durch ein "A" dargestellt, bei zwei Beobachtungen mit denselben Koordinaten durch ein "B" usw. Bestehen die Variablenlisten der PLOT-Anweisung nur aus einem Variablennamen, können die Klammern entfallen.

Wollen wir ausdrücklich bestimmen, welches Zeichen für die Repräsentation der gemeinsamen Koordinatenpunkte Verwendung finden soll, müssen wir die PLOT-Anweisung wie folgt spezifizieren:

```
(vertikale-varliste) * (horizontale-varliste) = 'zeichen'
```

Der Platzhalter "zeichen" ist durch ein beliebiges Zeichen zu ersetzen. Es kann dem Streudiagramm aber nicht mehr entnommen werden, wie viele Beobachtungen durch ein Zeichen dargestellt werden.

Bei der dritten Form der PLOT-Anweisung, die mit

```
(vertikale-varliste) * (horizontale-varliste) = varname
```

spezifiziert werden muß, ist es möglich, Informationen über eine dritte Variable in das Streudiagramm einzubeziehen. Die erste Stelle der Werte der dritten Variablen "varname" markiert die gemeinsamen Koordinatenpunkte.

Spezifikationen der PLOT-Optionen

VAXIS=werte-1 bzw. HAXIS=werte-2
> Die Skalierung der vertikalen (VAXIS) bzw. horizontalen Achse (HAXIS) kann hiermit definiert werden. Das Beispiel
>
> ```
> VAXIS=0 20 40 60 80 100 120 140 160
> ```
>
> teilt die vertikale Achse nach den hinter dem Gleichheitszeichen angegebenen Werten ein. Wir können verkürzend schreiben:
>
> ```
> VAXIS= 0 TO 160 BY 20
> ```
>
> Im Falle von numerischen Variablen können die Skalenwerte auf- oder absteigend geordnet sein. Im Falle alphanumerischer Variablen können die Werte in beliebiger Reihenfolge aufgelistet werden, sie müssen aber in Hochkommata eingeschlossen werden.

OVERLAY
> Wenn in einer PLOT-Anweisung Spezifikationen für mehrere Diagramme angegeben sind, können diese übereinandergelegt in einem Streudiagramm ausgegeben werden, wenn die Option OVERLAY eingesetzt wird.

Die Darstellung bivariater Verteilungen durch Blockdiagramme (CHART, GCHART)

Die Prozeduren CHART und GCHART sind geeignet, die Häufigkeitsverteilungen zweier Variablen als Blockdiagramme darzustellen. Im Falle zweier diskreter Variablen ist die CHART- bzw. GCHART-Prozedur wie folgt zu spezifizieren:[6]

```
PROC CHART | GCHART [ DATA=sas-dateiname ] ;
     BLOCK varliste  /  GROUP=varname DISCRETE ;
```

Ein Blockdiagramm für einzelne Variablen der "varliste" wird mit der BLOCK-Anweisung angefordert. Eine Differenzierung erfolgt nach der Variablen, die in der GROUP-Option angegeben wird. Die Option DISCRETE besagt, daß die Variablen der BLOCK-Anweisung als Variablen mit diskreten Merkmalsausprägungen zu behandeln sind.

Wir wollen jetzt die Verteilung der Variablen "Einschätzung der Stellenaussichten im Anschluß an das Studium" (AUSSICHT) getrennt für Männer und Frauen als Blockdiagramm darstellen lassen.[7] In diesem Beispiel setzen wir die Prozedur GCHART ein, um das Blockdiagramm auf einem Plotter ausgeben zu lassen.[8]

Dazu formulieren wir die folgende Programmzeilen:

```
PROC FORMAT; VALUE SEXF
             1='M' 2='F';
             VALUE AUSSF
             1='sehr gut' 2='gut' 3='nicht gut' 4='schlecht';
DATA STUDANF;
     INFILE DATEN;
     INPUT #1 GESCHL 5 AUSBILD 17 #2 AUSSICHT 24;
     FORMAT GESCHL SEXF. AUSBILD AUSBF. AUSSICHT AUSSF.;
     LABEL GESCHL='GESCHLECHT';
     IF GESCHL NE .;
GOPTIONS DEVICE=HP7221C;
PROC GCHART DATA=STUDANF;
     BLOCK AUSSICHT / GROUP=GESCHL DISCRETE;
RUN;
```

Mit der Anweisung

```
GOPTIONS DEVICE=HP7221C;
```

---

[6]Weitere Optionen zur BLOCK-Anweisung und deren Erläuterung sind dem Abschnitt 9.2 zu entnehmen.

[7]In Kapitel 3 ist die Vermutung formuliert worden, daß Studentinnen tendenziell andere Vorstellungen haben als Studenten.

[8]Über installationsspezifische Modalitäten der graphischen Ausgabe sind Informationen bei Ihrem Rechenzentrum einzuholen.

wird für die graphische Ausgabe das Zeichengerät (Plotter) mit der Kennzeichnung
HP7221C (Hewlett-Packard 7221 Plotter, Modell C) zugewiesen.

Der Aufruf der Graphik-Prozedur beginnt mit der Anweisung "PROC GCHART".
Das "G" kennzeichnet eine Prozedur aus der SAS/GRAPH-Prozeduren-Bibliothek.[9]
Als Ergebnis erhalten wir das Blockdiagramm in Abbildung 10.11 gezeichnet.

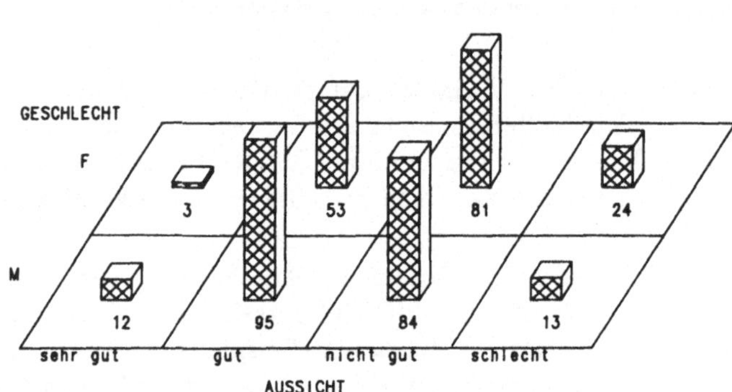

Abbildung 10.11: Blockdiagramm (GCHART)

Die einzelnen Säulen repräsentieren die Zellenhäufigkeiten, die unterhalb der Säulen
eingezeichnet sind. An der Höhe der Säulen ist zu erkennen, daß der Tendenz nach
Studenten ihre zukünftigen Stellenaussichten positiver einschätzen als Studentinnen.

10.3   Beschreibung des statistischen Zusammenhangs

Mit den Prozeduren, die wir in den Abschnitten 10.1 und 10.2 kennenlernten, haben
wir uns Kreuztabellen bzw. Schaubilder ausgeben lassen, so daß wir einen visuellen Eindruck davon erhalten konnten, ob ein statistischer Zusammenhang zwischen
zwei Merkmalen innerhalb der Stichprobe vorliegt oder nicht. Soll die Stärke bzw.
Schwäche eines Zusammenhangs beschrieben werden oder ist ein Signifikanztest
durchzuführen, so sind die Prozeduren FREQ und CORR geeignet einzusetzen.

---

[9]Die Anweisungen für eine Ausgabe in das Output-Protokoll bzw. auf dem Drucker müßten
folgendermaßen lauten:

```
OPTIONS TPAGESIZE=40;
PROC CHART DATA=STUDANF;
   BLOCK AUSSICHT / GROUP=GESCHL DISCRETE;
RUN;
```

Stärke des Zusammenhangs

Die genannten Prozeduren errechnen *Assoziationskoeffizienten* und *Korrelationsko-effizienten* als Maße der Stärke des Zusammenhangs zweier Merkmale. Mit Hilfe dieser Maßzahlen vereinfacht sich ein Vergleich mehrerer bivariater Beziehungen. Eine sinnvolle Anwendung dieser Maße läßt sich stets nur unter Beachtung der Skalenniveaus der untersuchten Merkmale vornehmen.

10.3.1 Assoziationsmaße für nominalskalierte Variablen

Maße, die auf χ^2 (Chi-Quadrat) beruhen

Chi-Quadrat ist ein Maß für den statistischen Zusammenhang zweier Merkmale. Es drückt zahlenmäßig aus, inwieweit sich die beobachteten Häufigkeiten jeder Tabellenzelle von den erwarteten Häufigkeiten unterscheiden, die unter der Annahme statistischer Unabhängigkeit vorliegen müßten.[10] Die Tabelle der beobachteten Häufigkeiten haben wir bereits kennengelernt (siehe Abschnitt 10.1). Die Tabelle der erwarteten Häufigkeiten läßt sich mit Hilfe der Randverteilungen der Zeilen- und Spaltenvariablen berechnen. Wir wollen dies demonstrieren anhand eines mit der Prozedur FREQ berechneten Beispiels. Es geht um die im Abschnitt 10.2 aufgegriffene Frage, ob es einen statistischen Zusammenhang zwischen Geschlechtszugehörigkeit und der Einschätzung der Stellenaussichten nach dem Studium gibt. Der visuellen Inspektion nach — so haben wir gefolgert — könnte es einen schwachen Zusammenhang geben.

Wir stellen die folgenden Anweisungen zusammen:

```
PROC FREQ DATA=STUDANF;
     TABLES GESCHL * AUSSICHT /
            NOROW NOCOL NOPERCENT EXPECTED DEVIATION CELLCHI2;
     RUN;
```

Nach Ausführung dieses Programms wird eine Tabelle ausgegeben, die — in Abweichung von der Standardtabelle (Abbildung 10.1) — keine Reihen- (NOROW), Zeilen- (NOCOL) und Gesamtprozentzahlen (NOPERCENT) enthält. Stattdessen sind zusätzlich zu den Zellenhäufigkeiten die erwarteten Zellenbesetzungen unter der Annahme der statistischen Unabhängigkeit (EXPECTED), die Differenz von beobachteten und erwarteten Zellenhäufigkeiten (DEVIATION) und der absolute Anteil jeder Zelle an der gesamten Größe des Chi-Quadrat-Wertes (CELLCHI2) ausgegeben (Abbildung 10.12).

Die in jede Tabellenzelle eingetragenen Werte bedeuten der Reihe nach: Häufigkeit (FREQUENCY), Erwartungswert (EXPECTED), Differenz von Häufigkeit und Erwartungswert (DEVIATION) und Chi-Quadrat-Wert der Tabellenzelle (CELLCHI2) — vergleiche die Angaben in der Tabelle oberhalb der Zeilenbeschriftung.

---

[10]Wie wir später sehen werden gibt es weitere Chi-Quadrat-Definitionen.

```
TABLE OF GESCHL BY AUSSICHT

GESCHL (GESCHLECHT)        AUSSICHT

FREQUENCY|
EXPECTED |
DEVIATION|
CELL CHI2|SEHR GUT|GUT     |NICHT   |SCHLECHT|
         |        |        |GUT     |        |  TOTAL
---------+--------+--------+--------+--------+
M        |     12 |     95 |     84 |     13 |   204
         |    8.4 |   82.7 |   92.2 |   20.7 |
         |    3.6 |   12.3 |   -8.2 |   -7.7 |
         |1.56003 | 1.8237 |.732547 |2.85182 |
---------+--------+--------+--------+--------+
F        |      3 |     53 |     81 |     24 |   161
         |    6.6 |   65.3 |   72.8 |   16.3 |
         |   -3.6 |  -12.3 |    8.2 |    7.7 |
         |1.97669 |2.31077 |.928196 |3.61348 |
---------+--------+--------+--------+--------+
TOTAL          15      148      165       37     365
FREQUENCY MISSING = 25
```

Abbildung 10.12: Kreuztabelle für χ^2-Statistik

Der Erwartungswert einer Zelle wird berechnet, indem das Produkt der Summe
der entsprechenden Zeilenhäufigkeiten und Spaltenhäufigkeiten durch die Gesamt-
summe der Zellenhäufigkeiten dividiert wird. Der Erwartungswert der ersten Zelle
der obigen Tabelle ist folglich das Ergebnis von:

$$\frac{204 * 15}{365}$$

Da der Chi-Quadrat-Wert einer Zelle nach der Formel

$$\frac{(Beobachtungswert - Erwartungswert)^2}{Erwartungswert}$$

berechnet wird, ergibt sich zum Beispiel der Chi-Quadrat-Wert der ersten Tabellenzelle als Ergebnis von

$$\frac{(12 - 8.4)^2}{8.4}$$

Für die gesamte Tabelle errechnet sich das Chi-Quadrat aus der Summe der einzelnen Zellen-Chi-Quadrat-Werte.

Mit den Anweisungen

```
PROC FREQ; TABLES GESCHL * AUSSICHT / NOPRINT CHISQ;
RUN;
```

läßt sich zu der oben abgedruckten Tabelle die Chi-Qadrat-Statistik, wie sie nach
dem zuvor gezeigten Verfahren berechnet wird, ausgeben. Zusätzlich erhalten

wir noch zwei weitere Chi-Quadrat-Werte, denen andere Berechnungsverfahren zugrunde liegen und drei Assoziationskoeffizienten, die unter Verwendung des Chi-Quadrat-Wertes berechnet worden sind (Abbildung 10.13):

```
STATISTICS FOR TABLE OF GESCHL BY AUSSICHT


STATISTIC                              DF      VALUE       PROB
--------------------------------------------------------------
CHI-SQUARE                             3      15.797      0.001
LIKELIHOOD RATIO CHI-SQUARE            3      16.164      0.001
MANTEL-HAENSZEL CHI-SQUARE             1      15.701      0.000
PHI                                           0.208
CONTINGENCY COEFFICIENT                       0.204
CRAMER'S V                                    0.208


EFFECTIVE SAMPLE SIZE = 365
FREQUENCY MISSING = 25
```

Abbildung 10.13: χ^2-Statistik (Option CHISQ)

Der mit "CHI-SQUARE" bezeichnete Wert wird — wie oben gezeigt — auf der Grundlage der *Differenzen von beobachteten und erwarteten Häufigkeiten* berechnet. Die "LIKELIHOOD RATIO CHI-SQUARE" genannte Statistik beruht dagegen auf dem *Logarithmus (ln) des Verhältnisses von beobachteten und erwarteten Häufigkeiten.* Beide Statistiken sagen etwas darüber aus, ob zwischen zwei Variablen ein (unspezifizierter) statistischer Zusammenhang besteht. Die dritte Chi-Quadrat-Statistik, benannt als "MANTEL-HAENZEL CHI-SQUARE" kann eine Aussage darüber abgeben, ob ein *linearer* Zusammenhang zwischen Zeilen- und Spaltenvariablen existiert, das heißt, ob beispielsweise mit steigenden Werten einer Variablen tendenziell steigende oder fallende Werte der anderen Variablen einhergehen.[11]

Der Chi-Quadrat-Wert kann je nach Tabellengröße und Anzahl der Beobachtungen schwanken, so daß er kaum geeignet ist, vergleichbare Aussagen über die Stärke eines Zusammenhangs zu machen. Für diese Zwecke können die drei weiteren in der Abbildung 10.13 ausgedruckten Statistiken[12] herangezogen werden. Alle drei Koeffizienten stellen das Ergebnis von Versuchen dar, einen vergleichbaren, standardisierten Wert unter Verwendung von Chi-Quadrat zu entwickeln. Der PHI-Koeffizient eignet sich insbesondere für 2X2-Tabellen, also Tabellen mit Variablen, die nur zwei Merkmalsausprägungen haben. PHI kann Werte von −1 bis +1 annehmen. Er wird Null, wenn statistische Unabhängigkeit gegeben ist. Je stärker der Zusammenhang ist, desto mehr nähert sich der Wert von PHI +1 oder −1.[13]

---

[11] Die Interpretation dieser Werte hat nur Sinn, wenn die Variablen ordinal- oder intervallskaliert sind.

[12] Die Formeln dieser Koeffizienten können statistischen Lehrbüchern entnommen werden, zum Beispiel: H. Benninghaus, Deskriptive Statistik, Stuttgart 1974 (Teubner).

[13] Ob PHI positiv oder negativ ist, hängt von der Struktur der Zellenbesetzungen ab. Liegen zum Beispiel alle Werte in den Diagonalzellen links oben und rechts unten, so ist PHI=+1. Wenn dagegen alle Werte in den Diagonalzellen links unten und rechts oben liegen, ist PHI=−1.

CRAMER'S V kann ebenfalls Werte von −1 bis +1 annehmen. Er eignet sich für größere als 2X2-Tabellen.

Der Kontingenz-Koeffizient (CONTINGENCY COEFFICIENT) kann dagegen nur Werte zwischen 0 und 1 annehmen. Auch hier bedeutet der Wert 0 das Vorliegen statistischer Unabhängigkeit. Das Maximum kann aber — abhängig von der Zahl der Zeilen und Spalten einer Tabelle — unter 1 liegen, so daß es geraten erscheint, diesen Koeffizienten — wenn überhaupt — nur dann einzusetzen, wenn man Tabellen mit gleicher Zeilen- und Spaltenzahl vergleichen will.

In unserem Beispiel haben alle drei Assoziationskoeffizienten einen Wert, der etwas höher als 0.2 ist. Damit ist ein schwacher statistischer Zusammenhang zwischen "Geschlechtszugehörigkeit" und der "subjektiven Einschätzung der Stellenaussichten nach dem Studium" zu belegen.

Signifikanz des Zusammenhangs

Die beschriebenen Koeffizienten lassen Aussagen über Stärke oder Schwäche eines Zusammenhangs zweier Merkmale zu. Diese Aussagen haben aber zunächst nur Gültigkeit für die Gesamtheit der Personen, die sich an der Untersuchung beteiligt haben. Wir können uns jetzt die Frage stellen, ob die Aussagen, die wir mit den statistischen Maßzahlen über Merkmalsbeziehungen machen, auch für die Grundgesamtheit gilt, zu der die Befragten definitionsgemäß zu zählen sind. Vorausgesetzt, daß die Daten einer Untersuchung das Resultat einer echten Zufallsstichprobe[14] sind, läßt sich statistisch entscheiden, ob festgestellte Zusammenhänge allein auf zufällige Zusammensetzungen der Untersuchungsgesamtheit zurückzuführen sind, oder ob sie *signifikante* (bedeutsame) Zusammenhänge der Merkmale in der Grundgesamtheit widerspiegeln. Die ausgegebene Tabelle (Abbildung 10.13) mit der Chi-Quadrat-Statistik enthält eine Spalte, die mit "PROB" (Probability) überschrieben ist und angibt, wie groß die Wahrscheinlichkeit ist, daß ein Chi-Quadrat-Wert in der ausgegebenen Größe bzw. ein noch größerer Wert unter der Voraussetzung der Nullhypothese "Es gibt keinen Zusammenhang in der Grundgesamtheit" ermittelt wird. Diese Wahrscheinlichkeit wird als Signifikanzniveau oder Irrtumswahrscheinlichkeit bezeichnet.

Bei der Prüfung der statistischen Unabhängigkeit von Geschlechtszugehörigkeit und Einschätzung der Stellenaussichten ist für den errechneten Chi-Quadrat-Wert in Höhe von 15.797 ein Signifikanzniveau von 0.001 errechnet worden, so daß die Nullhypothese bei einem vorgegebenen Testniveau von z.B. 5% nicht gestützt wird.

Maße der proportionalen Fehlerreduktion (PRE-Maße)

Koeffizienten der proportionalen Fehlerreduktion basieren auf einem statistischen Modell, das es erlaubt, den Koeffizienten inhaltlich zu interpretieren. Folgende Modellvorstellungen liegen der Berechnung von PRE-Maßen zugrunde: Soll die Verteilung einer nominalskalierten Variablen charakterisiert werden, ist der Modalwert

---

[14]Siehe dazu zum Beispiel F. Boeltken, Auswahlverfahren, Stuttgart 1976 (Teubner).

der Verteilung (der Wert, der am häufigsten vorkommt) der geeignete. Dies wäre z.B. für die Variable AUSSICHT die Merkmalsausprägung "nicht gut", die 165 mal genannt worden ist (siehe Tabelle in Abbildung 10.12). Diese Charakterisierung stimmt aber nur für die 165 Studienanfänger, die entsprechend geantwortet haben. Für die anderen 200 (365-165) ist diese Antwort falsch. Wir machen also, wenn wir die am häufigsten gegebene Antwort verallgemeinern, einen Fehler in der Größenordnung von 200. Jetzt fragen wir uns, wie groß die Reduktion des Fehlers ist, wenn wir wissen, wie Studenten und Studentinnen jeweils die Frage nach den Stellenaussichten beantwortet haben. Wir schauen uns die Verteilungen der Antworten auf die Frage nach den Stellenaussichten für männliche und weibliche Studierende getrennt an und können, indem wir die jeweiligen Modalwerte heraussuchen, verallgemeinernd sagen: Studenten schätzen ihre Stellenaussichten nach dem Studium "gut" ein, Studentinnen dagegen "nicht gut". Bei den Studenten haben wir die Charakterisierung in 95 Fällen richtig gemacht (Modalwert Studenten) und in 109 Fällen (204-95) falsch. Bei den Studentinnen lagen wir in 81 Fällen richtig (Modalwert Studentinnen) und in 80 Fällen (161-81) falsch. Summieren wir die als "falsch" gekennzeichneten Fälle, so erhalten wir den Wert von 189. Gegenüber 200 falschen Charakterisierungen ohne Kenntnis der bedingten Verteilungen für Studenten und Studentinnen erreichen wir eine Verbesserung von 11 Punkten. Bezogen auf die ursprünglichen 200 Fehler errechnet sich die Verbesserung auf 5,5 %.[15] Je größer dieser Wert ist, desto deutlicher unterscheiden sich die Verteilungen der Variablen AUSSICHT der Männer und der Frauen von der Gesamtverteilung.

Wir wollen jetzt die Frage diskutieren, ob und inwieweit eine Berufstätigkeit vor dem Studium die Einschätzung der Stellenaussichten nach dem Studium tangiert. Dazu lassen wir folgendes Programm ausführen:

```
DATA STUDANF;
     INFILE DATEN;
     INPUT #1 AUSBILD 17 #2 AUSSICHT 24;
PROC FREQ;
     TABLES AUSBILD * AUSSICHT / NOPRINT MEASURES;
RUN;
```

Mit der TABLES-Option "MEASURES" erhalten wir die PRE-Maße "LAMBDA" und "UNCERTAINTY COEFFICIENT" (Abbildung 10.14).[16]

LAMBDA ist ein Maß, das in der zuvor ausgeführten Weise zu interpretieren ist. Der "UNCERTAINTY COEFFICIENT" ist ein ähnlich wie "LAMBDA" zu interpretierendes Maß, das nicht nur den Modalwert, sondern die gesamte Verteilung des als abhängig definierten Merkmals berücksichtigt.[17]

---

[15] Die hier beispielhaft vorgeführte Rechnung gilt für den Koeffizienten Lambda (asymmetrisch), bei dem die Spaltenvariable als abhängig von der Zeilenvariablen angesehen wird.

[16] Die anderen außerdem ausgegebenen Koeffizienten werden in den folgenden Abschnitten erläutert.

[17] Zur Beschreibung verweisen wir auf das Buch von L.A. Goodman und W.H. Kruskal, Measures of Association for Cross Classification, New York 1979 (Springer).

```
STATISTICS FOR TABLE OF AUSBILD BY AUSSICHT


STATISTIC                            VALUE        ASE
-----------------------------------------------------
GAMMA                                0.017        0.082
KENDALL'S TAU-B                      0.010        0.048
STUART'S TAU-C                       0.009        0.042

SOMERS' D C|R                        0.010        0.051
SOMERS' D R|C                        0.009        0.045

PEARSON CORRELATION                 -0.015        0.052
SPEARMAN CORRELATION                 0.011        0.052

LAMBDA ASYMMETRIC C|R                0.039        0.055
LAMBDA ASYMMETRIC R|C                0.000        0.000
LAMBDA SYMMETRIC                     0.021        0.030

UNCERTAINTY COEFFICIENT C|R          0.007        0.005
UNCERTAINTY COEFFICIENT R|C          0.009        0.006
UNCERTAINTY COEFFICIENT SYM          0.008        0.006

EFFECTIVE SAMPLE SIZE = 372
FREQUENCY MISSING = 18

ASE IS THE ASYMPTOTIC STANDARD ERROR.
R|C MEANS ROW VARIABLE DEPENDENT ON COLUMN VARIABLE.
```

Abbildung 10.14: Assoziationsmaße (Option MEASURES)

In der Tabelle erscheinen für "LAMBDA" drei Werte, zwei als asymmetrisch bezeichnete und ein symmetrischer. Diese Differenzierung bezieht sich auf eine inhaltliche Interpretation der Koeffizienten in der folgenden Weise: Wenn die Zeilenvariable "C" (im Beispiel AUSBILD) als eine abhängige der Spaltenvariablen "R" (im Beispiel AUSSICHT) interpretiert wird, ist für eine Beurteilung des Zusammenhangs beider Variablen der Koeffizient "LAMBDA ASYMMETRIC C|R" heranzuziehen. Da es offensichtlich wenig sinnvoll ist, die Berufsausbildung vor dem Studium als abhängig von der subjektiven Einschätzung der Stellenaussichten anzusehen, ist eher der Koeffizient "LAMBDA ASYMMETRIC R|C", der in Umkehrung zu interpretieren ist, geeigneter. Wenn wir annehmen, daß die Einschätzung der Stellenaussichten davon abhängt, ob jemand vor dem Studium bereits berufstätig war oder nicht, können wir den asymmetrischen (R|C) Koeffizienten zur Beurteilung eines Zusammenhangs heranziehen. "LAMBDA SYMMETRIC" ist zu verwenden, wenn ein nicht näher charakterisierter Zusammenhang zwischen zwei Variablen geprüft werden soll.

Der Wert von "LAMBDA ASYMMETRIC R|C", den wir jetzt zur Beantwortung unserer Auswertungsfrage heranziehen wollen, ist kleiner als 10^{-3}. Die zusätzliche Information über eine Berufsausbildung vor dem Studium bringt eine verschwindend geringe Reduktion der "Fehler" im oben beschriebenen Sinn in bezug auf die Variable AUSSICHT. Oder anders: Die subjektive Einschätzung der Stellenaussichten hängt nicht davon ab, ob jemand bereits vor Studienbeginn eine Berufsausbildung begonnen oder abgeschlossen hat.

10.3.2   Assoziationsmaße für ordinale Variablen

Beziehen wir bei der statistischen Datenanalyse ordinalskalierte Merkmale ein, so können wir hierzu spezifische Assoziationskoeffizienten ermitteln und diskutieren. Bei diesen Koeffizienten wird die Zahl der sogenannten *konkordanten* (gleichgerichteten) und *diskordanten* (entgegengesetzt gerichteten) Paare von Merkmalsträgern ins Verhältnis gesetzt.

Wir wollen dies an einem Beispiel erklären. Wir vergleichen zwei Personen aus unserer Untersuchung hinsichtlich der Antworten auf die Frage nach den Stellenaussichten (AUSSICHT) und stellen fest, daß Person A "sehr gut" geantwortet hat und Person B "nicht gut". Es läßt sich dann sagen, daß Person A die Stellenaussichten günstiger einschätzt als Person B. Betrachten wir von denselben Personen die Antworten auf die Frage nach der Informiertheit über Arbeitsmarktprobleme (KENNTNIS) und stellen fest, daß Person A sich als "gut informiert" und Person B sich als "sehr schlecht informiert" einschätzt, können wir sagen, daß Person A sich für besser informiert hält als Person B. Beide Personen haben mit ihren Antworten auf die beiden Fragen Zuordnungen zu zwei Ordinalskalen vorgenommen. Im Falle der Personen A und B ist die Zuordnung bei beiden Merkmalen gleichgerichtet. Wenn wir uns erinnern, daß den verbalen Antworten Rangziffern zugeordnet sind, läßt sich der oben angestellte Vergleich schematisch wie folgt darstellen:

Stellenaussichten: Person A < Person B
                      ("<" bedeutet: günstiger als)
Informiertheit: Person A < Person B
                      ("<" bedeutet: besser als)

In diesem Fall bilden die Personen A und B ein konkordantes Paar.

In einem anderen Fall stellen wir beispielsweise folgende Relationen zwischen zwei Personen im Hinblick auf die genannten Merkmale fest:

Stellenaussichten: Person A < Person C
                      ("<" bedeutet: günstiger als)
Informiertheit: Person A > Person C
                      (">" bedeutet: schlechter als)

In diesem Fall antworten die beiden Personen gegensinnig — sie bilden somit ein diskordantes Paar.

Diese hier exemplarisch vorgeführten Vergleiche jeweils zweier Personen, die an der Untersuchung teilgenommen haben (allgemein: Merkmalsträger oder Untersuchungseinheiten), lassen sich für den gesamten Datensatz durchführen.[18] Es ist dann die Anzahl der konkordanten und die Anzahl der diskordanten Beziehungen zu ermitteln. Überwiegen die Konkordanzen, wird von einem *positiven* Zusammen-

---

[18]Insgesamt sind $\frac{n(n-1)}{2}$ sogenannte Paarbeziehungen zu bilden, sofern "n" die Gesamtzahl der Untersuchungseinheiten beschreibt.

hang gesprochen. (Die Differenz aus der Anzahl der Konkordanzen und Diskordanzen ist positiv). Überwiegen aber die gegengerichteten Beziehungen, also die Diskordanzen, wird von einem *negativen* Zusammenhang gesprochen. Setzen wir jetzt die Differenz von Konkordanzen und Diskordanzen in bezug zur Summe aller Konkordanzen und Diskordanzen, erhalten wir ein Maß für den statistischen Zusammenhang zweier ordinalskalierter Variablen. Dieses Maß wird mit "Gamma" bezeichnet. Es berücksichtigt nicht die häufig auftretenden Fälle, daß in bezug auf eine oder beide Fragen die zu vergleichenden Merkmalsträger dieselbe Antwort geben, wie zum Beispiel in folgender Situation:

Stellenaussichten: Person B = Person C
                       ("=" bedeutet: gleiche Antwort)
Informiertheit: Person B < Person C
                       ("<" bedeutet: besser als)

oder im Fall der Übereinstimmung der Antworten auf beide Fragen:

Stellenaussichten: Person A = Person D
                       ("=" bedeutet: gleiche Antwort)
Informiertheit: Person A = Person D
                       ("=" bedeutet: gleiche Antwort)

Übereinstimmungen bei Paarvergleichen werden als *Bindungen* (engl.: ties) bezeichnet.

Wir lassen uns mit folgenden Programmzeilen die vom SAS-System abrufbaren Maßzahlen für den Zusammenhang der Variablen AUSSICHT und KENNTNIS ausgeben:

```
DATA STUDANF;
    INFILE DATEN;
    INPUT #2 AUSSICHT 24 KENNTNIS 27;
PROC FREQ;
    TABLES AUSSICHT * KENNTNIS / NOPRINT MEASURES;
RUN;
```

Die Ausführung dieses Programms liefert eine tabellarische Darstellung der Maßzahlen, denen Angaben über die Fallzahl und die Anzahl der fehlenden Werte folgen (Abbildung 10.15).

Die ersten fünf der in der Tabelle aufgelisteten Koeffizienten sind Maße ordinaler Assoziation, die auf dem Verhältnis von konkordanten und diskordanten Personen/Variablen-Beziehungen basieren. Sie können Werte von −1 bis +1 annehmen, wobei die negativen Werte einen überwiegend gegengerichteten Zusammenhang indizieren und positive Werte einen gleichgerichteten. Ist der Wert des Koeffizienten Null, ist kein Zusammenhang zwischen den Variablen zu beobachten.

Die Vorschrift für die Berechnung des Koeffizienten "GAMMA" ist bereits oben vorgestellt worden. GAMMA berücksichtigt keine Bindungen. Die vier anderen Koeffizienten beziehen dagegen Bindungen in unterschiedlicher Weise ein.

```
STATISTICS FOR TABLE OF AUSSICHT BY KENNTNIS


STATISTIC                          VALUE        ASE
---------------------------------------------------------
GAMMA                              0.078        0.091
KENDALL'S TAU-B                   0.042        0.049
STUART'S TAU-C                    0.030        0.035

SOMERS' D C|R                     0.037        0.043
SOMERS' D R|C                     0.049        0.057

PEARSON CORRELATION               0.066        0.055
SPEARMAN CORRELATION              0.046        0.053

LAMBDA ASYMMETRIC C|R             0.000        0.000
LAMBDA ASYMMETRIC R|C             0.024        0.020
LAMBDA SYMMETRIC                  0.015        0.013

UNCERTAINTY COEFFICIENT C¦R       0.024        0.013
UNCERTAINTY COEFFICIENT R|C       0.017        0.009
UNCERTAINTY COEFFICIENT SYM       0.020        0.011


EFFECTIVE SAMPLE SIZE = 371
FREQUENCY MISSING = 19

ASE IS THE ASYMPTOTIC STANDARD ERROR.
R|C MEANS ROW VARIABLE DEPENDENT ON COLUMN VARIABLE.
```

Abbildung 10.15: Assoziationsmaße (Option MEASURES)

Allen Koeffizienten ist aber gemein, daß die Differenz von Konkordanzen und Diskordanzen (Zähler) ins Verhältnis zu einer anderen Größe (Nenner) gesetzt wird. Letztere variiert von Koeffizient zu Koeffizient:

GAMMA	Nenner ist die Summe der Konkordanzen und Diskordanzen.
KENDAL'S TAU-B	Im Nenner wird u.a. die Zahl der Bindungen bei der Zeilen- und der Spaltenvariablen berücksichtigt. Im Falle von Bindungen wird TAU-B kleiner als GAMMA. Der Koeffizient ist für quadratische Tabellen zu verwenden.
STUART'S TAU-C	Im Nenner wird die Gesamtzahl der Bindungen und ein Korrekturfaktor für die Tabellengröße berücksichtigt. Dieser Koeffizient ist für Rechteckstabellen zu verwenden.
SOMERS' D C|R	Berücksichtigt im Nenner die Bindungen der als abhängig definierten Zeilenvariablen "C".
SOMERS' D R|C	Berücksichtigt im Nenner die Bindungen der als abhängig definierten Spaltenvariablen "R".

10.3.3   Die Berechnung von Korrelationskoeffizienten (CORR)

Der Rangkorrelationskoeffizient nach SPEARMAN

Außer den beschriebenen Koeffizienten ordinaler Assoziation, die auf dem Verhältnis konkordanter und diskordanter Personen/Variablen-Beziehungen basieren, gibt es einen Koeffizienten, der die Beziehung zweier *Rangreihen* nach Gleich- oder Gegengerichtetheit ausdrückt. Die Untersuchungseinheiten werden nach den Merkmalsausprägungen zweier ordinalskalierter Merkmale in zwei Rangreihen geordnet. Ihnen werden den Rangplätzen entsprechende Rangziffern zugewiesen und verglichen. Ein Maß, das über Gleich- oder Gegengerichtetheit der Rangreihen eine Aussage macht, ist der *Spearman'sche Rang-Korrelationskoeffizient "rho"*. Die Werte, die "rho" annehmen kann, reichen von −1 bis +1. Bei +1 verlaufen die Rangreihen gleichgerichtet. Es liegt ein totaler positiver statistischer Zusammenhang der zwei in die Betrachtung einbezogenen Merkmale vor. Ist der Wert −1, verlaufen die Rangreihen entgegengesetzt, und es liegt ein totaler negativer statistischer Zusammenhang vor. Im Fall von Bindungen bei einem Merkmal erhalten die betreffenden Untersuchungseinheiten einen mittleren Rangplatz zugewiesen.[19]

Wenn wir bei der Prozedur FREQ die Option MEASURES innerhalb der TABLES-Anweisung einsetzen, wird u.a. auch der Rangkorrelationskoeffizient "SPEARMAN CORRELATION" ausgegeben (siehe Abbildung 10.15). Um den Umfang der Ausgabe möglichst gering zu halten — besonders im Falle der Berechnung vieler Koeffizienten —, können wir die Prozedur CORR einsetzen.

Mit den Anweisungen

```
PROC CORR DATA=STUDANF SPEARMAN;
    VARIABLE ALTER;
    WITH      KENNTNIS;
RUN;
```

kann der Spearman'sche Rangkorrelationskoeffizient *rho* berechnet werden. Die Ausgabe im Output-Protokoll wird durch eine Reihe von statistischen Kennziffern eingeleitet[20] (Abbildung 10.16).

Der Wert von rho=−0.20 verweist auf einen gegengerichteten Verlauf der Rangreihen. Tendenziell fallen höhere Rangplätze in Bezug auf das Alter mit niedrigeren Rangplätzen in Bezug auf Aussagen zur Kenntnis des Arbeitsmarktes zusammen. Inhaltlich ausgedrückt heißt dies, daß sich Personen als umso besser informiert einschätzen, je älter sie sind. Der zweite Wert in der Korrelationstabelle (0.0001) kennzeichnet das Signifikanzniveau des Korrelationskoeffizienten. Er ist dahingehend zu interpretieren, daß der errechnete Koeffizient statistisch bedeutsam ist, in

---

[19]Ist die Anzahl der Bindungen sehr hoch, ist es angemessener, zur Interpretation der Stärke eines ordinalen Zusammenhangs, eines der zuvor vorgestellten Maße (z.B. Kendalls' tau b) zu verwenden.

[20]Diese Ausgabe kann durch Angabe der PROC CORR-Option "NOSIMPLE" unterdrückt werden.

```
VARIABLE        N       MEAN     STD DEV    MEDIAN     MINIMUM    MAXIMUM

ALTER          363   24.13223   4.822728   23.00000   19.00000   47.00000
KENNTNIS       380    2.22105   0.547076    2.00000    1.00000    4.00000


SPEARMAN CORRELATION COEFFICIENTS
/ PROB > |R| UNDER H0:RHO=0 / NUMBER OF OBSERVATIONS

             ALTER


KENNTNIS -0.20064
          0.0001
            353
```

Abbildung 10.16: Ausgabe der Prozedur CORR (Option SPEARMAN)

dem Sinne, daß die Annahme der statistischen Unabhängigkeit für die Grundgesamtheit nicht haltbar ist. Der dritte Wert (353) besagt, daß für die Berechnung 353 Untersuchungseinheiten einbezogen worden sind.

Der PEARSON'sche Korrelationskoeffizient

Ein Zusammenhangsmaß für intervallskalierte Variablen stellt der *Korrelationskoeffizient von PEARSON* — auch Produkt-Moment-Korrelation genannt — dar. Er kann ebenfalls Werte annehmen, die im Zahlenbereich von −1 bis +1 liegen. Hohe positive Werte drücken einen gleichgerichteten Zusammenhang zweier Variablen aus, hohe negative Werte einen gegengerichteten Zusammenhang. Ein Korrelationskoeffizient von Null besagt, daß kein statistischer Zusammenhang festzustellen ist. Es ist zu beachten, daß der PEARSON'sche Korrelationskoeffizient nur *lineare* Zusammenhänge identifizieren kann. Dies besagt, daß ein Modell einer linearen Funktion an die empirischen Daten angelegt wird. Eine weitere Bedingung für eine angemessene analytische Beurteilung des Koeffizienten ist, daß beide Variablen *normalverteilt* sind.

Der PEARSON'sche Korrelationskoeffizient ist, wie wir der Abbildung 10.15 entnehmen können, ein Teil der Ausgabe der FREQ-Prozedur mit der TABLES-Option MEASURES. Wollen wir nur diesen Koeffizienten berechnen und ausgeben lassen, so sollte die Prozedur CORR eingesetzt werden, beispielsweise mit folgenden Spezifikationen:[21]

```
PROC CORR DATA=STUDANF PEARSON NOSIMPLE;
      VARIABLE ALTER;
      WITH KENNTNIS;
RUN;
```

---

[21]Mangels einer zweiten intervallskalierten Variablen haben wir die ordinalskalierte Variable KENNTNIS für die Berechnung des Korrelationskoeffizienten herangezogen. Dies kann man dann vertreten, wenn die Abstände von einem Merkmalswert zum anderen als konstante Intervalle interpretiert werden können.

Mit der Option "PEARSON" fordern wir die Berechnung des PEARSON'schen
Korrelationskoeffizienten an. Da wir bereits bei der Ausgabe des Rangkorrelationskoeffizienten für die beiden Variablen ALTER und KENNTNIS die univariaten statistischen Kennwerte erhalten haben (Voreinstellung), unterdrücken wir in diesem
Fall mit der Angabe der Option NOSIMPLE eine erneute Ausgabe. Wir erhalten
das Ergebnis in Abbildung 10.17.

```
PEARSON CORRELATION COEFFICIENTS
/ PROB > |R| UNDER H0:RHO=0 / NUMBER OF OBSERVATIONS

              ALTER


KENNTNIS  -0.20200
           0.0001
              353
```

Abbildung 10.17: Ausgabe der Prozedur CORR (PEARSON und NOSIMPLE)

Der Wert des Korrelationskoeffizienten unterscheidet sich nur unwesentlich von dem
in Abbildung 10.16 ausgegebenen (eher angemessenen) Rangkorrelationskoeffizienten.

Die allgemeine Form der Prozedur CORR

Die allgemeine Form der Prozedur CORR mit einer Auswahl von Optionen lautet
wie folgt:

```
PROC CORR [ DATA=sas-dateiname-1 ] [ PEARSON ] [ SPEARMAN ]
          [ RANK ] [ NOSIMPLE ] [ NOPRINT ] [ NOMISS ]
          [ OUTP=sas-dateiname-2 ] [ OUTS=sas-dateiname-3 ]   ;
   [ VARIABLES varliste-1 ; ]
   [ WITH varliste-2 ; ]
   [ WEIGHT varname-1 ; ]
   [ FREQ varname-2 ; ]
```

Die Anweisung "PROC CORR" ohne weitere Spezifikationen bewirkt die Berechnung des Pearson'schen Korrelationskoeffizienten, der zugehörigen Signifikanzniveaus sowie von univariaten statistischen Kennwerten für alle numerischen Variablen der zuletzt gebildeten SAS-Datei.

Optionen zur PROC CORR-Anweisung

DATA=sas-dateiname	Angabe einer SAS-Datei für die Datenanalyse. Voreinstellung: zuletzt gebildete Datei.
PEARSON	Berechnung des Pearson'schen Korrelationskoeffizienten.
SPEARMAN	Berechnung des Rang-Korrelationskoeffizienten nach Spearman.
RANK	Die Ausgabe der Korrelationskoeffizienten erfolgt sortiert nach deren Größe.
NOSIMPLE	Univariate statistische Kennwerte werden nicht ausgegeben.
NOPRINT	Unterdrückung der Ausgabe der Korrelationskoeffizienten.
NOMISS	Ausschluß aller Beobachtungen, bei denen bei mindestens einer für die Analyse spezifizierten Variablen ein fehlender Wert auftritt. Voreinstellung: paarweiser Ausschluß von Beobachtungen beim Auftreten fehlender Werte.
OUTP=sas-dateiname	Ausgabe des Pearson'schen Korrelationskoeffizienten, des Mittelwertes (MEAN), der Standardabweichung (STD) und der Anzahl der Fälle (N) in eine spezifizierte SAS-Datei.
OUTS=sas-dateiname	wie oben, jedoch mit der Ausgabe der Rangkorrelationskoeffizienten nach Spearman.

Die VARIABLES- und WITH-Anweisungen

In der *VARIABLES-Anweisung* werden die Variablen für die Korrelationsanlyse spezifiziert. Wenn keine *WITH-Anweisung* eingesetzt wird, werden Korrelationen von allen möglichen Kombinationen von Variablenpaaren in einer quadratischen Korrelationsmatrix ausgegeben. Bestimmte Kombinationen von Variablen können mit der zusätzlichen Angabe einer WITH-Anweisung spezifiziert werden. Die in der VARIABLES- Anweisung genannten Variablen bilden die Spalten der Korrelationsmatrix und die WITH-Variablen die Zeilen.

Die WEIGHT- und FREQ-Anweisung

Mit der Angabe der *WEIGHT-Anweisung* ist es möglich, gewichtete Korrelationskoeffzienten berechnen zu lassen. Die Anzahl der Beobachtungen (N) verändert sich nicht. Dies passiert jedoch bei der Angabe der *FREQ-Anweisung*. Jede Beobachtung wird so oft gezählt, wie der jeweilige Wert der FREQ-Variablen angibt.

10.4 Aggregation von Daten (SUMMARY)

Die *Prozedur SUMMARY* ist einzusetzen, wenn wir für einzelne Satzgruppen Aggregationen numerischer Variablen vornehmen lassen wollen. Die Aggregation kann in Form eines deskriptiven Kennwertes erfolgen, wie in Abschnitt 9.3 (UNIVARIATE, MEANS) gezeigt wurde.

Wir wollen für Subgruppen, die wir aus der Kombination der Merkmalsausprägungen von "Geschlecht" und "Familienstand" ermitteln können, jeweils das Durchschnittsalter berechnen und in eine SAS-Datei ausgeben lassen.

Folgende SAS-Programmzeilen sind zu schreiben:

```
PROC FORMAT;
     VALUE GESCHF 1='MANN' 2='FRAU';
     VALUE FAMILF 1='LEDIG' 2='FEST GEBUNDEN'
                  3='VERHEIRATET' 4='GESCHIEDEN';
DATA STUDANF;
     INFILE DATEN;
     INPUT #1 GESCHL 5 GEBJAHR 6-7 FAMSTAND 8 #2 ;
     ALTER=79-GEBJAHR;
     FORMAT GESCHL GESCHF. FAMSTAND FAMILF.;
PROC SUMMARY DATA=STUDANF;
     CLASSES GESCHL FAMSTAND;
     VARIABLES ALTER;
     OUTPUT OUT=MITTEL MEAN=M_ALTER;
RUN;
```

Die SUMMARY-Prozedur beginnt mit der Anweisung "PROC SUMMARY". Mit den Variablen der *CLASSES-Anweisung* werden die Merkmale der Satzgruppen festgelegt. Die Gesamtheit der Studienanfänger wird zum einen nach dem Merkmal "Geschlecht" in die Gruppen der "Männer" und "Frauen" aufgeteilt und zum anderen innerhalb jeder Geschlechtsgruppe in "Ledige", "Fest Gebundene", "Verheiratete" und "Geschiedene". Die Datensätze werden also in maximal acht Satzgruppen gegliedert. Mit der *VARIABLES-Anweisung* werden Analysevariablen spezifiziert. Die Werte dieser Variablen werden nach einem in der OUTPUT-Anweisung festzulegenden statistischen Verfahren für die definierten Gruppen aggregiert.

Mit der *OUTPUT-Anweisung* wird zum einen der Name der Ausgabe-Datei festgelegt (OUT=MITTEL) und zum anderen das statistische Verfahren der Aggregation (statistische Kennziffern) nebst einem Variablennamen für die neue Variable mit den aggregierten Werten. "OUT=MITTEL MEAN=M_ALTER" bedeutet, daß das arithmetische Mittel der Analysevariablen unter dem Namen "M_ALTER" in der SAS-Datei "MITTEL" abgelegt wird.

Mit dem nachfolgenden Prozedur-Step

```
PROC PRINT DATA=MITTEL;
RUN;
```

können wir uns den Inhalt der Datei "MITTEL" in das Output-Protokoll schreiben lassen (Abbildung 10.18).

```
OBS GESCHL    FAMSTAND     _TYPE_ _FREQ_ M_ALTER

  1    .                .      0    374  24.2051
  2    .      LEDIG             1    274  22.7868
  3    .      FEST GEBUNDEN     1     32  24.0000
  4    .      VERHEIRATET       1     53  29.9200
  5    .      GESCHIEDEN        1     15  30.3571
  6   MANN                 .    2    211  23.6634
  7   FRAU                 .    2    163  24.9396
  8   MANN    LEDIG             3    171  22.9141
  9   MANN    FEST GEBUNDEN     3     17  25.2500
 10   MANN    VERHEIRATET       3     21  28.0476
 11   MANN    GESCHIEDEN        3      2  26.0000
 12   FRAU    LEDIG             3    103  22.5684
 13   FRAU    FEST GEBUNDEN     3     15  22.4615
 14   FRAU    VERHEIRATET       3     32  31.2759
 15   FRAU    GESCHIEDEN        3     13  31.0833
```

Abbildung 10.18: Ergebnisse der SUMMARY-Prozedur – PROC PRINT-Ausgabe

Die Tabelle enthält sechs mit Namen überschriebene Kolumnen. Es sind dies die fünf Namen der Variablen innerhalb der Datei "MITTEL" und die Bezeichnung der Satznumerierung "OBS", die nur im Protokoll erscheint.[22] Drei Variablennamen haben wir im DATA-Step bzw. in der OUTPUT-Anweisung festgelegt (GESCHL, FAMSTAND, M_ALTER), die anderen zwei Variablennamen werden vom System bereitgestellt (_TYPE_ , _FREQ_). Die Werte von "_TYPE_" sind in Verbindung mit den Ausprägungen der CLASSES-Variablen "GESCHL" und "FAMSTAND" zu interpretieren. Sie bezeichnen jeweils ein anderes Aggregationsniveau, auf das sich die Werte von "M_ALTER" beziehen. Der Wert _TYPE_=0 identifiziert die undifferenzierte Gesamtheit aller gültigen Fälle der Datei STUDANF. Der Wert von M_ALTER ist der Altersdurchschnitt der Gesamtheit derjenigen, die an der Befragung teilgenommen und auf die Frage nach dem Geburtsjahr geantwortet haben. Der Wert von _TYPE_=1 differenziert den Altersdurchschnitt nach den Merkmalsausprägungen der Variablen FAMSTAND. Der Wert _TYPE_=2 zeigt dagegen die Mittelwerte des Alters differenziert nach Männern und Frauen. Die Zeilen, bei denen der Wert von _TYPE_ gleich 3 ist, repräsentieren die acht Satzgruppen, die aus der Kombination der Merkmalsausprägungen der Variablen "Geschlecht" und "Familienstand" gebildet werden. Jeder Satzgruppe ist der entsprechende Altersmittelwert zugeordnet. Die Werte der Variablen _FREQ_ geben die Anzahl der Untersuchungseinheiten an, die zu jeder Satzgruppe gehören.

Die allgemeine Form der Prozedur SUMMARY

Die allgemeine Form der *Prozedur SUMMARY* stellt sich wie folgt dar:

---

[22]Die systeminterne Variable, die die Satznumerierung enthält, lautet "_N_".

```
PROC SUMMARY [ DATA=sas-dateiname-1 ] [ MISSING ] [ NWAY ] ;
[ CLASSES varliste-1 ; ]
[ VARIABLES varliste-2 ; ]
  OUTPUT OUT=sas-dateiname-2
  statistikname-1[(varliste-3)]=[varname-1] [varname-2]...
  [statistikname-2[(varliste-4)]=[varname-3] [varname-4]...]... ;
```

Mit der Option "DATA=sas-dateiname" kann gezielt die Auswertung einer bestimmten SAS-Datei vorgenommen werden. "MISSING" bewirkt, daß fehlende Werte in CLASSES-Variablen als gültige Aggregationsniveaus betrachtet werden. Mit der Angabe der Option "NWAY" werden nur die Sätze mit den höchsten _TYPE_-Werten in die Ausgabe-Datei übernommen. Nach der Voreinstellung werden die Daten für alle möglichen Aggregationsniveaus, die sich aus den CLASSES-Variablen konstruieren lassen, ausgegeben (siehe abgedruckte SUMMARY-Ausgabe im o.a. PRINT-Protokoll)

Mit der CLASSES-Anweisung werden Variablen, mit denen Satzgruppen gebildet werden, spezifiziert. Fehlt die CLASSES-Anweisung, werden die Daten auf die Gesamtheit der Untersuchungseinheiten einer Datei aggregiert.

In der VARIABLES-Anweisung können eine oder mehrere numerische Variablen aufgelistet werden, deren Werte nach einem anzugebenen statistischen Verfahren für die definierten Satzgruppen zusammengefaßt werden sollen. Fehlt die VARIABLES-Anweisung, beinhaltet die SUMMARY-Ausgabe-Datei nur die Klassifikationsvariablen und die Systemvariablen "_TYPE_" und "_FREQ_".

Die OUT-Option der OUTPUT-Anweisung legt den Dateinamen für die Ausgabe-Datei fest. "statistikname" ist ein Platzhalter für folgende, aus der Beschreibung anderer Prozeduren bereits bekannter Schlüsselwörter (siehe Abschnitt 9.3): N, NMISS, MEAN, STD, MIN, MAX, RANGE, SUM, VAR, USS, CSS, CV, STDERR, T, PRT, SUMWGT.

Die Angabe einer Spezifikation kann auf vier Arten erfolgen:

1. statistikname =

Wenn der statistische Kennwert mit dem Gleichheitszeichen und ohne weitere Spezifikation geschrieben wird (z.B. MEAN=), erhalten die errechneten Werte in der Ausgabe-Datei denselben Variablennamen wie die korrespondierende Analysevariable der Eingabe-Datei, der in der VARIABLES-Anweisung aufgeführt ist. Diese Art der Spezifikation kann auch eingesetzt werden, wenn statistische Kennwerte für *alle* in der VARIABLES-Anweisung spezifizierten Variablen berechnet werden sollen.

2. statistikname(analysevar-1 [analysevar-2] ...) =

Aus der Liste der Analysevariablen, die in der VARIABLES-Anweisung angegeben sind, können eine oder mehrere Variable gezielt ausgewählt werden (z.B. MEAN(ALTER)=). Die errechneten Werte erhalten in der Ausgabe-Datei denselben Variablennamen wie die korrespondierenden Analysevariablen der Eingabe-

Datei.

3. statistikname = varname-1 [varname-2] ...

Den ausgegebenen Werten können explizit Variablennamen zugewiesen werden, die sich von den Namen der Analysevariablen unterscheiden (z.B. MEAN=M_ALTER).

4. statistikname(analysevar-3 [analysevar-4] ...) = varname-3 [varname-4] ...

Aus der Liste der Analysevariablen können eine oder mehrere Variable gezielt ausgewählt werden. Die berechneten Werte können in der Ausgabe-Datei einen anderen Namen als die korrespondierenden Analysevariablen der Eingabe-Datei erhalten.

Die Behandlung fehlender Werte

Treten in CLASSES-Variablen Werte auf, die als fehlend definiert worden sind, werden die entsprechenden Untersuchungseinheiten von der Analyse ausgeschlossen, solange nicht die MISSING-Option eingesetzt ist.

Im Falle des Auftretens von "fehlenden Werten" bei mindestens einer Analysevariablen wird die gesamte Untersuchungseinheit aus der Bearbeitung der Prozedur SUMMARY ausgeschlossen, auch wenn bei anderen Analysevariablen kein "fehlender Wert" vorliegt.

10.5 Lineare Einfachregression (REG)

Die Methode der Regressionsanalyse wird eingesetzt, um den linearen Zusammenhang zweier intervallskalierter Variablen zu beschreiben.[23] Dabei wird vorausgesetzt, daß einer Variablen der Einfluß auf eine andere zugeschrieben wird. Aus diesem Grunde wird auch von unabhängigen und abhängigen Variablen gesprochen. Die *lineare Einfachregression* beschreibt den Zusammenhang zweier Variablen als lineare Funktion (Regressionsfunktion), die sich graphisch als Gerade (Regressionsgerade) darstellen läßt (siehe Abschnitt "Die Regressionsgerade"). Ferner wird der Grad der Anpassung der empirischen Daten an das berechnete Regressionsmodell beschrieben (siehe Abschnitt "Grad der Anpassung"). Eine schlechte Anpassung kann in einem fehlenden Zusammenhang begründet sein oder darin, daß die angenommene Linearität des Zusammenhangs nicht angemessen ist.

Das Streudiagramm

Der Grundgedanke der Regressionsanalyse kann anhand eines Streudiagramms dargestellt werden. Ein *Streudiagramm* stellt die gemeinsame Verteilung der unabhängigen Variablen (hier "X" genannt) und der abhängigen Variablen (hier "Y"

---

[23]Die Möglichkeit, mit Umformungen nominalskalierter Variablen (sogenannte "Dummy-Variablen") Regressionsanalysen zu rechnen, ist zum Beispiel beschrieben in: D. Urban, Regressionstheorie und Regressionstechnik, Stuttgart 1982 (Teubner).

genannt) dar. Die Werte der abhängigen Variablen werden gewöhnlich an der vertikalen Achse, die der unabhängigen an der horizontalen Achse abgetragen. In der Abbildung 10.19 repräsentiert jeder eingezeichnete Punkt eine Untersuchungseinheit hinsichtlich ihrer Merkmalsausprägungen bei den Variablen X und Y.

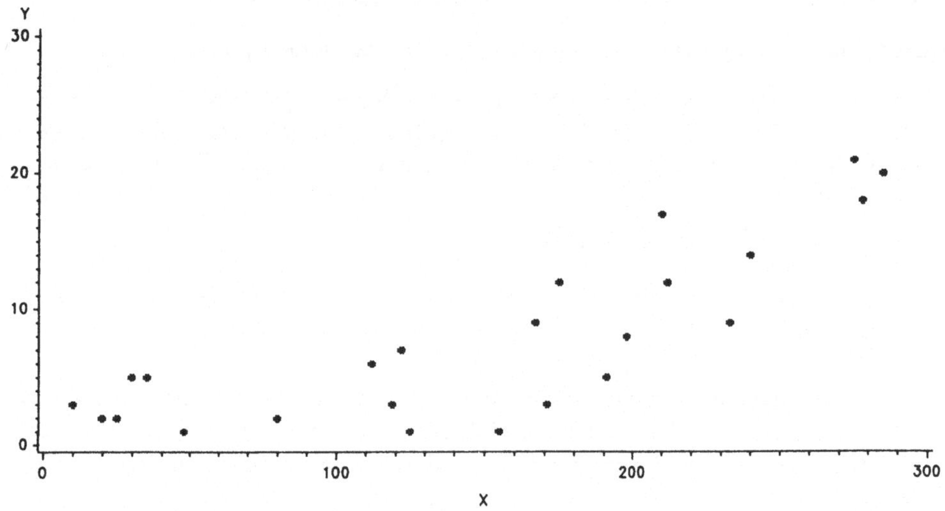

Abbildung 10.19: Streudiagramm

Das Ziel der Regressionsanalyse besteht darin, eine vorliegende generelle Tendenz des Zusammenhangs von zwei Variablen durch eine lineare Funktion zu beschreiben. Dabei sind sämtliche Punkte des Streudiagramms bestmöglichst anzunähern.

Die Regressionsgerade

Eine Linie im Koordinatenkreuz ist mathematisch durch zwei Parameter festgelegt: Durch den Wert des Schnittpunktes der Linie mit der senkrechten Achse und durch den Wert der Steigung, der die Größe der Veränderung in senkrechter Richtung (von Y) anzeigt, wenn der Wert in waagerechter Richtung (von X) um eine Einheit nach rechts abgetragen wird. Der Schnittpunkt der Geraden mit der Y-Achse wird mit a und die Steigung mit b bezeichnet. Es wird also eine Gerade gesucht, deren Geradengleichung in der Form

$$Y = a + bX$$

ausgedrückt werden kann. X und Y sind Variablen, a und b sind Konstanten. Es soll die Gerade bestimmt werden, die im Sinne des *Kleinst-Quadrate-Kriteriums* die Punkte des Streudiagramms bestmöglichst annähert. Dies bedeutet, daß die Summe der Quadrate der Entfernungen der Punkte zur Geraden (in Y-Richtung) am geringsten sein muß. Mit Hilfe der Differentialrechnung kann für die Werte

a und b eine eindeutige Lösung berechnet werden.[24] Für das Streudiagramm in
Abbildung 10.19 ist die optimale Lösung mit der Geradengleichung

$$Y = -0.771 + 0.058X$$

beschrieben.[25]

Wir können jetzt für verschiedene X-Werte die korrespondierenden Y-Werte berechnen. Für beispielsweise X=100 wird Y=5.03 und für X=300 wird Y=16.63
ermittelt. Wenn wir diese beiden Koordinatenpunkte in das Diagramm eintragen
und durch diese Punkte eine Gerade ziehen, erhalten wir die durch die oben angegebene Gleichung definierte *Regressionsgerade* (siehe Abbildung 10.20).

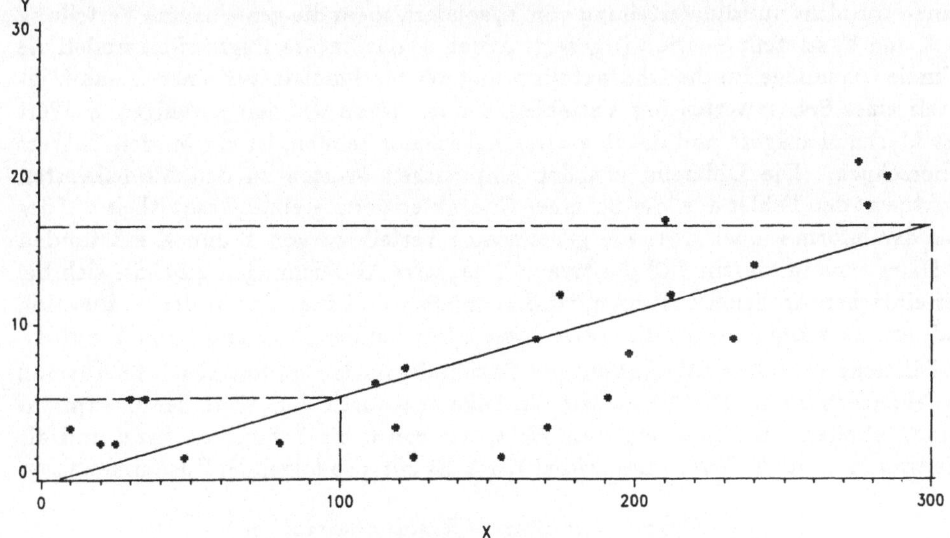

Abbildung 10.20: Streudiagramm mit Regressionsgeraden

Grad der Anpassung

Zu jedem Streudiagramm läßt sich eine Regressionsgerade bestimmen, die jeweils
die den Daten gemäße optimale Anpassung gewährleistet. Die empirischen Daten können aber weit oder eng um die Regressionsgerade streuen. Wenn sie weit
streuen, ist das durch die Regressionsgerade repräsentierte Modell nicht gut geeignet, den Zusammenhang zweier Merkmale zu beschreiben. Streuen sie dagegen
eng um die Regressionsgerade, gibt das Regressionsmodell eine gute Deskription des
empirischen Sachverhaltes ab.

---

[24]Dieser Weg der Schätzung der Parameter a und b ist der der klassischen OLS-Schätzung
(ordinary least squares).

[25]Über die einzelnen Rechenschritte informiert u.a. auch D. Urban a.a.O. 1982.

Der *Grad der Anpassung* des linearen Regressionsmodells an die empirischen Daten läßt sich quantitativ beschreiben. Die errechnete Größe — r^2 genannt — läßt sich als Maße der proportionalen Fehlerreduktion (PRE-Maße) interpretieren (siehe dazu Abschnitt 10.3.1). Kennen wir von einer Gesamtheit nur die Verteilung der Variablen Y und wollen wir aufgrund dieser Information die Merkmalsträger charakterisieren, haben wir in dem arithmetischen Mittel von Y ein geeignetes Maß. In der Variation der tatsächlichen Werte um den Mittelwert drückt sich der Fehler aus, den wir bei unserer Charakterisierung einer Gesamtheit aufgrund der Information über die Verteilung von Y machen. Da sich positive und negative Abweichungen bei einer einfachen Addition aufheben, wird jede Differenz quadriert und die Abweichungsquadrate werden summiert. Das Ergebnis wird als die *Gesamtvariation der Variablen Y* bezeichnet.

Kennen wir nicht nur die Verteilung von Y, sondern sogar die gemeinsame Verteilung von X und Y, so stellt — wie wir gezeigt haben — das lineare Regressionsmodell die optimale Grundlage für die Charakterisierung der Merkmalsträger einer Gesamtheit mittels eines Schätzwertes der Variablen Y dar. Wenn wir den jeweiligen X-Wert eines Merkmalsträgers und die Regressionsgleichung kennen, ist ein Modell-Y-Wert zu berechnen. Die Differenz von den empirischen Werten zu den Modellwerten drückt jetzt den Fehler aus, der bei einer Charakterisierung einer Gesamtheit auf der Basis der Informationen über die gemeinsame Verteilung von Y und X entstanden ist. Da es auch in diesem Fall positive und negative Abweichungen gibt, die sich bei einer einfachen Addition aufheben, wird ebenfalls jede Differenz vor der Summation quadriert. Das Ergebnis ist die *Residualvariation* bei der Regression von Y auf X.

Die Differenz von Gesamtvariation und Residualvariation ist das absolute Ausmaß der Fehlerreduktion. Dividieren wir die Differenz durch den Wert der Gesamtvariation, erhalten wir einen relativen Wert, der von 0 bis 1 variieren kann und als *Determinationskoeffizient* r^2 bezeichnet wird. Es gilt also folgender Zusammenhang:

$$r^2 = \frac{Gesamtvariation - Residualvariation}{Gesamtvariation}$$

Dies ist das Quadrat des uns bereits bekannten Korrelationskoeffizienten r nach PEARSON.

Beispiel

Für das folgende Beispiel haben wir einige Zusatzdaten erhoben und unserem Datensatz hinzugefügt. Anhand der in der Befragung erhobenen Postleitzahl konnte die Entfernung des Herkunftswohnortes vom Studienort ermittelt werden. Durch IF-Anweisungen in der Form:

```
IF PLZ=7000 THEN KM=671;
```

wurde eine neue Variable mit dem Namen "KM" mit den Entfernungswerten gebildet.

Das Ziel einer Regressionsanalyse sollte nun sein, die unterschiedliche Anzahl der Studienanfänger aus den unterschiedlichen Regionen der Bundesrepublik in einen Zusammenhang mit der Distanz zwischen Studienort und Wohnort zu bringen und die Hypothese zu prüfen, daß mit zunehmender Entfernung des Heimatortes vom Hochschulort die Anzahl der Studienanfänger sinkt.

Mit den Anweisungen

```
PROC FREQ DATA=STUDANF;
     TABLES KM / OUT = ENTFERN;
RUN;
```

sind die den KM-Werten zugeordneten Häufigkeiten ermittelt und in der SAS-Datei mit dem Namen "ENTFERN" unter dem Variablennamen "COUNT" abgelegt worden.

Die Regressionsanalyse rufen wir mit folgenden Anweisungen auf:

```
PROC REG DATA=ENTFERN;
     MODEL COUNT = KM;
RUN;
```

Die Regressionsprozedur wird mit der Anweisung PROC REG[26] eingeleitet. In der *MODEL-Anweisung* erfolgt die Spezifikation des Regressionsmodells, dessen Parameter geschätzt werden sollen. Die Spezifikation der MODEL-Anweisung erfolgt immer in der Form

MODEL abhängige Variable = unabhängige Variable

In unserem Beispiel ist die Anzahl der Studenten in den Regionen (COUNT) die abhängige und die Entfernung vom Hochschulort (KM) die unabhängige Variable. In das Output-Protokoll erfolgt der Eintrag, der in Abbildung 10.21 abgedruckt ist.

Es werden zwei Tabellen ausgegeben, eine Varianzanalysetabelle (ANALYSIS OF VARIANCE) und eine Tabelle mit den Parameterschätzungen (PARAMETER ESTIMATES).

In der Rubrik "SUM OF SQUARES" sind die Quadratsummen der modellerklärten Variation (MODEL), der Residualvariation (ERROR) und der Gesamtvariation (TOTAL) aufgelistet. Dividieren wir die modellerklärte Variation durch die Gesamtvariation, erhalten wir den Wert von r^2 (R-SQUARE) in Höhe von 0.3054. Im Modell der linearen Einfachregression sind zwei Parameter zu schätzen, der Wert des Schnittpunktes der Regressionsgeraden mit der vertikalen Achse (INTERCEPT) und der Wert der Steigung der Geraden (KM), der anzeigt, um welchen Betrag der Wert von COUNT steigt (oder sinkt), wenn der Wert von KM um eine Einheit steigt. Die Regressionsgerade läßt sich wie folgt beschreiben:

$$COUNT = 11.36 + (-0.019)KM$$

---

[26]Regressionsanalysen können auch mit der Prozedur GLM, auf die wir in dieser Einführung nicht eingehen werden, gerechnet werden.

```
DEP VARIABLE: COUNT     FREQUENCY COUNT
ANALYSIS OF VARIANCE

                      SUM OF          MEAN
SOURCE       DF       SQUARES         SQUARE        F VALUE       PROB>F

MODEL         1       752.65009       752.65009     17.591        0.0001
ERROR        40      1711.46896      42.78672403
C TOTAL      41      2464.11905


        ROOT MSE       6.541156      R-SQUARE        0.3054
        DEP MEAN       5.595238      ADJ R-SQ        0.2881
        C.V.         116.9058

PARAMETER ESTIMATES
                      PARAMETER       STANDARD       T FOR H0:
VARIABLE     DF       ESTIMATE        ERROR          PARAMETER=0        PROB > |T|

INTERCEP      1      11.35766628      1.70481830          6.662          0.0001
KM            1      -0.01910499      0.004555171        -4.194          0.0001

                    STANDARDIZED      VARIABLE
VARIABLE     DF       ESTIMATE        LABEL

INTERCEP      1                0      INTERCEPT
KM            1      -0.55266978
```

Abbildung 10.21: Ausgabe der Prozedur REG

Der negative Wert des Steigungsparameters (−0.019) zeigt an, daß die Gerade ein
Gefälle hat. Dies stützt die eingangs formulierten Hypothese, daß mit zunehmender
Entfernung des Herkunftsortes die Zahl der von dort stammenden Studienanfänger
geringer wird.

**Graphische Darstellung des Streudiagramms mit der Regressionsgeraden
(GPLOT)**

Eine graphische Darstellung des Streudiagramms der gemeinsamen Verteilung der
Variablen COUNT und KM kann mit der *Prozedur GPLOT* der SAS/GRAPH-
Programmbibliothek erstellt werden. Diese Prozedur ermöglicht es außerdem, daß
durch die Punktewolke automatisch die Regressionsgerade gezeichnet werden kann.
Wir lassen folgende SAS-Anweisungen ausführen:[27]

```
GOPTIONS DEVICE=HP7221C;
SYMBOL V=STAR I=RL;
PROC GPLOT DATA=ENTFERN;
     PLOT COUNT * KM;
RUN;
```

---

[27]Wir gehen davon aus, daß die Datei "ENTFERN" zuvor durch geeignete SAS-Programmanweisungen erstellt worden ist und daß die Ausführung der SAS-Anweisungen an einem Terminal
vorgenommen wird, an dem ein graphisches Ausgabegerät angeschlossen ist.

Mit der *GOPTIONS-Anweisung* wird das SAS-System auf ein graphisches Ausgabegerät festgelegt. Die Spezifikation HP7221C bedeutet, daß die Ausgabe auf einem Zeichengerät der Firma Hewlett Packard, Modell 7221 C, erfolgen soll. Die *SYMBOL-Anweisung* legt in diesem Fall fest, daß die Punkte des Streudiagramms mit dem Symbol "*" erscheinen sollen (V=STAR) und daß eine lineare Regressionsgerade durch die Punktewolke gelegt werden soll (I=RL). Die Graphikprozedur GPLOT greift auf die SAS-Datei mit dem Namen "ENTFERN" zu. Es wird ein Streudiagramm der Variablen COUNT (vertikale Achse) und KM (horizontale Achse) angefordert (Abbildung 10.22).

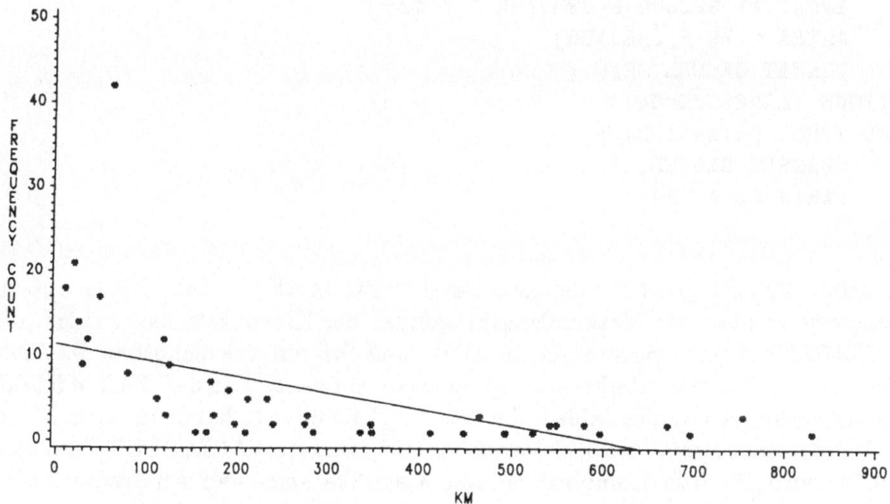

Abbildung 10.22: Ausgabe der Prozedur GPLOT

Die Zeichnung belegt das bereits aus dem negativen Regressionskoeffizienten abgeleitete Gefälle der Regressionsgeraden. Sie macht aber auch deutlich, daß das lineare Modell keine gute Anpassung an die empirische Verteilung darstellt, da ein nichtlinearer Verlauf erkennbar ist.

10.6　Überprüfung von Gruppenunterschieden (TTEST)

Die Untersuchungsgesamtheit ist mit Hilfe einer Reihe von Merkmalen in zwei sinnvoll abgrenzbare Gruppen zu untergliedern. So lassen sich die Studienanfänger unserer Untersuchung zum Beispiel nach dem Merkmal Geschlechtszugehörigkeit in die beiden Gruppen der Studentinnen und Studenten aufteilen. Aufgrund theoretischer Überlegungen könnten solche Gruppeneinteilungen relevant sein für die Verteilung anderer Merkmale. Der T-Test ist ein geeignetes statistisches Verfahren, um zu prüfen, ob sich die Mittelwerte einer Variablen in zwei Gruppen signifikant unterscheiden oder nicht.

Wir wollen mit der *Prozedur TTEST* prüfen, ob der Unterschied im Durchschnittsalter zwischen Studenten und Studentinnen statistisch bedeutsam ist oder auf andere, möglicherweise zufällige Einflüsse bei der Zusammensetzung der Stichprobe zurückzuführen ist.

Wir lassen folgende SAS-Programmanweisungen ausführen:

```
PROC FORMAT;
     VALUE SEXF  1='M' 2='W';
DATA STUDANF;
     INFILE DATEN;
     INPUT #1 GESCHL 5 GEBJAHR 6-7 #2;
     ALTER = 79 - GEBJAHR;
     FORMAT GESCHL SEXF.;
OPTIONS TLINESIZE=64;
PROC TTEST DATA=STUDANF;
     CLASSES GESCHL;
     VARIABLE ALTER;
RUN;
```

Die Prozedur TTEST greift auf die SAS-Datei "STUDANF" zurück. Die Gruppeneinteilung erfolgt nach den Merkmalsausprägungen der Klassifikationsvariablen, die in der *CLASSES-Anweisung* angegeben ist. Es muß sich um eine dichotome Variable handeln, die also nur zwei Merkmalsausprägungen aufweist.[28] In der *VARIABLES-Anweisung* werden Analysevariablen, die Intervallskalenniveau haben müssen, spezifiziert. Werden mehrere CLASSES-Variablen und mehrere VARIABLES-Variablen angegeben, wird für jede Kombination von Klassifikations- und Analysevariablen ein T-Test durchgeführt.

Als Ergebnis der TTEST-Prozedur wird die Darstellung in Abbildung 10.23 in das Output-Protokoll eingetragen.

Die Ausgabe enthält drei Teile: Zunächst eine Auflistung deskriptiver statistischer Kennwerte für jeweils beide Subgruppen, und zwar Häufigkeit (N), arithmetisches Mittel (MEAN), Standardabweichung (STD) und Standardfehler (STD ERROR).[29] Als nächstes sind die T-Test-Statistiken angegeben: eine für den Fall, daß die Varianzen der Analysevariablen sich signifikant voneinander unterscheiden (UNEQUAL) und eine für den Fall, daß die Varianzen gleich sind (EQUAL). Es wird jeweils der errechnete T-Wert (T), die Anzahl der Freiheitsgrade (DF) und das zugehörige Signifikanzniveau (PROB > |T|) angezeigt. Im dritten Teil steht das Ergebnis des Tests der Hypothese, daß die Varianzen der Analysevariablen in beiden Subgruppen gleich sind. Setzen wir ein Testniveau von 0.05 voraus, so kann die Hypothese der Varianzgleichheit nicht beibehalten werden, falls das Signifikanzniveau "PROB

---

[28] Gegebenenfalls müssen Variablen mit mehr als zwei Merkmalsausprägungen mit Hilfe der FORMAT-Prozedur und der FORMAT-Anweisung dichotomisiert werden.

[29] Weitere Kennziffern werden automatisch ausgegeben, wenn für die Zeilenbreite des Output-Protokolls (Option "TLINESIZE" innerhalb der OPTIONS-Anweisung) ein höherer Wert als 64 eingestellt ist.

```
TTEST PROCEDURE

VARIABLE: ALTER

GESCHL        N           MEAN          STD DEV        STD ERROR

     M       202     23.66336634      3.66583589     0.25792731
     W       153     24.90840673      5.99381203     0.48457098

VARIANCES        T        DF    PROB > |T|

UNEQUAL      -2.2682    236.0      0.0242
EQUAL        -2.4161    353.0      0.0162

FOR H0: VARIANCES ARE EQUAL, F'=    2.67 WITH 152 AND 201 DF
        PROB > F'= 0.0001
```

Abbildung 10.23: Ausgabe der Prozedur TTEST

> F'" kleiner als das Testniveau ist. Diesen Teil des Output-Protokolls müssen wir
also zunächst analysieren, damit wir die angemessene T-Test-Statistik (EQUAL
oder UNEQUAL) auswählen können.

Da in unserem Fall das Signifikanzniveau gleich 0.0001 ist, müssen wir die Zeile
der T-Test-Statistik, die mit "UNEQUAL" beginnt, interpretieren. Der ermittelte
T-Wert beträgt -2.2682, das zugehörige Signifikanzniveau beträgt bei 236 Freiheitsgraden 0.0242. Setzen wir auch hier das Testniveau wieder bei 0.05 an, können wir
schließen, daß die Annahme gleicher Mittelwerte in beiden Subgruppen, die dem
T-Test zugrundeliegt, nicht aufrechterhalten werden kann. Dieses Ergebnis stützt
die inhaltlich begründete Aussage, daß das Durchschnittsalter von Studenten und
Studentinnen sich statistisch signifikant voneinander unterscheidet.

Kapitel 11

Leistungen des DATA-Steps

11.1   Einrichtung und Veränderung von Variablen (Zuweisung)

11.1.1   Wertzuweisung und Initialisierung von Variablen (Zuweisung, RETAIN-Anweisung)

Wertzuweisung an Ergebnisvariable

Im Abschnitt 6.5 haben wir gesehen, daß man durch eine *Zuweisung* der Form

```
varname = ausdruck ;
```

eine Variable einrichten oder aber die Werte einer bereits vorhandenen Variablen *rekodieren* (verändern) kann. In beiden Fällen wird der jeweils resultierende Wert durch den rechts vom Gleichheitszeichen angegebenen Ausdruck beschrieben. Wird die Variable neu eingerichtet, so bestimmt das Ergebnis des aufgeführten Ausdrucks, ob die Variable als numerische oder als alphanumerische Größe einzurichten ist.
So wird z.B. durch die Zuweisung

```
ALTER = 79 - GEBJAHR;
```

die Variable ALTER neu eingerichtet, als numerisch bestimmt und beobachtungsweise mit den Werten belegt, die jeweils aus der Berechnung der Differenz "79 - GEBJAHR" resultieren.

Bei einer numerischen Ergebnisvariablen muß der Ausdruck aus einer Aneinanderreihung von Variablennamen und numerischen Werten bestehen, die durch die arithmetischen Operatoren

```
+   : Addition
-   : Subtraktion
*   : Multiplikation
/   : Division
**  : Potenzierung
```

verknüpft sind. Die Berechnung eines arithmetischen Ausdrucks erfolgt durch die Regel "Punktrechnung geht vor Strichrechnung", wobei diese Verarbeitungsreihenfolge durch das Setzen von Klammern beeinflußt werden kann. Ausdrücke in Klammern werden zuerst berechnet, und Ausdrücke mit gleichrangigen Operatoren werden von links nach rechts bearbeitet.

Bei einer alphanumerischen Ergebnisvariablen muß der Ausdruck eine alphanumerische Variable oder einen alphanumerische Wert enthalten oder aus der Verknüpfung derartiger Operanden mit Hilfe des Konkatenationsoperators "||" (zweimal das Zeichen "|") bestehen. Durch diese Operation wird die Zeichenfolge des 2. Operanden hinter die Zeichenfolge des 1. Operanden angefügt.

Bei der Ausführung einer Zuweisung ist stets die folgende Regel bei der Auswertung eines arithmetischen Ausdrucks zu beachten: Enthält eine Variable innerhalb des Ausdrucks für eine Beobachtung einen fehlenden Wert, so wird der Ergebnisvariablen ebenfalls ein fehlender Wert zugewiesen. Diese Zuweisung wird im Log-Protokoll eingetragen. Die Zuweisung eines fehlenden Werts wird ebenfalls vorgenommen, falls das Ergebnis eines arithmetischen Ausdrucks nicht ermittelt werden kann — sei es, daß z.B. eine Division durch Null erfolgen soll oder aber, weil ein Funktionsargument (s.u.) nicht zulässig ist.

RETAIN-Anweisung

Enthält der in einer Zuweisung angegebene Ausdruck eine Variable, die noch nicht definiert ist, so wird jeder Beobachtung standardmäßig der fehlende Wert zugeordnet und damit auch der Ergebnisvariablen für jede Beobachtung ebenfalls der fehlende Wert zugewiesen. Anders ist dies, wenn eine neue Variable zu Beginn der Ausführung eines DATA-Steps mit einem Wert vorbesetzt wird. Dazu ist die *RETAIN-Anweisung* in der Form

```
RETAIN varname initialwert ;
```

einzusetzen. Sie bestimmt, daß die Variable "varname" für die 1. Beobachtung (zu Beginn des DATA-Steps) den Wert "initialwert" erhält. Ist der DATA-Step für diese Beobachtung ausgeführt, so wird der dann für diese Beobachtung gültige Variablenwert der 2. Beobachtung zu Beginn des DATA-Steps als Variablenwert zugewiesen. Entsprechend wird für die nachfolgenden Beobachtungen verfahren, d.h. es wird stets der nach dem Durchlaufen des DATA-Steps für eine Beobachtung resultierende Variablenwert der nächsten Beobachtung als Anfangswert zu Beginn des DATA-Steps zugewiesen. Hierdurch ist es möglich, den Variablenwert für eine Beobachtung von den Werten der zuvor bearbeiteten Beobachtungen abhängig zu machen.

Ohne auf die interne Variable _N_ (mit den Reihenfolgenummern der Beobachtungen) zurückzugreifen (s. Abschnitt 6.7), kann man z.B. in folgender Weise nur jede 3. Beobachtung in eine SAS-Datei übertragen lassen (die verwendeten Variablen

ZAEHLER und GR werden mit in die SAS-Datei übernommen):[1]

```
DATA STUDANF;
   INFILE DATEN;
   INPUT #1 AUSBILD 17
         #2 AUSSICHT 24 KENNTNIS 27;
   RETAIN ZAEHLER 0;
   ZAEHLER = ZAEHLER + 1;
   GR = MOD( ZAEHLER, 3 );
   IF NOT ( GR EQ 1 )
      THEN DELETE;
```

In diesem DATA-Step haben wir die Zuweisung

```
GR = MOD( ZAEHLER, 3 );
```

eingetragen und dabei den Funktionsaufruf

```
MOD( ZAEHLER, 3 )
```

der Funktion "MOD" mit den beiden Argumenten "ZAEHLER" und "3" verwendet.
Damit haben wir als weiteren wichtigen Baustein zum Aufbau von Ausdrücken den
Funktionsaufruf kennengelernt. Durch die Zuweisung

```
GR = MOD( ZAEHLER, 3 );
```

wird jeder Beobachtung als Wert der Variablen GR der Rest einer Division zugewiesen. Bei dieser Division wird der jeweils in ZAEHLER enthaltene Variablenwert
ganzzahlig durch die Zahl 3 geteilt. Durch den Aufruf der Funktion "MOD" wird
nämlich festgelegt, daß das erste innerhalb des Aufrufs angegebene Argument (hier:
ZAEHLER) als Dividend und das zweite Argument (hier: 3) als Divisor aufzufassen,
der *ganzzahlige Anteil* auszurechnen und der Rest der Division (des ersten durch
das zweite Argument) als Funktionswert zu ermitteln ist.

Für die erste Beobachtung wird durch die Verabredung

```
RETAIN ZAEHLER 0;
```

der Variablen ZAEHLER zunächst der Wert 0 zugeordnet. Die nachfolgende Zuweisung

---

[1] Die beiden Anweisungen
```
GR = MOD( ZAEHLER, 3);
IF NOT ( GR EQ 1 )
 THEN DELETE;
```
können auch durch die folgende IF-Anweisung abgekürzt werden (jetzt wird nur die Variable
ZAEHLER in die SAS-Datei übernommen):
```
IF NOT ( MOD( ZAEHLER, 3) EQ 1 )
 THEN DELETE;
```

```
   ZAEHLER = ZAEHLER + 1;
```

erhöht den Wert um 1. Durch den Aufruf

```
   MOD( ZAEHLER, 3 )
```

wird der Wert 1 ermittelt (Rest der ganzzahligen Division von 1 durch 3 ergibt 1) und durch die Zuweisung

```
   GR = MOD( ZAEHLER, 3 );
```

der Variablen GR als Wert zugeordnet. Folglich wird durch die nachfolgend ausgeführte IF-Anweisung

```
   IF NOT (GR EQ 1)
      THEN DELETE;
```

die erste Beobachtung nicht gelöscht. Da das Ende des DATA-Steps erreicht ist, werden die Werte der ersten Beobachtung in die SAS-Datei übertragen.
Wegen der RETAIN-Anweisung erhält ZAEHLER für die 2. Beobachtung als Anfangswert den resultierenden Wert für die 1. Beobachtung, d.h. den Wert 1. Daher ergibt der Funktionsaufruf (ZAEHLER hat jetzt den Wert 2)

```
   MOD( ZAEHLER, 3 )
```

für die 2. Beobachtung den Wert 2, und somit wird diese Beobachtung nicht in die SAS-Datei übernommen. Für die 3. Beobachtung ergibt sich für GR der Wert 0 (3 ganzzahlig geteilt durch 3 ergibt den Divisionsrest 0), so daß auch diese Beobachtung nicht Bestandteil der SAS-Datei wird. Für die 4. Beobachtung enthält ZAEHLER den Wert 4, und somit ergibt der Funktionsaufruf

```
   MOD( ZAEHLER, 3 )
```

den Wert 1, so daß diese Beobachtung wieder übernommen wird. Da sich die soeben beschriebenen Ausführungen zyklisch wiederholen, wird - wie gewünscht — jede dritte Beobachtung in die SAS-Datei übertragen.

11.1.2   Funktionen

Numerische Funktionen

Wegen der Bedeutung der Funktionsaufrufe beim Einsatz in SAS-Programmen stellen wir im folgenden *einige* der dem SAS-System bekannten Funktionen in tabellarischen Übersichten dar:
Innerhalb arithmetischer Ausdrücke dürfen bei Funktionsaufrufen der Form

```
   funktionsname( arithmetischer-ausdruck )
```

die folgenden Funktionsnamen verwendet werden (Tabelle 11.1):

ABS	Absolutbetrag
ARCOS	Arcuscosinusfunktion
ARSIN	Arcussinusfunktion
ATAN	Arcustangensfunktion
COS	Cosinusfunktion
EXP	Exponentialfunktion
INT	Abschneiden der Nachkommastellen
LOG	natürlicher Logarithmus (zur Basis e)
LOG10	dekadischer Logarithmus (zur Basis 10)
ROUND	Rundung zur ganzen Zahl
SIN	Sinusfunktion
SQRT	positive Quadratwurzel
TAN	Tangensfunktion

Tabelle 11.1: arithmetische Funktionen

Die Funktion INT kann z.B. zur Rekodierung der Werte der Variablen AUSSICHT
als Abkürzung von

```
IF AUSSICHT EQ 1 OR AUSSICHT EQ 2
   THEN AUSSICHT = 1;
IF AUSSICHT EQ 3 OR AUSSICHT EQ 4
   THEN AUSSICHT = 2;
```

innerhalb der Zuweisung

```
AUSSICHT = INT(AUSSICHT / 3) + 1;
```

eingesetzt werden.

Wie o.a. liefert der Funktionsaufruf

```
MOD( arithmetischer-ausdruck-1, arithmetischer-ausdruck-2 )
```

(mit zwei Argumenten) als Ergebnis den Rest der ganzzahligen Division des ersten
Arguments durch das zweite Argument.

Zur Ermittlung von Verteilungswerten sind z.B. die auf der nächsten Seite tabellarisch zusammengestellten Funktionsaufrufe erlaubt[2] (Tabelle 11.2):

Desweiteren darf man zur Verschiebung der Werte innerhalb der Beobachtungen
den Funktionsaufruf[3]

```
LAG[n]( varname )
```

---

[2] Bei den Funktionen UNIFORM und NORMAL darf anstelle der "0" eine 5-, 6- oder 7-stellige
Zahl als Argument angegeben werden. Dadurch sind die erzeugten Werte reproduzierbar, weil die
angegebene Zahl als Startwert für den internen Pseudo-Zufallszahlen-Generator des SAS-Systems
dient.

[3] Für n = 1 darf anstelle von "LAG1" abkürzend "LAG" geschrieben werden. Ansonsten ist
der ganzzahlige Wert unmittelbar hinter dem Wort "LAG" aufzuführen.

NORMAL(0)	ergibt die Realisierung einer N(0,1)-verteilten Zufallsvariablen
PROBIT(p)	ergibt zu vorgegebener Wahrscheinlichkeit "p" (0<p<1) den Wert, an dem die kumulierte relative Häufigkeit einer standardisierten Normalverteilung den Wert "p" annimmt
UNIFORM(0)	ergibt die Realisierung einer gleichverteilten Zufallsvariablen im offenen Intervall von 0 bis 1

Tabelle 11.2: Berechnung von Verteilungswerten

verwenden. Dadurch erhält jede Beobachtung denjenigen Wert als neuen Variablenwert, der einer um n Positionen vorausgehenden Beobachtung zuvor zugeordnet war.
Durch diese Vorschrift kann den ersten n Beobachtungen kein Wert zugewiesen werden, so daß jede dieser Beobachtungen den fehlenden Wert als Variablenwert erhält.
Als Abkürzung für die arithmetische Operation

```
varname - LAG[n]( varname )
```

kann die Funktion DIF in der Form

```
DIF[n]( varname )
```

angegeben werden.
Zur Berechnung von statistischen Kennwerten sind die folgenden Funktionsaufrufe
mit geeignet vielen Argumenten erlaubt Tabelle 11.3:

CV(arg-1[,arg-2]...)	Variationskoeffizient, d.h. der Wert, der sich aus der Division der Standardabweichung durch das arithmetische Mittel ergibt
MAX(arg-1[,arg-2]...)	Maximum
MEAN(arg-1[,arg-2]...)	arithmetisches Mittel
MIN(arg-1[,arg-2]...)	Minimum
NMISS(arg-1[,arg-2]...)	Anzahl der fehlenden Werte
N(arg-1[,arg-2]...)	Anzahl der gültigen Werte
RANGE(arg-1[,arg-2]...)	Spannweite
STD(arg-1[,arg-2]...)	Standardabweichung
SUM(arg-1[,arg-2]...)	Summe
VAR(arg-1[,arg-2]...)	Varianz

Tabelle 11.3: Berechnung von Statistiken

Im Gegensatz zu den Prozeduren MEANS und UNIVARIATE (siehe Abschnitt
9.3), in denen die Kennwerte für einzelne Variable errechnet werden, wird bei der
Ausführung dieser Funktionen zeilenweise operiert.
So ermittelt etwa der Funktionsaufruf

```
MAX( VAR1, VAR2 )
```

für jede einzelne Beobachtung das Maximum der zu dieser Beobachtung gehörenden
Variablenwerte von VAR1 und VAR2.

Alphanumerische Funktionen

Bei der Zuweisung von einer Zeichenkette an eine alphanumerische Ergebnisvariable
werden die Zeichen immer linksbündig übertragen. Bei einer zu kurzen Ergebnisvariable werden die überzähligen Zeichen abgeschnitten und bei längerer Ergebnisvariable wird der zugewiesene alphanumerische Wert am Ende mit Leerzeichen
aufgefüllt. Die Länge einer alphanumerischen Variablen wird entweder durch die
Angaben bei der Dateneingabe oder durch die Länge des für die erste Beobachtung
zugewiesenen Wertes bestimmt, sofern die Variable durch eine Zuweisung neu eingerichtet wird. Davon abweichend darf die Länge einer neu einzurichtenden Variablen
auch durch die *LENGTH-Anweisung* der Form

```
LENGTH varname $ zeichenzahl;
```

verabredet werden. Diese Anweisung ist vor dem erstmaligen Auftreten der Variablen "varname" innerhalb des DATA-Steps aufzuführen. Dadurch wird diese
Variable als alphanumerisch und die Länge jedes Variablenwerts auf genau "zeichenzahl" Zeichen festgelegt.
Vereinbaren wir etwa durch

```
LENGTH VALPHA $ 10;
```

die alphanumerische Variable VALPHA, so sind folglich genau 10 Zeichenpositionen
für die Ablage von Textinformation reserviert. Daher wird durch die Zuweisung

```
VALPHA = 'ZU LANGE TEXTINFORMATION';
```

nur der Textanfang "ZU LANGE T" innerhalb von VALPHA abgespeichert.
Ohne die vorausgehende LENGTH-Anweisung würde VALPHA durch die angege-
bene Zuweisung als 24 Zeichen lange alphanumerische Variable eingerichtet werden.
Dies hätte bei einer nachfolgenden Anweisung der Form

```
VALPHA = 'ZU KURZ';
```

z.B. die Konsequenz, daß ab der 8. Zeichenposition Leerzeichen zugewiesen würden,
so daß insgesamt 17 Zeichenpositionen mit Leerzeichen besetzt wären.
Für die Aufbereitung von Texten stellt das SAS-System z.B. die folgenden
Zeichenketten-Funktionen zur Verfügung (Tabelle 11.4):

INDEX(Z1,Z2)	ergibt den Zeichenpositionswert in Z1, ab dem Z2 erstmalig auftritt
LEFT(Z)	ergibt den Wert von Z, bei dem alle führenden Leerzeichen gelöscht sind
LENGTH(ausdruck)	liefert die Länge des alphanumerischen Werts, der aus der Auswertung von "ausdruck" resultiert
SUBSTR(Z,n[,m])	ergibt den Wert von Z, der mit dem Zeichen auf der Zeichenposition "n" eingeleitet wird und aus "m" Zeichen besteht; fehlt die Angabe von "m", so reicht die ermittelte Zeichenkette bis an das Ende von Z
TRIM(Z)	liefert den Wert von Z, bei dem alle am Ende unmittelbar hintereinander aufgeführten Leerzeichen gelöscht sind
UPCASE(Z)	liefert den in Großbuchstaben umgewandelten Wert von Z

Tabelle 11.4: Funktionen zur Verarbeitung von Zeichenketten

Als Besonderheit darf man die SUBSTR-Funktion auch auf der linken Seite eines Gleichheitszeichens in der Form

```
SUBSTR( Z, n, m) = alphanumerischer-ausdruck
```

verwenden. Dadurch bezieht man sich bei einer Zuweisung oder beim Vergleich auf diejenige Zeichenkette, die an der n. Zeichenposition von Z beginnt und m Zeichen lang ist.

Enthält etwa die alphanumerische Variable V den Wert "NACHNAME", so ergibt sich durch die Ausführung der Zuweisung

```
SUBSTR( V, 1, 4 ) = '-VOR';
```

der Text "-VORNAME" als neuer Wert für V.

11.2 Ablaufsteuerung

11.2.1 Ein-und zweiseitige Auswahl (IF- und ELSE-Anweisung)

In Abhängigkeit von einer *Bedingung* kann man mit der *IF-Anweisung* in der Form

```
IF bedingung
    THEN ausfuehrbare-anweisung ;
```

eine einseitige Auswahl bzgl. des weiteren Programmablaufs treffen. Ist nämlich die Bedingung erfüllt, so wird die hinter "THEN" im THEN-Zweig angegebene Anweisung ausgeführt (andernfalls wird der Programmablauf hinter der IF-Anweisung fortgesetzt). Diese Anweisung muß *ausführbar* sein, d.h. es darf sich um keine der Anweisungen

- ARRAY (s. Abschnitt 11.2.6), ATTRIB (Anweisung zur Verabredung von Ein-/Ausgabeformaten, Variablenetikett und Variablenlänge), BY (s. Abschnitt 7.2), CARDS (s. Abschnitt 6.2), DATA (s. 6.1), DROP (s. 11.7), END (s. 11.2.2), FORMAT (s. 6.4), INFORMAT (Anweisung zur Festlegung von Formaten für die Dateneingabe), KEEP (s. 11.7), LABEL (s. 6.3), LENGTH (s. 11.1), MISSING (s. 6.6), RENAME (s. 11.7) und RETAIN (s. 11.1)

handeln, mit denen Voreinstellungen für Verarbeitungsschritte festgelegt oder Verabredungen über die Ausführung von Anweisungen getroffen werden.[4]

Da auch eine weitere IF-Anweisung im THEN-Zweig angegeben werden darf, können IF-Anweisungen beliebig tief *geschachtelt* werden.

Soll z.B. eine Variable namens RAUSBILD als rekodierte Version der Variablen AUSBILD eingerichtet werden, wobei der Wert "1" für eine begonnene bzw. abgeschlossene Berufsausbildung und der Wert "3" für die Kategorie "keine Berufsausbildung" zuzuordnen ist, so läßt sich dies durch die Anweisungen

```
IF AUSBILD EQ 1 OR AUSBILD EQ 2
   THEN RAUSBILD = 1;
IF AUSBILD EQ 3
   THEN RAUSBILD = 3;
```

beschreiben. Diese beiden IF-Anweisungen können durch die Angabe von

```
IF AUSBILD EQ 1 OR AUSBILD EQ 2
   THEN RAUSBILD = 1;
ELSE RAUSBILD = AUSBILD;
```

vereinfacht werden. Jetzt gibt es zwei verschiedene Anweisungsbereiche, zu denen verzweigt werden kann. Ist die Bedingung hinter dem Schlüsselwort "IF" gültig, so wird die Anweisung im *THEN-Zweig* ausgewählt, und bei nicht erfüllter Bedingung wird zur Anweisung hinter dem Schlüsselwort "ELSE" verzweigt.

Bei einer derartigen *zweiseitigen Auswahl* muß hinter der IF-Anweisung eine *ELSE-Anweisung* in der Form

```
IF bedingung
   THEN ausfuehrbare-anweisung-1;
ELSE ausfuehrbare-anweisung-2;
```

angefügt werden. In diesem Fall wird bei gültiger Bedingung der THEN-Zweig durchlaufen und der Programmablauf anschließend hinter der ELSE-Anweisung fortgesetzt. Falls die Bedingung nicht zutrifft, wird die ELSE-Anweisung, d.h. die hinter dem Wort "ELSE" angegebene Anweisung, ausgeführt.

---

[4]Erlaubt ist die Angabe der folgenden von uns in diesem Buch beschriebenen Anweisungen: DELETE, DO, ERROR, FILE, INPUT, INFILE, LIST, LOSTCARD, MERGE, OUTPUT, PUT, RETURN, SELECT, SET, STOP oder die Zuweisung.

In Sonderfällen darf ein Semikolon unmittelbar auf die Schlüsselwörter "THEN" bzw. "ELSE" folgen, so daß bei erfüllter bzw. nicht erfüllter Bedingung keine Anweisung ausgeführt wird.

So könnten wir z.B. die o.a. IF-Anweisung als zweiseitige Auswahl in der Form

```
RAUSBILD = AUSBILD;
IF AUSBILD EQ 1 OR AUSBILD EQ 2
    THEN RAUSBILD = 1;
ELSE;
```

schreiben.

Als Bedingung hinter dem Wort "IF" dürfen *einfache Bedingungen* der Form

```
ausdruck-1 vergleichsoperator ausdruck-2
```

mit den *Vergleichsoperatoren EQ* (gleich), *GT* (größer als), *LT* (kleiner als), *NE* (ungleich), *GE* (größer oder gleich) und *LE* (kleiner oder gleich) angegeben und daraus beliebige *zusammengesetzte Bedingungen* der Form

```
bedingung-1 AND bedingung-2      (+)
bedingung-3 OR bedingung-4       (++)
NOT bedingung-5                  (+++)
```

aufgebaut werden. Dabei ist die zusammengesetzte Bedingung (+) immer dann erfüllt, wenn die beiden Bedingungen "bedingung-1" und "bedingung-2" zutreffen. Dagegen ist die Bedingung (++) immer dann falsch, falls beide Bedingungen "bedingung-3" und "bedingung-4" nicht erfüllt sind — andernfalls ist sie wahr. Die Bedingung (+++) ist immer dann erfüllt, falls "bedingung-5" falsch ist.

Bei der Auswertung einer zusammengesetzten Bedingung wird die Reihenfolge entweder durch die gesetzten Klammern oder aber durch die Prioritätenfolge der einzelnen Operationen bestimmt. Dabei wird eine zusammengesetzte Bedingung stets von "links nach rechts" ausgewertet, wobei zuerst die arithmetischen Ausdrücke, dann die Vergleichsbedingungen und zuletzt die *logischen Operatoren AND, OR* und *NOT* abgearbeitet werden. Dabei hat der Operator AND eine höhere Priorität als der Operator OR, und der Operator NOT wirkt nur auf die direkt folgende Vergleichsbedingung, so daß man z.B. jede zu negierende zusammengesetzte Bedingung einklammern muß.

11.2.2 Anweisungsblock (DO-Anweisung)

In einer IF- oder ELSE-Anweisung darf immer nur eine einzige ausführbare Anweisung angegeben werden. Sind mehrere Anweisungen in Abhängigkeit von der Gültigkeit einer Bedingung auszuführen, so sind sie mit Hilfe der DO-Anweisung zu einem *Anweisungsblock* in der Form

```
DO ;
  anweisung-1 ;
[ anweisung-2 ; ]...
END ;
```

zusammenzufassen. Hinter der letzten ausführbaren Anweisung markiert die *END-Anweisung* in der Form

```
END ;
```

das Ende des Anweisungsblocks.

Sind etwa die Werte der Variablen AUSSICHT und KENNTNIS für die Befragten mit einer abgeschlossenen Berufsausbildung zu dichotomisieren, so kann dies z.B. durch die Anweisung

```
IF AUSBILD EQ 2
   THEN DO;
           AUSSICHT = INT( AUSSICHT / 3 ) + 1;
           KENNTNIS = INT( KENNTNIS / 3 ) + 1;
         END;
```

erreicht werden.

Das Ergebnis dieser IF-Anweisung läßt sich für die Variable AUSSICHT auch (komplizierter) durch die Ausführung der Anweisungen

```
IF NOT ( AUSBILD EQ 2 )
   THEN;
ELSE
   DO;
     IF AUSSICHT EQ 1 OR AUSSICHT EQ 2
        THEN AUSSICHT = 1;
     ELSE
        IF AUSSICHT EQ 3 OR AUSSICHT EQ 4
           THEN AUSSICHT = 2;
   END;
```

erhalten. Da die letzte ELSE-Anweisung bei nicht erfüllter Bedingung

```
AUSSICHT EQ 1 OR AUSSICHT EQ 2
```

zu durchlaufen ist, müssen die IF- und die ELSE-Anweisung als Anweisungsblock zusammengefaßt werden. Andernfalls würden der zuerst aufgeführten IF-Anweisung zwei ELSE-Anweisungen folgen, was nicht erlaubt ist.

11.2.3   Mehrfachauswahl (SELECT-Anweisung)

Sind in Anknüpfung an das o.a. Beispiel zusätzlich für die Befragten mit begonnener
Berufsausbildung die beiden ersten Kategorien und für die Befragten ohne begonnene Berufsausbildung die beiden letzten Kategorien der Variablen AUSSICHT und
KENNTNIS zu jeweils einer Kategorie zu vereinigen, so ist die o.a. IF-Anweisung
durch die beiden folgenden IF-Anweisungen zu ergänzen:

```
IF AUSBILD EQ 1
   THEN DO;
            IF (AUSSICHT EQ 1 OR AUSSICHT EQ 2)
               THEN AUSSICHT = 2;
            IF (KENNTNIS EQ 1 OR KENNTNIS EQ 2)
               THEN KENNTNIS = 2;
        END;
IF AUSBILD EQ 3
   THEN DO;
            IF (AUSSICHT EQ 3 OR AUSSICHT EQ 4)
               THEN AUSSICHT = 3;
            IF (KENNTNIS EQ 3 OR KENNTNIS EQ 4)
               THEN KENNTNIS = 3;
        END;
```

Diese drei IF-Anweisungen beschreiben eine *Mehrfachauswahl*, die durch den Einsatz einer SELECT-Anweisung wie folgt zusammenfassend beschrieben werden
kann:

```
SELECT;
   WHEN ( AUSBILD EQ 1 ) DO;
                         IF (AUSSICHT EQ 1 OR AUSSICHT EQ 2)
                            THEN AUSSICHT = 2;
                         IF (KENNTNIS EQ 1 OR KENNTNIS EQ 2)
                            THEN KENNTNIS = 2;
                         END;
   WHEN ( AUSBILD EQ 2 ) DO;
                            AUSSICHT = INT( AUSSICHT / 3 ) + 1;
                            KENNTNIS = INT( KENNTNIS / 3 ) + 1;
                         END;
   WHEN ( AUSBILD EQ 3 ) DO;
                         IF (AUSSICHT EQ 3 OR AUSSICHT EQ 4)
                            THEN AUSSICHT = 3;
                         IF (KENNTNIS EQ 3 OR KENNTNIS EQ 4)
                            THEN KENNTNIS = 3;
                         END;
   OTHERWISE;
END;
```

Eine Mehrfachauswahl wird durch die *SELECT-Anweisung* in der Form

```
SELECT ;
```

eingeleitet und durch die *END-Anweisung* in der Form

```
END ;
```

beendet. Die einzelne *Fallauswahl* ist durch die Angabe von

```
WHEN ( bedingung ) ausfuehrbare-anweisung ;
```

festzulegen. Dabei wird die angegebene Anweisung dann durchlaufen, wenn die hinter dem einleitenden Schlüsselwort "WHEN" in Klammern aufgeführte Bedingung erfüllt ist. Innerhalb der SELECT-Anweisung, welche die Syntaxdarstellung

```
SELECT ;
   WHEN ( bedingung-1 ) ausfuehrbare-anweisung-1 ;
 [ WHEN ( bedingung-2 ) ausfuehrbare-anweisung-2 ; ]...
   OTHERWISE ausfuehrbare-anweisung-3 ;
END ;
```

besitzt, werden die Bedingungen für die jeweilige Beobachtung in der angegebenen Reihenfolge von oben nach unten überprüft. Ist eine Bedingung für die Werte der aktuellen Beobachtung erfüllt, so wird die zugeordnete Anweisung ausgeführt und die Verarbeitung anschließend mit derjenigen Anweisung fortgesetzt, die hinter der END-Anweisung am Ende der Mehrfachauswahl folgt. Dies bedeutet, daß ab der ersten als gültig erkannten Bedingung die Überprüfung aller weiteren aufgeführten Bedingungen unterbleibt.

Ist keine der angegebenen Bedingungen erfüllt, so wird die hinter dem Schlüsselwort "OTHERWISE" aufgeführte Anweisung durchlaufen.

Für die Fälle, in denen keine Anweisung ausgeführt werden soll, ist keine Eintragung zu machen und nur das jeweils abschließende Semikolon anzugeben (siehe OTHERWISE-Eintrag im oben angegebenen Beispiel).

11.2.4 Bedingte Wiederholung (DO-Anweisung mit den Schlüsselwörtern WHILE und UNTIL)

DO WHILE

Sollen eine oder mehrere Anweisungen in Abhängigkeit von einer Bedingung mehrfach ausgeführt werden, so kann man diese Programmschleife durch eine DO-Anweisung in der Form

```
DO WHILE ( bedingung ) ;
   anweisung-1 ;
 [ anweisung-2 ; ]...
END ;
```

beschreiben. Bei der Bearbeitung dieser Anweisung wird zunächst die in Klammern angegebene Schleifenbedingung überprüft. Ist sie nicht erfüllt, so wird der Programmlauf mit der Anweisung weitergeführt, die der abschließenden END-Anweisung folgt. Ist die Schleifenbedingung jedoch erfüllt, so werden die angegebenen Anweisungen hintereinander ausgeführt. Anschließend wird die Schleifenbedingung wiederum auf ihre Gültigkeit hin überprüft und daraufhin entweder die Ausführung der DO-Anweisung (bei unerfüllter Bedingung) beendet bzw. die Anweisungen in der Schleife erneut durchlaufen. Dieser Vorgang wird solange wiederholt, bis die Schleifenbedingung erstmals nicht erfüllt ist. Es ist also streng darauf zu achten, daß der beschriebene Schleifendurchlauf terminiert, d.h. die aufgeführte Schleifenbedingung auf jeden Fall zu einem Zeitpunkt nicht mehr erfüllt ist.

Soll etwa nur jede 3. Beobachtung einer Daten-Datei in eine SAS-Datei übertragen werden (s. den Einsatz der RETAIN-Anweisung im Abschnitt 11.1), so kann dies durch die Ausführung des DATA-Steps[5]

```
DATA STUDANF;
    INFILE DATEN;
    ZAEHLER = 0;
    DO WHILE ( ZAEHLER LE 2 );
        ZAEHLER = ZAEHLER + 1;
        INPUT AUSBILD 17 /
                AUSSICHT 24 KENNTNIS 27;
    END;
```

erreicht werden. Zu Beginn des DATA-Steps erhält die 1. Beobachtung für ZAEHLER den Wert 0 zugewiesen, so daß die Bedingung "ZAEHLER LE 2" erfüllt ist und folglich ZAEHLER um den Wert 1 erhöht und die Variablenwerte aus den beiden ersten Datensätzen der Daten-Datei eingelesen werden. Die nachfolgende Überprüfung der Bedingung in der DO-Anweisung führt zum erneuten Schleifendurchlauf, so daß das Ende des DATA-Steps nicht erreicht ist und demzufolge die der 1. Beobachtung zugeordneten Variablenwerte auch nicht in die SAS-Datei übertragen werden. Jetzt wird ZAEHLER um den Wert 1 erhöht und erneut eine Eingabe vorgenommen, so daß die alten Variablenwerte durch die neu eingelesenen Werte überschrieben werden. Die Schleife wird ein drittes Mal durchlaufen, so daß die Werte der 3. Beobachtung aus der Daten-Datei als Variablenwerte eingelesen werden. Da ZAEHLER jetzt den Wert 3 besitzt, ist die Bedingung "ZAEHLER LE 2" nicht mehr erfüllt, so daß anschließend hinter die END-Anweisung an das Ende des DATA-Steps gesprungen wird und dadurch die Ausgabe der aktuellen Variablenwerte (inklusive des Wertes der Hilfsgröße ZAEHLER) in die SAS-Datei erfolgt. Danach wird wieder an den Anfang des DATA-Steps verzweigt, so daß ZAEHLER erneut der Wert 0 als Anfangswert zugewiesen und die soeben beschriebene Verarbeitung für die nächste in die SAS-Datei zu übertragene Beobachtung

---

[5]Wir müssen bei der INPUT-Anweisung die formatierte Eingabe (siehe Abschnitt 11.10.1) unter Einsatz des Formatzeichens "/" verwenden, da die von uns standardmäßig verwendete Eingabeform mit der Positionierungsangabe "#1" und "#2" — im Gegensatz zur Beschreibung im SAS-Herstellermanual — fehlerhaft arbeitet.

wiederholt wird. Es werden folglich die eingelesenen Werte aus der Daten-Datei
für die 3. Beobachtung, für die 6. Beobachtung usw. in die SAS-Datei übertragen.
Da unsere Daten-Datei Sätze für 390 Beobachtungen enthält, wird das Ende der
Daten-Datei erkannt, wenn das Ende des DATA-Steps erreicht ist. Ist die Anzahl
der Beobachtungen nicht ganzzahlig durch 3 teilbar, so wird das Dateiende noch
vor dem Erreichen der END-Anweisung festgestellt, woraufhin eine entsprechende
Fehlermeldung ins Log-Protokoll ausgegeben und die Ausführung des DATA-Steps
abgebrochen wird.

DO UNTIL

Soll die den Schleifenprozeß steuernde Bedingung nicht mehr unmittelbar zu Beginn, sondern erst nach dem erstmaligen Durchlauf der angegebenen Anweisungen
überprüft werden, so ist anstelle des Schlüsselworts "WHILE" das Schlüsselwort
"UNTIL" innerhalb der DO-Anweisung in der Form

```
DO UNTIL ( bedingung ) ;
   anweisung-1 ;
 [ anweisung-2 ; ]...
END ;
```

einzusetzen. Jetzt wird die Schleife zunächst einmal durchlaufen und erst anschließend die Schleifenbedingung auf ihre Gültigkeit hin überprüft. Ist die Bedingung erfüllt, so wird der Programmlauf mit der Anweisung fortgesetzt, die auf die
END-Anweisung folgt. Bei unerfüllter Bedingung werden die Schleifenanweisungen
erneut ausgeführt, und dieser Vorgang wird solange wiederholt, bis die Schleifenbedingung erstmals erfüllt ist.
So kann etwa der o.a. DATA-Step wie folgt verändert werden:

```
DATA STUDANF;
    INFILE DATEN;
    ZAEHLER = 0;
    DO UNTIL ( ZAEHLER EQ 3 );
       ZAEHLER = ZAEHLER + 1;
       INPUT  AUSBILD 17 /
              AUSSICHT 24 KENNTNIS 27;
    END;
```

Auch in diesem Fall wird die Variable ZAEHLER, die als Hilfsgröße zum Zählen
benutzt wird, ebenfalls in die SAS-Datei übertragen.

11.2.5 Unbedingte Wiederholung (DO-Anweisung mit Laufvariable)

Ist vor der Ausführung eines Schleifenprozesses bereits bekannt, wie häufig die innerhalb der Schleife aufgeführten Anweisungen zu durchlaufen sind, so kann anstelle

einer DO-Anweisung für eine *bedingte Wiederholung* eine *DO-Anweisung* für eine *unbedingte Wiederholung* in der Form

```
DO laufvariable-1 = anfangswert-1 TO endwert-1
                  [ BY schrittweite-1 ]
   [ laufvariable-2 = anfangswert-2 TO endwert-2
                  [ BY schrittweite-2 ] ]... ;
     anweisung-1 ;
   [ anweisung-2 ; ]...
   END ;
```

eingesetzt werden.

So können wir z.B. den o.a. DATA-Step, der die Übertragung jeder 3. eingelesenen Beobachtung in die SAS-Datei beschreibt, durch den folgenden DATA-Step ersetzen:

```
DATA STUDANF;
    INFILE DATEN;
    DO ZAEHLER = 1 TO 3 BY 1;
        INPUT AUSBILD 17 /
                AUSSICHT 24 KENNTNIS 27;
    END;
```

Bei der Ausführung der DO-Anweisung wird beobachtungsweise wie folgt verfahren: Zunächst wird die Laufvariable ZAEHLER auf den Anfangswert 1 gesetzt, und danach werden die Schleifenanweisungen einmal durchlaufen. Anschließend wird der Wert von ZAEHLER um die Schrittweite 1 auf den Wert 2 erhöht, und die Schleifenanweisungen werden für diesen Wert erneut bearbeitet. Nach der Erhöhung der Laufvariablen von 2 auf 3 wird die Schleife ein weiteres Mal durchlaufen. Danach wird ZAEHLER von 3 auf 4 erhöht. Der Vergleich mit dem Endwert 3 zeigt, daß der Wert der Laufvariablen ZAEHLER den festgesetzten Endwert überschritten hat und demzufolge kein weiterer Schleifendurchlauf erfolgen kann. Damit ist die DO-Anweisung ausgeführt, und der Programmlauf wird mit der Anweisung fortgesetzt, die der END-Anweisung folgt.[6]

Als Anfangs-, End- und Schrittweitenwerte dürfen numerische Ausdrücke in einer DO-Anweisung aufgeführt werden. Ohne Angabe einer Schrittweite wird der Wert 1 als Schrittweitenwert eingesetzt. Gemäß den Angaben für die Laufvariable werden die in der Schleife enthaltenen Anweisungen wiederholt ausgeführt. Dabei wird der Laufvariablen zunächst der Anfangswert, dann der um die Schrittweite erhöhte Anfangswert usw. zugewiesen, bis der Endwert erreicht ist. Sind mehrere Laufvariable angegeben, so bestimmt die zuletzt aufgeführte Laufvariable den Durchlauf, wobei die anderen Laufvariablen ihren Anfangswert annehmen. Danach wird die vorletzte Laufvariable um den zugehörigen Schrittweitenwert erhöht, und die Schleife wird für

---

[6] Alle in DO-Anweisungen enthaltenen Laufvariablen werden mit in die SAS-Datei übernommen (es sei denn, daß sie durch eine DROP-Anweisung von der Übertragung ausgenommen werden, s. Abschnitt 11.7).

diese neue Wertekonstellation nach den Angaben für die letzte Laufvariable durchlaufen. Entsprechend wird bei der weiteren Ausführung der Schleifenanweisungen verfahren, so daß die zuerst aufgeführte Laufvariable am "langsamsten" und die zuletzt aufgeführte am "schnellsten" läuft.

11.2.6 Verarbeitung einer Variablengruppe (ARRAY- und DO-Anweisung mit dem Schlüsselwort OVER)

Sollen für mehrere Variable die gleichen Operationen durchgeführt werden, so lassen sich die betroffenen Variablen als *Variablengruppe* verabreden und der diese Gruppe kennzeichnende *Gruppenname* für die Beschreibung der Verarbeitungsschritte verwenden.

So kann z.B. die Rekodierung der Variablen AUSSICHT und KENNTNIS in der Form

```
AUSSICHT = INT( AUSSICHT / 3 ) + 1;
KENNTNIS = INT( KENNTNIS / 3 ) + 1;
```

durch die Anweisungen

```
ARRAY GRUPPE AUSSICHT KENNTNIS;
DO OVER GRUPPE;
   GRUPPE = INT( GRUPPE / 3 ) + 1;
END;
```

vorgenommen werden.

Durch die *ARRAY-Anweisung* in der Form

```
ARRAY gruppenname variablenliste ;
```

werden die in der Variablenliste aufgeführten Variablen zu einer Variablengruppe zusammengefaßt. Diese Gruppe wird durch den Namen "gruppenname" benannt. Dieser Name muß den Bildungsregeln für einen Variablennamen genügen.

In dem o.a. Beispiel kennzeichnet der Gruppenname "GRUPPE" eine Variablengruppe, die in diesem Fall aus den beiden Variablen AUSSICHT und KENNTNIS besteht.

In einer der ARRAY-Anweisung folgenden *DO-Anweisung* mit dem Schlüsselwort *OVER* in der Form

```
DO OVER gruppenname ;
   anweisung-1 ;
 [ anweisung-2 ; ]...
END ;
```

ist hinter dem Wort "OVER" der Gruppenname aus der ARRAY-Anweisung einzutragen, der als Platzhalter innerhalb der aufgeführten Anweisungen eingesetzt werden darf. Die Anweisungen werden dann für jede Beobachtung zunächst für die erste Variable der Variablengruppe ausgeführt, anschließend für die 2. Variable usw. Dabei wird der als Platzhalter fungierende Gruppenname sukzessive durch den jeweiligen Variablennamen ersetzt.

Im o.a. Beispiel wird in der aufgeführten Anweisung

```
GRUPPE = INT( GRUPPE / 3 ) + 1;
```

der Platzhalter "GRUPPE" zunächst durch den Variablennamen "AUSSICHT" ersetzt und die Zuweisung für die aktuelle Beobachtung ausgeführt. Anschließend wird für dieselbe Beobachtung der Variablenname "KENNTNIS" eingesetzt und die resultierende Zuweisung ausgeführt, so daß die beiden o.a. Programmausschnitte zum gleichen Resultat führen.

Dieses Beispiel sollte die Funktion der ARRAY- und der DO-Anweisung mit dem Schlüsselwort OVER erläutern. Von besonderem Interesse wird diese Möglichkeit natürlich dann, falls eine oder mehrere Anweisungen für sehr viele Variable gleichartig auszuführen sind.

Ist etwa der Wert 0 als Kennung für eine fehlende Antwort kodiert und erfaßt worden, so müßte der Wert 0 durch geeignete SAS-Anweisungen in den fehlenden Wert (mit der Darstellung "."") umgewandelt werden (siehe Abschnitt 6.6). Dazu könnte dann der DATA-Step

```
DATA STUDANF;
    INFILE DATEN;
    INPUT #1 GESCHL 5 FAMSTAND 8 AUSBILD 17
          #2 AUSSICHT 24 ANSPRUCH 25 KENNTNIS 27;
    ARRAY FUERMISS GESCHL--KENNTNIS;
    DO OVER FUERMISS;
       IF FUERMISS EQ 0
          THEN FUERMISS = .;
    END;
```

dienen.

11.2.7 Abbruch der Programmausführung
(STOP- und RETURN-Anweisung)

STOP-Anweisung

Sollen zur Durchführung eines Testlaufs nicht alle, sondern z.B. nur die ersten 30 Beobachtungen aus der Daten-Datei in die SAS-Datei STUDANF übertragen werden, so können wir dazu den DATA-Step

```
DATA STUDANF;
     INFILE DATEN;
     INPUT #1 AUSBILD 17
           #2 AUSSICHT 24 KENNTNIS 27;
     IF _N_ = 31
           THEN STOP;
```

ausführen lassen. Durch den Einsatz der *STOP-Anweisung* in der Form

```
STOP ;
```

wird die Ausführung des DATA-Steps abgebrochen und die SAS-Datei STUDANF
abgeschlossen. Dabei wird die aktuelle Beobachtung — in unserem Fall die 31.
Beobachtung — nicht mehr in die SAS-Datei übertragen.

RETURN-Anweisung

Oftmals soll bei einer für eine Beobachtung festgestellten Ausnahme nicht der gesamte DATA-Step, sondern nur die weitere Bearbeitung für die betreffende Beobachtung abgebrochen werden. Dazu ist die *RETURN-Anweisung* in der Form

```
RETURN ;
```

anzugeben. Dadurch werden die bislang für die aktuelle Beobachtung erzeugten
Werte in die SAS-Datei übertragen, und die Ausführung des DATA-Steps wird für
die nächste Beobachtung mit der Bearbeitung der ersten im DATA-Step enthaltenen
Anweisung fortgesetzt.

Soll z.B. die Rekodierung der Variablen KENNTNIS nur für die Studenten
(GESCHL hat den Kodewert 1) vorgenommen werden, so könnte dazu der DATA-
Step

```
DATA STUDANF;
     INFILE DATEN;
     INPUT #1 GESCHL 5 FAMSTAND AUSBILD 17
           #2 AUSSICHT 24 ANSPRUCH 25 KENNTNIS 27;
     IF GESCHL EQ 2
        THEN RETURN;
     KENNTNIS = INT( KENNTNIS / 3 ) + 1;
```

ausgeführt werden.

11.3 Datenauswahl (DELETE-, IF- und INFILE-Anweisung)

Auswahl gemäß einer Bedingung

Im Abschnitt 7.1 haben wir gelernt, daß wir mit Hilfe der IF- und der DELETE-Anweisung eine Auswahl von Beobachtungen für die Übertragung in eine SAS-Datei festlegen können. Durch die Anweisung

```
IF bedingung
   THEN DELETE ;
```

werden die Beobachtungen ausgeschlossen, welche die angegebene Bedingung erfüllen. Durch das Erreichen der *DELETE-Anweisung* in der Form

```
DELETE ;
```

wird nämlich für die betreffende Beobachtung die weitere Ausführung der Anweisungen des DATA-Steps abgebrochen und *keine* Übertragung der zugehörigen Variablenwerte in die SAS-Datei vorgenommen.

Sollen diejenigen Beobachtungen in eine SAS-Datei übernommen werden, für welche die hinter dem Wort "IF" aufgeführte Bedingung erfüllt ist, so ist die Anweisung

```
IF NOT ( bedingung )
   THEN DELETE ;
```

oder aber

```
IF bedingung
   THEN ;
ELSE DELETE  ;
```

anzugeben. Weil diese Schreibweise sehr aufwendig ist, erlaubt das SAS-System eine abkürzende Angabe in der Form

```
IF bedingung ;
```

d.h. eine *IF-Anweisung ohne THEN-Zweig.*

Sollen z.B. nur die Antworten der Studenten in die SAS-Datei STUDANF übertragen werden, so ist der DATA-Step

```
DATA STUDANF;
     INFILE DATEN;
     INPUT #1 GESCHL 5 FAMSTAND 8 AUSBILD 17
           #2 AUSSICHT 24 ANSPRUCH 25 KENNTNIS 27;
     IF GESCHL EQ 1;
```

auszuführen.

Auswahl von aufeinanderfolgenden Beobachtungen

Oftmals soll nicht die gesamte, sondern nur ein zusammenhängender Ausschnitt einer Daten-Datei in eine SAS-Datei übernommen werden. Dazu kann eine erweiterte *INFILE-Anweisung* in der Form

```
INFILE ddname [ FIRSTOBS = n ] [ OBS = m ] ;
```

angegeben werden, wobei "n" und "m" als Platzhalter für ganzzahlige Werte fungieren. Dabei kennzeichnet "n" den n-ten Satz der Daten-Datei als ersten einzulesenden Satz, so daß die ersten n-1 Sätze am Dateianfang für die Verarbeitung ausgeblendet werden. Die Zahl "m" legt fest, der wievielte Satz der Daten-Datei als letzter Satz durch die Ausführung einer INPUT-Anweisung bearbeitet werden soll, so daß alle bis zum Dateiende nachfolgenden Sätze von der Verarbeitung ausgeschlossen werden.

Fehlt die Spezifikationsangabe "FIRSTOBS = ", so wird die Verarbeitung mit dem 1. Satz innerhalb der Daten-Datei begonnen. Ohne das Schlüsselwort "OBS" wird die Eingabe bis zum letzten in der Daten-Datei vorhandenen Satz durchgeführt.

Sollen z.B. nur die Antworten derjenigen Studenten in die SAS-Datei STUDANF übertragen werden, die in der Daten-Datei unter den ersten 50 Beobachtungen abgespeichert sind, so ist der o.a. DATA-Step durch

```
DATA STUDANF;
     INFILE DATEN OBS = 100;
     INPUT #1 GESCHL 5 FAMSTAND 8 AUSBILD 17
           #2 AUSSICHT 24 ANSPRUCH 25 KENNTNIS 27;
     IF GESCHL EQ 1;
```

zu ersetzen. Die Angabe

```
OBS = 100
```

innerhalb der INFILE-Anweisung muß deswegen gemacht werden, weil die Antworten jedes Fragebogens in jeweils zwei Sätzen der Daten-Datei abgespeichert sind und somit die ersten 100 Sätze innerhalb der Daten-Datei die Werte der ersten 50 Beobachtungen enthalten. Bei Datenstrukturen mit mehreren Satzarten ist entsprechend der Satzzahl pro Beobachtung die zugehörige Satznummer zu errechnen und innerhalb der INFILE-Anweisung für "FIRSTOBS" bzw. "OBS" zu spezifizieren.

Zufallsauswahl

Soll für eine bestimmte Gruppe von Beobachtungen eine *Zufallsauswahl* für die Übertragung in eine SAS-Datei durchgeführt werden, so kann man dazu die Funktion UNIFORM (s. Abschnitt 11.1.2) innerhalb einer Bedingung der Form

```
UNIFORM( 0 ) LE faktor
```

verwenden. Der Wert "faktor" muß eine positive Dezimalzahl sein, die kleiner als
1 ist. Sie legt den Prozentsatz der aus einer Grundgesamtheit auszuwählenden
Beobachtungen fest.

Betrachten wir die Studenten, deren Werte in den Sätzen der Daten-Datei abgespeichert sind, die mit den Beobachtungen zwischen der 100-ten und der 300-ten
Beobachtung korrespondieren. Wollen wir aus diesen Beobachtungen z.B. eine Zufallsauswahl von 50% ziehen lassen, so können wir dazu den DATA-Step

```
DATA STUDANF;
      INFILE DATEN FIRSTOBS = 201 OBS = 600;
      INPUT #1 GESCHL 5 FAMSTAND 8 AUSBILD 17
            #2 AUSSICHT 24 ANSPRUCH 25 KENNTNIS 27;
      IF GESCHL EQ 1 AND UNIFORM ( 0 ) LE 0.5;
```

ausführen lassen. Dabei legen die Angaben

```
FIRSTOBS = 201 OBS = 600
```

fest, daß allein die Sätze zu verarbeiten sind, die hinter dem 200. Satz und vor
dem 601. Satz in der Daten-Datei abgespeichert sind. Für jeden eingelesenen Satz,
für den die Variable GESCHL den Wert 1 besitzt, wird die Funktion UNIFORM
aufgerufen. Diese ermittelt eine Realisierung einer im Intervall zwischen 0 und
1 gleichverteilten Zufallsvariablen. Die Beobachtung wird dann in die SAS-Datei
STUDANF übernommen, falls der Funktionswert kleiner oder gleich dem Wert 0.5
ist.

11.4   Gewichtung (WEIGHT- und FREQ-Anweisung)

Bei den Datenanalysen gehen die Werte einer Beobachtung standardmäßig mit dem
Gewichtungsfaktor 1 ein. Auf diese gleichgewichtige Behandlung aller Beobachtungen kann man bei bestimmten Auswertungen (dies ist prozedurabhängig) mit Hilfe
der Anweisungen WEIGHT und FREQ Einfluß nehmen. Dies ist z.B. dann erforderlich, falls bei geschichteten Stichproben die Größe von Teilstichproben verändert
werden soll.

Eine Gewichtung kann man innerhalb eines *PROC-Steps* durch die Vereinbarung
einer *Gewichtsvariablen* in der Form

```
WEIGHT varname ;
```

vornehmen, wobei die Werte der Variablen "varname" positiv (Vorsicht — negative
Werte werden nicht als fehlerhaft gemeldet), jedoch nicht notwendig ganzzahlig sein
müssen.

Die Art, wie bei der Auswertung verfahren wird, legt die jeweilige Datenanalyse
fest. Entweder wird der zu verarbeitende Variablenwert einer Beobachtung mit
dem Gewichtungsfaktor multipliziert, oder aber der Gewichtungsfaktor bestimmt,

mit welcher Häufigkeit die jeweilige Beobachtung in die Analyse einzubeziehen ist.
Enthält die Gewichtsvariable fehlende Werte, so wird für die zugehörigen Beobachtungen der Wert 0 als Gewichtungsfaktor festgelegt.

Eine Gewichtung kann z.B. auch sinnvoll sein bei der Analyse von aggregierten
Daten. Dazu betrachten wir die Kontingenztabelle im Abschnitt 10.1.1 und wir
nehmen an, daß wir keinen Zugriff auf die Rohdaten haben und an den Ergebnis-
sen der Zeilenprozentuierung interessiert sind. Mit Hilfe der WEIGHT-Anweisung
erhalten wir durch das SAS-Programm

```
DATA KNTNGNZ;
    INPUT V1 1 V2 2 ANZAHL 3 - 5;
    CARDS;
11 11
12 85
13112
21 12
22 75
23 79
PROC FREQ;
    WEIGHT ANZAHL;
    TABLES V1*V2 / NOCOL NOPERCENT;
RUN;
```

die folgende Kontingenztabelle (Abbildung 11.1) ins Output-Protokoll eingetragen:

```
TABLE OF V1 BY V2

V1          V2

FREQUENCY|
  ROW PCT |       1|       2|       3| TOTAL
  ---------+--------+--------+--------+
         1 |      11 |      85 |     112 |    208
           |   5.29 |  40.87 |  53.85 |
  ---------+--------+--------+--------+
         2 |      12 |      75 |      79 |    166
           |   7.23 |  45.18 |  47.59 |
  ---------+--------+--------+--------+
  TOTAL          23      160      191      374
```

Abbildung 11.1: Kontingenztabelle

Durch die WEIGHT-Anweisung wird nämlich z.B. für die Zelle, die durch die Eigenschaft "V1 EQ 1 AND V2 EQ 2" beschrieben ist, folgendes festgelegt:
Die Häufigkeit, mit der für V1 der Wert 1 und für V2 der Wert 2 eingelesen wird,
ist gleich 1, und folglich ergibt sich durch die Gewichtung mit dem Faktorwert 85,
daß diese Zelle 85 Merkmalsträger enthält.

Für die Berechnung der statistischen Kennwerte (insbesondere der Freiheitsgrade)
ist trotz des Einsatzes der WEIGHT-Anweisung allein die Anzahl der in die Analyse
einbezogenen Beobachtungen maßgebend. Sollen entsprechend des jeweiligen Ge-
wichtungsfaktors, der dann ganzzahlig sein muß nicht die Werte, sondern die Einbe-
ziehung der jeweiligen Beobachtungen in die Datenanalyse gewichtet werden, so ist
innerhalb einer Prozedur anstelle der WEIGHT-Anweisung eine *FREQ-Anweisung*
in der Form

```
FREQ varname ;
```

anzugeben. Dadurch wird jede Beobachtung sooft gezählt (und in der Berechnung
von Freiheitsgraden berücksichtigt), wie der zugehörige, in der Variable "varname"
abgespeicherte ganzzahlige Wert angibt.

11.5   Kommentierung von SAS-Anweisungen
und Ausgabe von Seitenüberschriften und Fußnoten
(COMMENT-, TITLE- und FOOTNOTE-Anweisung)

COMMENT-Anweisung

Innerhalb von DATA- und PROC-Steps können wir dokumentarische Angaben in
das Log-Protokoll ausgeben lassen, indem wir den entsprechenden Text innerhalb
einer *COMMENT-Anweisung* in der Form [7]

```
COMMENT text ;
```

eintragen. Reicht für die Angabe des Textes eine Programmzeile nicht aus, so darf
seine Kodierung in weiteren Programmzeilen fortgesetzt werden. Als Einschränkung
für die Zeichenwahl ist zu beachten, daß der kommentierende Text kein Semikolon
(;) enthalten darf.
So können wir als Programmdokumentation etwa den Text "AUSWERTUNG
FUER DIE STUDENTEN" in der Form

```
        :
IF GESCHL EQ 1;
COMMENT AUSWERTUNG FUER DIE STUDENTEN;
PROQ FREQ;
        :
```

in das SAS-Programm eintragen.

---

[7]Anstelle des Wortes "COMMENT" darf man das Sternzeichen "*" angeben.

TITLE-Anweisung

Zur besseren Dokumentation der Ausgaben ins Output-Protokoll können wir zu Beginn jeder neuen Druckseite einen Text von maximal 10 Zeilen mit jeweils maximal 80 Zeichen ("80" ist die voreingestellte Zeichenzahl, die durch eine entsprechende Angabe in einer OPTIONS-Anweisung — s. Abschnitt 7.1 — bis auf den Maximalwert von "132" erhöht werden darf) ausgeben lassen. Dazu sind eine oder mehrere *TITLE-Anweisungen* in der Form

    TITLE[n] 'text' ;

innerhalb eines DATA- oder PROC-Steps zu kodieren. Dabei gibt der Wert "n", der jeweils unmittelbar hinter dem "E" von "TITLE" aufzuführen ist ($1 \leq n \leq 10$), die Nummer der Zeile an, in die der angegebene Text einzutragen ist. Dabei werden - bei zu langem Text - überzählige Zeichen am Textende abgeschnitten. Anstelle von "TITLE1" für die Ausgabe in die erste Überschriftszeile darf abkürzend "TITLE" geschrieben werden.

Den Einsatz von TITLE-Anweisungen haben wir bereits im Zusammenhang mit den Ausgaben der PRINT-Prozedur (s. Abschnitt 7.1) kennengelernt. Generell gilt, daß jede TITLE-Anweisung solange zu einer entsprechenden Ausgabe in der durch sie spezifizierten Druckzeile des Output-Protokolls führt, bis die verabredete Überschrift durch eine nachfolgende TITLE-Anweisung (mit derselben Zeilennummer) überschrieben wird. Hierbei ist zu berücksichtigen, daß daraufhin alle bis dahin vereinbarten Überschriftszeilen mit einer höheren Zeilennummer als Leerzeilen ausgegeben werden. Sollen von einer bestimmten Zeile an anstelle der für die in dieser und in den nachfolgenden Zeilen bislang verabredeten Überschrift neuerdings Leerzeilen ausgegeben werden, so ist die *TITLE-Anweisung* in der Form

    TITLE[n] ;

ohne Textangabe aufzuführen. Anschließend werden in der n-ten und in den nachfolgenden Überschriftszeilen Leerzeichen ins Output-Protokoll eingetragen.

FOOTNOTE-Anweisung

Innerhalb des OUTPUT-Protokolls können wir bis zu 10 Fußnotenzeilen am Ende einer Ausgabeseite protokollieren lassen. Dazu sind eine oder mehrere *FOOTNOTE-Anweisungen* in der Form

    FOOTNOTE[m] 'text' ;

innerhalb eines DATA- oder eines PROC-Steps aufzuführen (wie wir es bereits im Abschnitt 7.1 beim Einsatz der PRINT-Prozedur kennengelernt haben). Im Hinblick auf die Gültigkeit, die Änderung und die Aufhebung von Fußnotenzeilen entspricht die Wirkung einer FOOTNOTE-Anweisung genau der Wirkung einer TITLE-Anweisung, so daß die o.a. Vorschriften entsprechend modifiziert gültig sind.

11.6   Temporäre und permanente SAS-Dateien

Temporäre SAS-Dateien

Bisher haben wir eine SAS-Datei, deren Daten von einer Prozedur auszuwerten sind, durch die Ausführung einer DATA-Anweisung in der Form

```
DATA sas-dateiname ;
```

erstellen lassen.   Die durch diese Anweisung eingerichtete SAS-Datei "sas-dateiname" ist eine *temporäre* SAS-Datei, da sie nur solange zur Verfügung steht, bis der Dialog mit dem SAS-System durch das Kommando "BYE" beendet wird. Die oben angegebene Schreibweise der DATA-Anweisung kürzt die eigentlich erforderliche Angabe

```
DATA WORK.sas-dateiname ;
```

ab. Dabei ist "*WORK*" ein standardmäßig verabredeter DD-Name, der — ohne Zutun des Anwenders — auf eine vom SAS-System eingerichtete Magnetplatten-Datei weist. Jedesmal, wenn *nur* der Dateiname hinter dem Schlüsselwort "DATA" angegeben wird, nimmt das SAS-System *automatisch* den DD-Namen "WORK" an.

Einrichtung von permanenten SAS-Dateien

Soll eine SAS-Datei für weitere Auswertungen langfristig zur Verfügung gehalten werden, so ist sie als *permanente* SAS-Datei zu erstellen. Zur Einrichtung einer permanenten SAS-Datei muß ein geeigneter — von "WORK" verschiedener — DD-Name vor dem SAS-Dateinamen — durch einen Punkt getrennt — in der Form

```
DATA ddname.sas-dateiname ;
```

aufgeführt werden. Der DD-Name muß auf eine Magnetplatten-Datei weisen, die entweder in einem vorausgegangenen Dialog erstellt wurde (siehe unten) oder im aktuellen Dialog zuvor durch die Ausführung der beiden X-Anweisungen

```
X ATTRIB SATZBAU DSORG(DA) RECFM(U);
X ALLOC DD(ddname) DA(dateiname) UNIT(SYSDA) VOL(kennung) NEW
      TRACKS SPACE(5 1) USING(SATZBAU);
```

eingerichtet worden ist. Dabei legt die erste X-Anweisung den Satzbau fest, und die zweite X-Anweisung spezifiziert die Kennung der Magnetplatte ("kennung"), den Namen der Magnetplatten-Datei ("dateiname"), den erforderlichen Speicherplatz ("SPACE(5 1)") und den für den Zugriff erforderlichen DD-Namen ("ddname").

Zugriff auf permanente SAS-Dateien

Soll auf die innerhalb einer permanenten SAS-Datei abgespeicherten Daten zugegriffen werden, so ist zuvor eine X-Anweisung der Form

```
    X ALLOC DD(ddname) DA(dateiname) ;
```

mit dem Namen der Magnetplatten-Datei und dem DD-Namen zur Herstellung der
Verknüpfung ausführen zu lassen.
Haben wir z.B. durch die Anweisungen

```
    X ATTRIB SATZBAU DSORG(DA) RECFM(U);
    X ALLOC DD(SASBIB) DA('A20A.BIBLIO.DATA') UNIT(SYSDA) VOL(USER04)
          NEW TRACKS SPACE(5 1) USING(SATZBAU);
```

eine Magnetplatten-Datei "A20A.BIBLIO.DATA" auf einem Laufwerk mit der Kennung "USER04" eingerichtet, so können wir mit dem verabredeten DD-Namen
"SASBIB" etwa durch den DATA-Step

```
    DATA SASBIB.STUDANF;
         INFILE DATEN;
         INPUT #1 GESCHL 5 FAMSTAND 8 AUSBILD 17
               #2 AUSSICHT 24 ANSPRUCH 25 KENNTNIS 27;
```

die SAS-Datei "STUDANF" als permanente SAS-Datei erstellen.
Nach der Beendigung des Dialogs und einem erneuten Aufruf des SAS-Systems
durch das Kommando "SAS" kann z.B. durch

```
    X ALLOC DD(SASBIB) DA('A20A.BIBLIO.DATA');
    PROC prozedurname DATA = SASBIB.STUDANF;
```

auf die permanente SAS-Datei "STUDANF" zugegriffen werden und eine entsprechende Auswertung über die Prozedur "prozedurname" erfolgen.
Alternativ zu diesem Vorgehen läßt sich die *LIBNAME-Anweisung* in der Form

```
    LIBNAME ddname 'sas-dateiname' ;
```

zur Verbindung von DD-Name und Name der Magnetplatten-Datei einsetzen. In
diesem Fall kann die Anweisung

```
    LIBNAME SASBIB 'A20A.BIBLIO.DATA';
```

anstelle der oben angegebenen X-Anweisung verwendet werden.
Genau wie bei der DATA-Anweisung muß auch in einer PROC-Anweisung durch die
Angabe des DD-Namens auf eine permanente SAS-Datei Bezug genommen werden.
Dazu ist der DD-Name dem SAS-Dateinamen — durch einen Punkt getrennt —
voranzustellen und in der *DATA-Option* in der Form

```
    PROC prozedurname DATA = ddname.sas-dateiname ;
```

anzugeben. Die DATA-Option braucht nicht aufgeführt zu werden, wenn die zu
analysierende SAS-Datei von dem letzten vorausgehenden DATA-Step eingerichtet
wurde.

Voreingestellte SAS-Dateinamen

Soll in mehreren aufeinanderfolgenden Datenanalysen auf stets ein und dieselbe SAS-Datei zugegriffen werden, so kann auf die DATA-Option in den PROC-Anweisungen verzichtet werden, sofern zuvor durch die Ausführung einer *OPTIONS-Anweisung* in der Form

```
OPTIONS _LAST_ = [ ddname. ] sas-dateiname ;
```

eine Voreinstellung für die zu verarbeitende SAS-Datei verabredet wurde. Diese Einstellung gilt solange, bis eine neue SAS-Datei durch einen nachfolgenden DATA-Step erstellt wird.

Bei der Einrichtung von temporären SAS-Dateien ist es oftmals nicht erforderlich, einen charakteristischen SAS-Dateienamen zu verabreden. In dieser Situation kann auf die Angabe eines SAS-Dateinamens in der DATA-Anweisung verzichtet und stattdessen das Schlüsselwort "_DATA_" in der Form

```
DATA _DATA_ ;
```

oder dafür abkürzend

```
DATA ;
```

geschrieben werden. In diesem Fall wird der SAS-Dateiname "*DATAn*" vergeben, wobei "n" als Platzhalter für eine ganze Zahl steht. Der jeweilige Wert für "n" gibt an, daß bereits "n - 1" SAS-Dateien zuvor ohne explizite Angabe eines SAS-Dateinamens durch einen derartigen DATA-Step eingerichtet wurden.

Soll in bestimmten Situationen (vgl. Abschnitt 6.7) überhaupt keine SAS-Datei durch die Ausführung eines DATA-Steps eingerichtet werden, so ist die DATA-Anweisung — wie wir bereits wissen — mit dem Schlüsselwort "_NULL_" in der Form

```
DATA _NULL_ ;
```

anzugeben.

SAS-Dateien-Bibliothek

Grundsätzlich werden SAS-Dateien — egal ob sie temporär oder permanent eingerichtet sind — vom SAS-System in *SAS-Dateien-Bibliotheken* abgespeichert. Dies besagt, daß die Magnetplatten-Datei, auf die über einen DD-Namen bei der Angabe einer SAS-Datei verwiesen wird, nicht nur eine, sondern mehrere SAS-Dateien als (Bibliotheks-)Elemente enthalten darf.

Sind etwa während eines Dialogs mit dem SAS-System die temporären SAS-Dateien STUDANF, DATA1 und DATA2 sowie die permanenten SAS-Dateien STUDANF (identifiziert über den DD-Namen SASBIB), STUDNEU (gleichfalls identifiziert

über den DD-Namen SASBIB) und STUDMOD (identifiziert über den DD-Namen
SASMOD) als Elemente zweier SAS-Dateien-Bibliotheken eingerichtet worden, so
kann auf diese Elemente wie folgt zugegriffen werden (Abbildung 11.2):

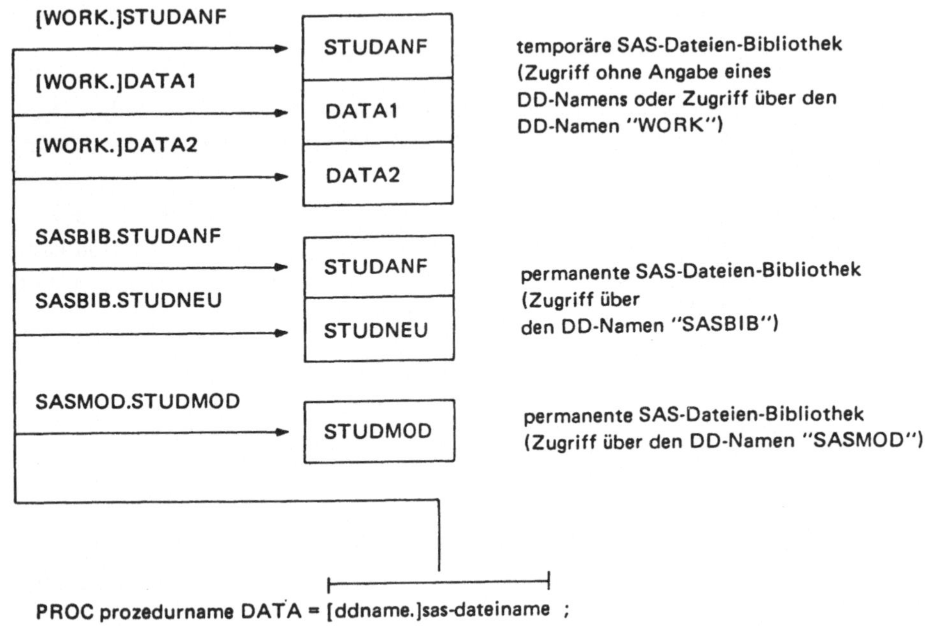

Abbildung 11.2: Zugriff auf SAS-Dateien-Bibliotheken

Wird in der PROC-Anweisung der Platzhalter "[ddname.]sas-dateiname" durch eine
der oben angegebenen 6 möglichen Kennungen ersetzt, so wird die Auswertung für
die Daten vorgenommen, die in der gekennzeichneten SAS-Datei innerhalb der temporären bzw. in einer der beiden permanenten SAS-Dateien-Bibliotheken abgespeichert sind.

11.7   Modifikation von SAS-Dateien

(SET-, KEEP-, DROP- und RENAME-Anweisung)

In Abhängigkeit von der jeweiligen Fragestellung sind die Daten vor einer Auswertung evtl. geeignet zu modifizieren, wobei u.U. auch eine Auswahl von Beobachtungen zu treffen ist. In der Regel ist es sehr aufwendig, für die hierzu erforderlichen Operationen stets erneut eine Übertragung der Daten aus der Daten-
Datei in eine SAS-Datei vorzunehmen. Oftmals lassen sich nämlich die erwünschten

Veränderungen auf zuvor durchgeführten Auswahlen und Modifikationen aufbauen. Außerdem wird die Programmausführung beschleunigt, weil die Daten in einem für die interne Verarbeitung geeignetem Ablageformat angeliefert werden und nicht erst durch zeitaufwendige Umformungen aufbereitet werden müssen.

Somit sollte — nach der Datenkorrektur und den vorab für alle Analysen durchzuführenden Datenmodifikationen — eine permanente SAS-Datei erstellt werden, die den Ausgangspunkt für alle Datenanalysen darstellt. Anschließend läßt sich aus dieser Basisdatei diejenige SAS-Datei aufbauen, die für die jeweilige Analyse bereitgestellt werden muß. Dabei ist es erlaubt, während der beobachtungsweise durchgeführten Datenübertragung eine oder mehrere Variablen herauszufiltern (Abbildung 11.3).

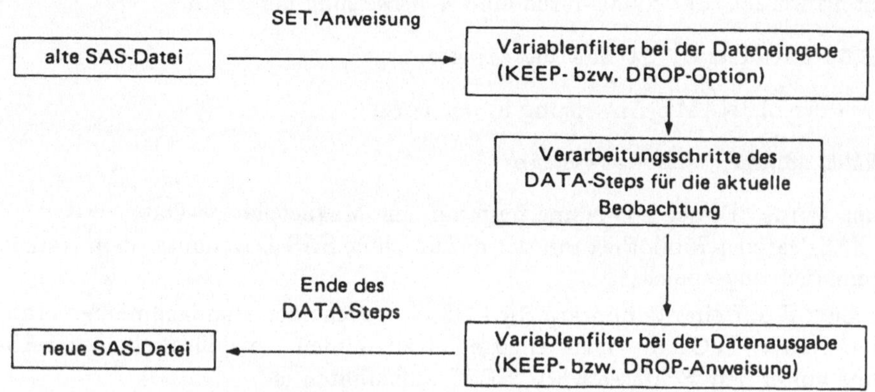

Abbildung 11.3: Ergänzung/Reduktion von SAS-Dateien-Bibliotheken

SET-Anweisung

Zur Eingabe von Datensätzen aus einer bestehenden SAS-Datei ist die *SET-Anweisung* in der Form[8]

```
SET [ ddname. ] sas-dateiname
           [ ( [ DROP = variablenliste-1
             | KEEP = variablenliste-2 ]
             [ FIRSTOBS = n ] [ OBS = m ] ) ] ;
```

einzusetzen. Diese Anweisung entspricht in ihrer Wirkung der Ausführung der INPUT-Anweisung bei der Dateneingabe aus einer Daten-Datei.

Durch die Ausführung der SET-Anweisung werden beobachtungsweise die Werte der in der SAS-Datei abgespeicherten Variablen für die Verarbeitung innerhalb

---

[8] In den Variablenlisten darf keine Angabe der Form "varname_1–varname_2" gemacht werden.

des DATA-Steps zugänglich gemacht. Beim erstmaligen Durchlaufen der SET-Anweisung wird der erste Datensatz aus der aufgeführten SAS-Datei eingelesen, so daß die dadurch übertragenen Daten als Variablenwerte der aktuellen Beobachtung weiterverarbeitet werden können. Wird die SET-Anweisung ein zweites Mal durchlaufen, so wird der Inhalt des 2. Satzes übertragen usw. Die Durchführung des DATA-Steps endet nach der letztmaligen Ausführung der SET-Anweisung, mit welcher der letzte in der SAS-Datei enthaltene Datensatz zur weiteren Verarbeitung bereitgestellt wird.

Sind die Daten aus einer permanenten SAS-Datei zu übernehmen, so muß dem SAS-Dateinamen ein DD-Name in der Form

```
ddname.sas-dateiname
```

vorangestellt werden, der zuvor durch eine X-Anweisung der Form

```
X ALLOC DD(ddname) DA(sas-dateiname);
```

bzw. durch die LIBNAME-Anweisung in der Form

```
LIBNAME ddname 'sas-dateiname' ;
```

verabredet wurde. Dieser DD-Name muß auf eine Magnetplatten-Datei weisen, in der eine SAS-Dateien-Bibliothek mit der gewünschten SAS-Datei unter dem Namen "sas-dateiname" abgespeichert ist.

Für den Zugriff auf eine temporäre SAS-Datei braucht der standardmäßig verabredete DD-Name "WORK" nicht angegeben zu werden, so daß allein der SAS-Dateiname hinter dem Schlüsselwort "SET" aufzuführen ist.

So können wir z.B. auf die permanente SAS-Datei STUDANF, die in der Magnetplatten-Datei "A20A.BIBLIO.DATA" als Element einer SAS-Dateien-Bibliothek abgespeichert ist, in folgender Weise zugreifen:

```
X ALLOC DD(SASBIB) DA('A20A.BIBLIO.DATA');
DATA STUD_W;
     SET SASBIB.STUDANF;
     IF GESCHL EQ 2;
```

Als Ergebnis erhalten wir die temporäre SAS-Datei STUD_W mit den Antworten der Studentinnen.

Die SET-Optionen

Sollen nicht alle gesicherten Variablenwerte eingelesen, sondern nur ein Datenausschnitt herausgefiltert werden, so sind diesbzgl. Angaben als Optionen innerhalb der SET-Anweisung zu machen.

Durch die Eintragung einer *DROP-Option* werden nur die Werte der nicht aufgeführten Variablen bereitgestellt. Beim Einsatz der *KEEP-Option* werden allein die innerhalb der Variablenliste angegebenen Variablen übertragen.

Die Reihenfolge der Ablage innerhalb der durch den DATA-Step einzurichtenden SAS-Datei wird durch die Reihenfolge der Variablen in der alten SAS-Datei bestimmt und kann nicht verändert werden.

Sollen nicht alle, sondern nur ein (zusammenhängender) Teil der Beobachtungen bereitgestellt werden, so sind hierzu Angaben innerhalb der FIRSTOBS- und der OBS-Option zu machen. Dabei kennzeichnet der Spezifikationswert "n" innerhalb der *FIRSTOBS-Option* die Nummer der ersten einzulesenden Beobachtung, und der Wert "m" innerhalb der *OBS-Option* die Anzahl der einzulesenden Beobachtungen.[9]

DROP- und KEEP-Anweisung

Auf die Ausgabe der Variablenwerte am Ende des DATA-Steps (in die SAS-Datei, die durch die DATA-Anweisung festgelegt ist) kann über die Anweisungen DROP und KEEP Einfluß genommen werden.

Wir haben z.B. in dem im Abschnitt 11.2.5 angegebenen Beispiel eine Variable namens ZAEHLER als Laufvariable benutzt, deren Ablage in der SAS-Datei nicht sinnvoll ist. Sollen Laufvariable, andere Hilfsgrößen bzw. bislang gespeicherte Variable von der Übernahme in eine zu erstellende SAS-Datei ausgeschlossen werden, so sind die Anweisungen DROP und KEEP einzusetzen.

Durch die Angabe der *DROP-Anweisung* in der Form

```
DROP variablenliste ;
```

wird bestimmt, daß die Werte für die in der Variablenliste aufgeführten Variablen nicht in die SAS-Datei zu übertragen sind.

Alternativ zur DROP-Anweisung läßt sich die *KEEP-Anweisung* in der Form

```
KEEP variablenliste ;
```

einsetzen. Hierdurch werden die Variablen benannt, die bei der Ausgabe in die SAS-Datei übernommen werden sollen. Alle nicht angegebenen Variablen werden nicht übertragen. Die Reihenfolge, in der die Variablen in der neuen SAS-Datei angeordnet sind, entspricht der ursprüngliche Reihenfolge, die nicht verändert werden kann.

RENAME-Anweisung

Sollen die Namen von Variablen vor der Übertragung in eine SAS-Datei umbenannt werden, so ist hierzu die *RENAME-Anweisung* in der Form

```
RENAME varname-alt-1 = varname-neu-1
       [ varname-alt-2 = varname-neu-2 ] ... ;
```

---

[9] Hierbei ist zu beachten, daß die Angaben für die OBS-Option bei der SET- und der INFILE-Anweisung unterschiedliche Bedeutungen haben. Bei der SET-Anweisung kennzeichnet der Spezifikationswert die Anzahl der einzulesenden Beobachtungen, während er bei der INFILE-Anweisung die Position des letzten einzulesenden Satzes beschreibt.

anzugeben. Dadurch erhalten die Variablen, deren Namen vor einem Gleichheitszeichen aufgeführt sind, den jeweils hinter dem Gleichheitszeichen eingetragenen Namen als neuen Variablennamen.

Die RENAME-Anweisung ist nur auf diejenigen Variablen anzuwenden, die in die zu erstellende SAS-Datei übernommen werden sollen. Dabei dürfen die neuerlichen Variablennamen nicht in einer KEEP-Anweisung angegeben sein (die Aufführung in einer DROP-Anweisung ist sowieso sinnlos).

Sollen z.B. aus der temporären SAS-Datei STUD_W (s.o.) die Variablen GESCHL und KENNTNIS für die ersten 15 Beobachtungen herausgefiltert und in eine neue temporäre SAS-Datei namens STUD_W_R übertragen werden, wobei die Variable GESCHL in "SEX" umzubenennen ist, so ist der DATA-Step

```
DATA STUD_W_R;
     SET STUD_W ( OBS = 15 );
     KEEP  GESCHL KENNTNIS;
     RENAME GESCHL = SEX;
```

auszuführen.[10]

11.8   Inhaltsverzeichnis von SAS-Dateien (CONTENTS-Prozedur)

Um sich einen Überblick über den Inhalt einer SAS-Dateien-Bibliothek bzw. der in einer SAS-Datei abgespeicherten Variablen zu verschaffen, kann die *CONTENTS-Prozedur* in der Form

```
PROC CONTENTS [ DATA = [ ddname. ] sas-dateiname ]
   [ DIRECTORY ] [ HISTORY ] [ NOSOURCE ] [ POSITION ] [ SHORT ] ;
```

eingesetzt werden. In der DATA-Option ist die SAS-Datei zu spezifizieren, über deren Inhalt Informationen im Output-Protokoll auszugeben sind. Soll sich auf die durch einen vorausgehenden DATA-Step zuletzt eingerichtete SAS-Datei bezogen werden, so kann die Angabe der DATA-Option unterbleiben.

Standardmäßig werden die Kenndaten für die spezifizierte SAS-Datei und die in dieser Datei abgespeicherten Variablen gemäß der alphabetischen Sortierordnung der Variablennamen protokolliert. Dabei werden neben den Variablennamen auch die zugehörigen Positionsnummern, die Variablentypen, die Speicherpositionen (d.h. die Positionen relativ zum Datensatzanfang bei der internen Ablage) der zugehörigen Variablenwerte und evtl. Angaben zur Etikettierung von Variablenwerten über hierzu verabredete Formatnamen und zur Etikettierung von Variablennamen gemacht.

---

[10]Die Anweisungen DROP, KEEP und RENAME können an jeder Stelle des DATA-Steps stehen. Sie werden erst bei der Übertragung der Variablenwerte in die SAS-Datei wirksam.

Am Protokollende wird standardmäßig der DATA-Step protokolliert, durch dessen Ausführung diese SAS-Datei zuvor aufgebaut wurde.

Der Inhalt des Protokolls läßt sich durch die zusätzliche Angabe der folgenden Optionen steuern (Tabelle 11.5):

DIRECTORY	die Standardausgabe wird durch ein Inhaltsverzeichnis der SAS-Dateien-Bibliothek eingeleitet, in der die spezifizierte SAS-Datei enthalten ist
HISTORY	es werden zusätzlich alle DATA-Steps protokolliert, deren Ausführung den aktuellen Stand der spezifizierten SAS-Datei bewirkt haben (die Anzahl der DATA-Steps, deren Programmzeilen abgespeichert werden, kann über die Spezifikation GEN der OPTION-Anweisung eingestellt werden)
NOSOURCE	es wird auf die Ausgabe des DATA-Steps verzichtet, der zum Aufbau der SAS-Datei geführt hat
POSITION	neben den standardmäßig protokollierten Informationen, die nach den Variablennamen alphabetisch sortiert sind, wird eine weitere Übersicht ausgegeben, die nach den Positionsnummern der Variablen innerhalb der SAS-Datei geordnet ist
SHORT	es werden nur die Variablennamen und Angaben über den Ursprung der abgespeicherten Daten protokolliert

Tabelle 11.5: Optionen der Prozedur CONTENTS

So erhalten wir etwa durch die Ausführung des PROC-Steps

```
PROC CONTENTS DATA = SASBIB.STUDANF SHORT POSITION;
```

die folgende Druckausgabe (Abbildung 11.4):

```
CONTENTS PROCEDURE
CONTENTS OF SAS MEMBER SASBIB.STUDANF


----ALPHABETIC LIST OF VARIABLES AND ATTRIBUTES-----
ANSPRUCH AUSBILD  AUSSICHT FAMSTAND GESCHL   KENNTNIS
----LIST OF VARIABLES AND ATTRIBUTES BY POSITION----
GESCHL   FAMSTAND AUSBILD  AUSSICHT ANSPRUCH KENNTNIS
```

Abbildung 11.4: Beispiel für eine Druckausgabe der Prozedur CONTENTS

Wollen wir uns über den gesamten Inhalt einer SAS-Dateien-Bibliothek informieren,
so ist die CONTENTS-Prozedur in der Form

```
PROC CONTENTS DATA = [ ddname. ] _ALL_ ;
```

anzugeben, wobei das Schlüsselwort "_ALL_" an den Punkt anzufügen ist, sofern
ein DD-Name eingetragen wird. Soll dabei nur das Inhaltsverzeichnis und keine
Detailinformation über die einzelnen SAS-Dateien ausgegeben werden, so ist diese
Anweisung um die Option "*NODS*" in der Form

```
PROC CONTENTS DATA = [ ddname. ] _ALL_  NODS ;
```

zu ergänzen.

11.9   Verknüpfung und Aufgliederung von SAS-Dateien
(MERGE-, SET- und OUTPUT- Anweisung)

Verknüpfung von parallelen SAS-Dateien

Besitzen zwei oder mehrere SAS-Dateien die gleichen Beobachtungen — es handelt
sich um sog. *parallele SAS-Dateien* —, so kann man die in den einzelnen SAS-
Dateien abgespeicherten Variablen in eine neue gemeinsame SAS-Datei übertragen
lassen. Dazu ist eine *MERGE-Anweisung* in der Form

```
MERGE [ ddname-1. ] sas-dateiname-1
      [ ddname-2. ] sas-dateiname-2
    [ [ ddname-3. ] sas-dateiname-3 ]... ;
```

zu kodieren. Für temporäre SAS-Dateien ist jeweils nur der SAS-Dateiname und für
permanente SAS-Dateien zusätzlich ein einleitender DD-Name mit nachfolgendem
Punkt anzugeben.

Bei der erstmaligen Ausführung einer MERGE-Anweisung werden die jeweils ersten
Datensätze aus den einzelnen SAS-Dateien gelesen und die Satzinhalte als Werte
einer einzigen Beobachtung aufgefaßt. Dabei sind die Beobachtungswerte in der
gleichen Reihenfolge angeordnet, wie die innerhalb der MERGE-Anweisung auf-
geführten SAS-Dateien, aus denen sie bereitgestellt werden. Die Gesamtheit dieser
Werte wird (unter Berücksichtigung von evtl. nach der Eingabe durchgeführten
Datenmodifikationen) — beim Erreichen des Endes des DATA-Steps bzw. bei der
Ausführung einer RETURN-Anweisung — als erster Satz in die zu erstellende SAS-
Datei übertragen, deren Name innerhalb der den DATA-Step einleitenden DATA-
Anweisung spezifiziert ist. Wird die MERGE-Anweisung zum zweiten Mal durch-
laufen, so erfolgt die Verknüpfung der Werte der jeweils zweiten Sätze und die
Ausgabe des daraus resultierenden zweiten Satzes in die einzurichtende SAS-Datei
usw. (siehe die Abbildung 11.5 auf der nächsten Seite).

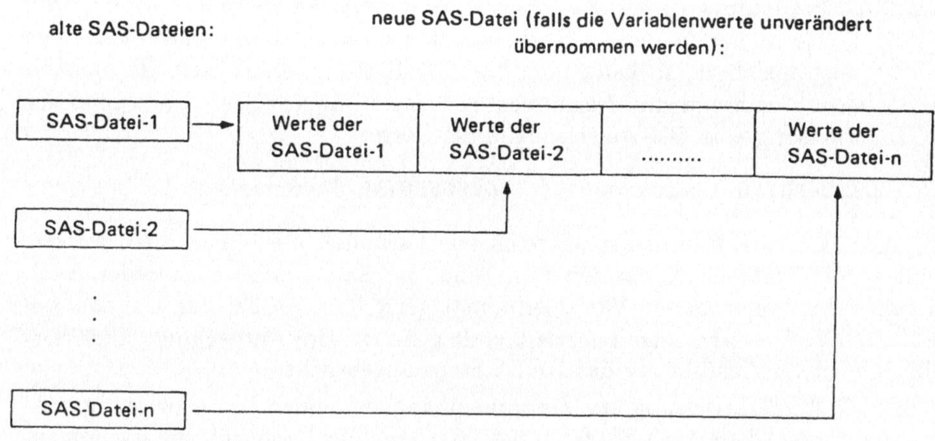

Abbildung 11.5: Verbindung von parallelen SAS-Dateien

Sind in zwei oder mehreren parallelen SAS-Dateien gleichnamige Variable enthalten, so wird für jede Variable stets derjenige Wert als Variablenwert bei der Eingabe bereitgestellt, der zu der am weitesten hinten in der MERGE-Anweisung aufgeführten SAS-Datei gehört.

Stimmt die Anzahl der Beobachtungen innerhalb der zu verbindenden SAS-Dateien nicht überein, so wird die Anzahl der Beobachtungen für die zu erstellende SAS-Datei durch die maximale Beobachtungszahl festgelegt. Für die Variablen, für die in dieser Situation keine Werte vorliegen, wird jeweils der fehlende Wert zugeordnet.

Liegen z.B. die beiden permanenten SAS-Dateien STUD1 und STUD2 mit jeweils den Variablen vor, deren Werte innerhalb der 1. bzw. der 2. Satzart in der Daten-Datei abgespeichert sind, so können wir diese beiden SAS-Dateien durch den DATA-Step

```
LIBNAME SASBIB 'A20A.BIBLIO.DATA';
DATA SASBIB.STUD;
    MERGE SASBIB.STUD1 SASBIB.STUD2;
```

zusammenführen. Dabei wird unterstellt, daß die beiden parallelen SAS-Dateien STUD1 und STUD2 genau wie die resultierende SAS-Datei STUD Elemente einer permanenten SAS-Dateien-Bibliothek sind, die in der Magnetplatten-Datei "A20A.SASBIB.DATA" abgespeichert ist.

Beim Verbinden von mehreren SAS-Dateien ist in der Regel sicherzustellen, daß die für eine Beobachtung zusammenzumischenden Variablenwerte in miteinander korrespondierenden Datensätzen abgespeichert sind. Dazu sollten in jeder SAS-Datei eine oder mehrere Indikator-Variable vorhanden sein, mit Hilfe deren Werte die richtige Zuordnung gewährleistet werden kann.

Sind z.B. die Sätze in den beiden o.a. SAS-Dateien STUD1 und STUD2 bzgl.
der Identifikationsnummern für die Fragebögen jeweils aufsteigend sortiert, und
sind diese Werte in der in beiden SAS-Dateien vorhandenen Indikator-Variablen
IDENTNR abgespeichert, so kann man das SAS-System veranlassen, die aufsteigende Sortierung während des Zusammenmischens zu überprüfen. Dazu muß der
MERGE-Anweisung eine *BY-Anweisung* in der Form

```
BY [ DESCENDING ] varname-1 [ [ DESCENDING ] varname-2 ]... ;
```

folgen. Die in dieser Anweisung aufgeführten Variablen müssen in allen zu verbindenden SAS-Dateien vorhanden sein, und die Sätze müssen in jeder SAS-
Datei bzgl. der Werte dieser Variablen aufsteigend bzw. — bei der Angabe von
"DESCENDING" — absteigend sortiert vorliegen. Bei der Entdeckung eines Sortierfehlers wird die Ausführung des DATA-Steps abgebrochen.

Wird die MERGE-Anweisung im Zusammenhang mit einer BY-Anweisung ausgeführt, so werden diejenigen Sätze zu den Werten einer Beobachtung zusammengemischt, die für die Kriteriumsvariablen denselben Wert besitzen.

In unserem Fall ergänzen wir den o.a. DATA-Step um die BY-Anweisung mit der
Variablen IDENTNR, so daß wir den DATA-Step

```
DATA SASBIB.STUD;
    MERGE SASBIB.STUD1 SASBIB.STUD2;
    BY IDENTNR;
```

erhalten. Bei der Ausführung dieses DATA-Steps wird die vorhandene Sortierung
in STUD1 und STUD2 überprüft, und es werden die Satzinhalte mit gleichen Identifikationsnummern zu den Werten einer Beobachtung zusammengemischt. Dies
geschieht allerdings auch dann, falls in einer SAS-Datei Sätze fehlen oder aber doppelt auftreten.

Enthält etwa die SAS-Datei STUD1 zwei Sätze mit der Identifikationsnummer 114,
so wird zu jedem dieser beiden Sätze der Inhalt des Satzes mit der Identifikationsnummer 114 aus der SAS-Datei STUD2 hinzugemischt, so daß der betreffende
Fragebogen für die Auswertung doppelt gezählt würde.

Will man diese Inkonsistenz ausschließen, so muß man während des Zusammenmischens eine Konsistenzüberprüfung durchführen.

Unter der Voraussetzung, daß die Variable mit den Identifikationsnummern in der
SAS-Datei STUD1 den Namen IDENTNR1 und in der SAS-Datei STUD2 den Namen IDENTNR2 trägt, können wir den DATA-Step

```
DATA SASBIB.STUD;
    MERGE SASBIB.STUD1 SASBIB.STUD2;
    IF IDENTNR1 NE IDENTNR2
        THEN DO;
            ERROR 'FEHLER';
            STOP;
        END;
```

ausführen lassen. Falls bei der Verbindung von zwei einander zugeordneten Satzarten die beiden in IDENTNR1 und IDENTNR2 vorhandenen Identifikationsnummern nicht übereinstimmen, wird die *ERROR-Anweisung* ausgeführt. Diese Anweisung, die stets in der Form

```
ERROR 'text' ;
```

anzugeben ist, führt zu einer Eintragung des angegebenen Textes und entsprechen-
der Zusatzinformation in das Log-Protokoll, aus der die Position der aufgetretenen
Unstimmigkeit erkennbar ist.

Verknüpfung von gleichstrukturierten SAS-Dateien

Während mit der MERGE-Anweisung eine oder mehrere Variablen aus parallelen
SAS-Dateien gelesen und in einer neuen SAS-Datei gespeichert werden können,
gibt es zusätzlich die Möglichkeit, *gleichstrukturierte SAS-Dateien*, d.h. Dateien
mit gleichen Variablen aber verschiedenen Beobachtungen, zu einer SAS-Datei
zusammenzufassen[11] (Abbildung 11.6).

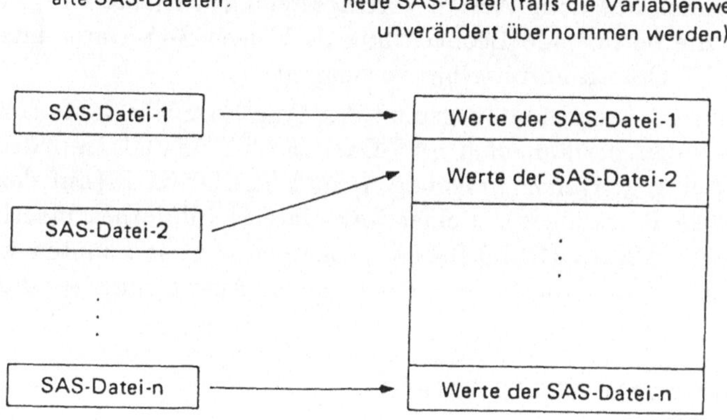

Abbildung 11.6: Verknüpfung von gleichstrukturierten SAS-Dateien

Zur Verknüpfung gleichstrukturierter SAS-Dateien ist die *SET-Anweisung* in der
Form

```
SET [ ddname-1. ] sas-dateiname-1 [ ( IN = varname-1 ) ]
    [ ddname-2. ] sas-dateiname-2 [ ( IN = varname-2 ) ]
  [ [ ddname-3. ] sas-dateiname-3 [ ( IN = varname-3 ) ] ]... ;
```

---

[11] Auch die Zusammenführung von SAS-Dateien mit unterschiedlicher Variablenstruktur ist erlaubt. In diesem Fall werden für die Beobachtungen, für die keine Variablenwerte vorliegen, fehlende Werte an die jeweiligen Positionen eingetragen.

in den DATA-Step einzutragen. Für temporäre SAS-Dateien ist jeweils nur der SAS-Dateiname und für permanente SAS-Dateien zusätzlich ein einleitender DD-Name mit nachfolgendem Punkt anzugeben.

Bei der erstmaligen Ausführung der SET-Anweisung wird der erste Datensatz aus der zuerst aufgeführten SAS-Datei eingelesen, so daß die Daten als Variablenwerte der aktuellen Beobachtung weiterverarbeitet werden können. Beim nächsten Durchlauf wird der zweite Satz der ersten SAS-Datei bereitgestellt, danach der dritte Satz usw. Wird während der Ausführung des DATA-Steps das Dateiende der ersten SAS-Datei erreicht, so wird anschließend der erste Satz der zweiten SAS-Datei eingelesen, danach der zweite Satz usw. Wurde der letzte Satz der zuletzt aufgeführten SAS-Datei bereitgestellt, so wird am Ende des DATA-Steps bzw. beim Erreichen einer RETURN-Anweisung die Übertragung der resultierenden Variablenwerte als letzter Satz in die einzurichtende SAS-Datei vorgenommen.

Bei dieser Verarbeitung besteht die Möglichkeit, durch die Angabe einer dem jeweiligen SAS-Dateinamen folgenden *IN-Option* der Form

```
IN = varname
```

eine dort angegebene Indikator-Variable als zusätzliche Variable für die Verarbeitung bereitzustellen (, deren Werte ebenfalls in die einzurichtende SAS-Datei übertragen werden). Dieser mit dem Wert 0 voreingestellten Variable wird der Wert 1 zugewiesen, falls die betreffende Beobachtung derjenigen SAS-Datei entstammt, deren Name dieser IN-Option unmittelbar vorausgeht.

Hätten wir etwa unsere Beispieldaten gemäß des Fragebogenrücklaufs erfaßt und die beiden resultierenden permanenten SAS-Dateien STUDSTRT (mit den Angaben auf den zuerst eingegangenen Fragebögen) und STUDENDE (mit den Angaben auf den restlichen Fragebögen) in einer SAS-Dateien-Bibliothek innerhalb der Magnetplatten-Datei "A20A.BIBLIO.DATA" abgespeichert, so könnten wir diese beiden SAS-Dateien - zum Zweck der gemeinsamen Auswertung — durch den DATA-Step

```
LIBNAME SASBIB 'A20A.BIBLIO.DATA';
DATA SASBIB.STUD;
     SET SASBIB.STUDSTRT
         SASBIB.STUDENDE ( IN = URSPRUNG );
```

wieder zu einer permanenten SAS-Datei namens STUD zusammenführen. Diese Datei enthält zusätzlich die Variable URSPRUNG, deren Werte den Ursprung der jeweiligen Beobachtung kennzeichnen. Dabei weist der Wert 0 aus, daß die Beobachtung aus der SAS-Datei STUDSTRT stammt, und der Wert 1 zeigt an, daß die Beobachtung aus der SAS-Datei STUDENDE übernommen wurde.

Sind die Beobachtungen in den zu verknüpfenden SAS-Dateien gleichartig nach den Werten einer oder mehrerer Kriteriumsvariablen sortiert, so kann diese Strukturierung bei der Dateneingabe berücksichtigt werden. Dazu sind die betreffenden Angaben in einer *BY-Anweisung* einzutragen, die der SET-Anweisung in der Form

```
BY [ DESCENDING ] varname-1 [ [ DESCENDING } varname-2 ]... ;
```

folgen muß. Jetzt werden zunächst alle Sätze aus den jeweils ersten Satzgruppen bereitgestellt, daran anschließend die Sätze aus den jeweils zweiten Satzgruppen usw. Bei Vorliegen eines Sortierfehlers in einer der Ausgangsdateien wird die Ausführung des DATA-Steps abgebrochen.

Liegen die in dem o.a. Beispiel bearbeiteten SAS-Dateien STUDSTRT und STUDENDE etwa aufsteigend sortiert nach den Werten der Variablen GESCHL vor, so läßt sich die sortierte Ablage durch die Zusammenführung in der Form

```
DATA SASBIB.STUD;
    SET SASBIB.STUDSTRT SASBIB.STUDENDE;
    BY GESCHL;
```

erhalten, wobei die SAS-Datei STUD folgendermaßen strukturiert ist (Tabelle 11.6):

| Antworten der Studenten aus der SAS Datei STUDSTRT |
| Antworten der Studenten aus der SAS Datei STUDENDE |
| Antworten der Studentinnen aus der SAS Datei STUDSTRT |
| Antworten der Studentinnen aus der SAS Datei STUDENDE |

Tabelle 11.6: Beispiel für die Zusammenführung von SAS-Dateien

Aufgliederung von SAS-Dateien

Sind aus dem Inhalt einer SAS-Datei nach bestimmten Kriterien zwei oder mehrere SAS-Dateien aufzubauen, so ist dazu eine *OUTPUT-Anweisung* in der Form

```
OUTPUT [ [ ddname. ] sas-dateiname ]... ;
```

geeignet einzusetzen.

Sollen z.B. die Sätze der SAS-Datei STUDANF (mit den Antworten aller Befragten) in die Sätze der beiden SAS-Dateien STUD_M (mit den Antworten der Studenten) und STUD_W (mit den Antworten der Studentinnen) aufgegliedert werden, so ist dazu der DATA-Step

```
DATA STUD_M STUD_W;
    SET STUDANF;
    IF GESCHL EQ 1
        THEN OUTPUT STUD_M;
    IF GESCHL EQ 2
        THEN OUTPUT STUD_W;
```

auszuführen.

Die Bezeichnungen der einzurichtenden SAS-Dateien sind *sämtlich* in der den
DATA-Step einleitenden *DATA-Anweisung* in der Form

```
DATA [ ddname-1. ] sas-dateiname-1
     [ [ ddname-2. ] sas-dateiname-2 ]... ;
```

zu spezifizieren. Für temporäre SAS-Dateien ist jeweils nur der SAS-Dateiname
und für permanente SAS-Dateien zusätzlich ein einleitender DD-Name mit nachfolgendem Punkt anzugeben. Die Namen der durch den DATA-Step einzurichtenden
SAS-Dateien sind in geeigneter Weise in nachfolgenden OUTPUT-Anweisungen hinter dem Schlüsselwort "*OUTPUT*" einzutragen.

Bei der Ausführung einer OUTPUT-Anweisung werden die Variablenwerte der aktuellen Beobachtung als jeweils ein neuer Datensatz in die innerhalb dieser Anweisung spezifizierten SAS-Dateien ausgegeben. Ist in der OUTPUT-Anweisung keine
SAS-Datei aufgeführt, so wird die Übertragung in alle durch die DATA-Anweisung
spezifizierten SAS-Dateien vorgenommen.

Nach der Ausführung einer OUTPUT-Anweisung wird der Programmlauf mit der
nächsten, hinter dieser im DATA-Step eingetragenen Anweisung fortgesetzt.

Eine in einem DATA-Step eingetragene OUTPUT-Anweisung setzt die ansonsten —
beim Fehlen einer OUTPUT-Anweisung — automatische Übertragung eines Satzes
in die innerhalb der DATA-Anweisung spezifizierten SAS-Dateien außer Kraft. Ist
also das Ende des DATA-Steps erreicht oder wird durch die RETURN-Anweisung an
den Anfang des DATA-Steps gesprungen, so wird *keine Datenausgabe* für die Werte
der aktuellen Beobachtung in eine SAS-Datei durchgeführt. Dies hat zur Folge,
daß überhaupt keine Ausgabe in die einzurichtende SAS-Datei erfolgt, wenn eine
OUTPUT-Anweisung im DATA-Step eingetragen ist, die beim Programmablauf
niemals ausgeführt wird. Dies ist z.B. der Fall, wenn sie im THEN-Zweig einer
IF-Anweisung enthalten ist, der wegen einer stets unerfüllten Bedingung niemals
durchlaufen wird.

Sollen bei der Datenübertragung durch eine OUTPUT-Anweisung bestimmte Variablenwerte ausgeschlossen werden, so kann man (s. Abschnitt 11.7) die Anweisungen
DROP und KEEP geeignet innerhalb des DATA-Steps einsetzen. Sind bestimmte
Variablenwerte nicht einheitlich, sondern in Abhängigkeit von der jeweils zu erstel-
lenden SAS-Datei bei der Datenausgabe auszuschließen, so müssen entsprechende
Angaben innerhalb der DATA-Anweisung durch die *DROP-* und *KEEP-Option* in
der Form

```
DATA [ ddname-1. ] sas-dateiname-1
     [ [ ddname-2. ] sas-dateiname-2 ]...
        [ ( DROP = variablenliste-1 | KEEP = variablenliste-2 ) ] ;
```

gemacht werden.[12]

Sollen etwa (in Anlehnung an das o.a. Beispiel) in der SAS-Datei STUD_M nur die
Variablen AUSSICHT und KENNTNIS und in der SAS-Datei STUD_W nur die

---

[12]In den Variablenlisten darf keine Angabe der Form "varname_1 - - varname_2" erfolgen.

Variablen ANSPRUCH und KENNTNIS enthalten sein, so ist der o.a. DATA-Step in die Form

```
DATA STUD_M ( KEEP = AUSSICHT KENNTNIS )
     STUD_W ( KEEP = ANSPRUCH KENNTNIS );
     SET STUDANF;
     IF GESCHL EQ 1
        THEN OUTPUT STUD_M;
     IF GESCHL EQ 2
        THEN OUTPUT STUD_W;
```

abzuwandeln.

11.10   Weitere Möglichkeiten der Dateneingabe

In Abschnitt 6.2 ist die spaltengebundene Dateneingabe innerhalb einer INPUT-Anweisung beschrieben worden. Diese Form der Eingabe kann benutzt werden, wenn die Variablenwerte jeder Beobachtung in jeweils denselben Spalten gespeichert sind und die Werte dem numerischen oder alphanumerischen SAS-Standardformat entsprechen, das heißt, wenn es sich um Zahlen von maximal 32 Stellen Länge (davon maximal 31 Dezimalstellen) oder Texte von einer Länge bis zu 200 Zeichen handelt. Liegen die Eingabedaten in einem davon abweichenden Format vor (zum Beispiel in binärer oder hexadezimaler Darstellung), muß die formatierte Dateneingabe (11.10.1) oder — im Falle von spaltenungebundenen Datensätzen — die gelistete Dateneingabe (11.10.2) benutzt werden.

11.10.1   Formatierte Dateneingabe

Mit der Angabe von Formaten erhält das System die Information darüber, daß die einzelnen Variablenwerte eine bestimmte Länge[13] haben, numerisch oder alphanumerisch sind und in einer bestimmten Art auf dem magnetischen Datenträger gespeichert sind.

Statt in der spaltengebundenen Eingabe können unsere Beispieldaten in formatierter Form wie folgt definiert werden:

```
DATA STUDANF;
     INFILE DATEN;
     INPUT #1 KENNR 3. +1 GESCHL 1. GEBJAHR 2. FAMSTAND 1.
              PLZ 4. LAND 2. +2 AUSBILD 1. +51
              ERWART1 1. ERWART2 1. ERWART3 1.
           #2 +23 AUSSICHT 1. ANSPRUCH 1. +1 KENNTNIS 1.;
     RUN;
```

---

[13]Länge ist hier als "Anzahl von Zeichen bzw. Stellen" zu verstehen.

Numerisches Standard-Eingabeformat

In dieser INPUT-Anweisung finden wir einige uns bereits bekannte Spezifikationen,
nämlich Variablennamen (z.B. "KENNR") und Satzkennzeichnungen (z.B. "#1").
Das numerische Eingabeformat setzt sich aus einer Zahl mit einem unmittelbar
folgenden Punkt zusammen (z.B. "3."). Die Zahl informiert das System über die
maximale Anzahl von Positionen, die für die Variable, die *vor* der Formatangabe
steht, im Datensatz innerhalb der Daten-Datei vorgesehen ist. Die Spezifikation
"KENNR 3." bedeutet zum Beispiel, daß die Variable KENNR maximal dreistellige
positive oder negative numerische Werte enthält. Es können mit dem Format "3."
Werte im Zahlenbereich von -99 bis 999 übertragen werden. Das Minuszeichen
belegt eine Stelle. Einer- und Zehnerzahlen brauchen *nicht rechtsbündig* in der
Daten-Datei abgespeichert zu sein.

Dezimalstellen

Formatspezifikationen wie zum Beispiel "3." sind geeignet, ganze Zahlen zu erfassen. Handelt es sich bei Daten in der Daten-Datei aber um Dezimalzahlen, muß dies
durch eine entsprechende Formatspezifikation verdeutlicht werden. Die allgemeine
Form für das *numerische Standard-Eingabeformat* ist

w.d

wobei "w" die Weite des Zahlenfeldes (Anzahl der Positionen innerhalb eines Datensatzes) und "d" die Anzahl der Dezimalstellen bezeichnet. Der Dezimalpunkt
muß nicht innerhalb des Zahlenfeldes gespeichert sein. Die Formatangabe "3." ist
als Kurzform der Spezifikation "3.0" anzusehen: Die Anzahl der Dezimalstellen ist
gleich Null. Wären die gespeicherten Werte etwa als Zahlen mit zwei Dezimalstellen
anzusehen, müßte die Formatspezifikation mit "3.2" angegeben werden.

Sprungangaben

Die Zahlen mit dem vorangestellten Pluszeichen "+" sind *Sprungangaben*. Die
Spezifikation "+1" bewirkt beim Einlesen der Daten das Überspringen einer Spalte.
Sprungangaben stehen vor dem Namen der Variablen, deren Werte als nächstes
eingelesen werden soll. Sie sind immer mit einem Pluszeichen einzuleiten. Die Zahl
hinter dem Pluszeichen beziffert die Anzahl der zu überspringenden Positionen.

Alphanumerisches Standard-Eingabeformat

Wenn alphanumerische Werte eingelesen werden sollen, muß zwischen Variablennamen und Formatspezifikation das Zeichen "$" gesetzt werden. Die INPUT-
Anweisung

```
INPUT TEXT $20.
```

bewirkt, daß die Variable TEXT, für deren Werte in der Daten-Datei jeweils 20 Zeichenpositionen innerhalb jedes Datensatzes zur Verfügung stehen, als alphanumerische Variable eingerichtet wird. Werden einzulesende Werte durch Leerzeichen eingeleitet, so werden diese nicht in die SAS-Datei übertragen. In diesem Fall wäre das Eingabeformat "$CHARw." zu nutzen.

Weitere Eingabeformate

Neben den numerischen und alphanumerischen Standard-Eingabeformaten gibt es im SAS-System noch eine Reihe weiterer Eingabeformate, von denen wir hier einige auflisten wollen.

Numerische Eingabeformate:

w. oder w.d	Standard-Eingabeformat ohne und mit Dezimalstellen.
BZw.d	Die in der Daten-Datei auftretenden führenden Leerzeichen werden in Nullen umgewandelt.
COMMAw.d	Einzelne Kommata oder andere Sonderzeichen (Klammern, Leerzeichen, Prozentzeichen) vor, innerhalb oder hinter den Eingabedaten werden ignoriert.
Ew.d	Die Daten liegen in wissenschaftlicher Notation vor.
HEXw.	Die Daten liegen in hexadezimaler Form vor.
IBw.d	Die Daten liegen in ganzzahliger binär gespeicherter Form vor.
RBw.d	Die Daten liegen mit interner Gleitkommadarstellung in binär gespeicherter Form vor.

Alphanumerische Eingabeformate:

$w.	Standard-Eingabeformat.
$CHARw.	Führende Leerzeichen werden als gültige Zeichen gespeichert.

Kontrolle der Eingabereihenfolge von Variablen (Tabulator)

Mit dem *Tabulatorzeichen* "@" in der allgemeinen Form

```
@t
```

ist es möglich, auf jede Spaltenposition "t" einer Datenzeile während des Einlesevorganges zu springen, um Variablenwerte von dieser Position an einzulesen. "t" ist dabei der Platzhalter für die Nummer der Position, von der weitere Werte gelesen werden sollen. Wir hätten die letzte Zeile des INPUT-Beispiels auf Seite 191 auch folgendermaßen formulieren können:

```
#2 @27 KENNTNIS 1. @24 AUSSICHT 1. ANSPRUCH 1.;
```

Im zweiten Satz jeder Beobachtung ("#2") springt das SAS-System auf die Position 27 ("@27"), liest die einstellige Variable KENNTNIS von dieser Position ein, springt auf die Position 24 ("@24") zurück und liest dort die einspaltige Variable AUSSICHT und von der nächsten Position die einstellige Variable ANSPRUCH ein. Die Reihenfolge der Variablen in der SAS-Datei ist KENNTNIS, AUSSICHT, ANSPRUCH.

Kennzeichnung von Beobachtungen mit mehreren Sätzen

In Abschnitt 6.2 ist die Markierungsangabe

    #n

vorgestellt worden, mit der gezielt eine Satzart bezeichnet werden kann, wenn eine Beobachtung mit mehreren Sätzen eingelesen werden soll. Alternativ hierzu läßt sich mit der Angabe eines Schrägstrichs "/" ein *Satzwechsel* kennzeichnen. So ist etwa die Anweisung

```
INPUT @17 AUSBILD 1.  /
      @24 AUSSICHT 1. +2 KENNTNIS 1.;
```

zur Anweisung

```
INPUT #1 AUSBILD 17
      #2 AUSSICHT 24 KENNTNIS 27;
```

äquivalent.

Gruppierte Eingabe von Variablen mit gleichem Format

Stehen in einem Datensatz mehrere Variablen des gleichen Typs (numerisch oder alphanumerisch) und gleicher Länge hintereinander, kann eine verkürzte Form der formatierten Eingabe genutzt werden. Dazu sind sowohl die Variablennamen als auch die Formatangaben in Klammern zu setzen:

```
INPUT @69 (ERWART1-ERWART3) (1.) / ;
```

Die in Klammern gesetzte Formatanweisung kann auch Sprungangaben enthalten.

11.10.2   Formatfreie, gelistete Dateneingabe

Die formatfreie, gelistete Dateneingabe kann erfolgen, wenn die Werte in der Daten-Datei so abgelegt worden sind, daß sie mindestens durch ein Leerzeichen voneinander getrennt sind. Es ist nicht erforderlich, daß die Variablenwerte in exakt festgelegten Spalten positioniert werden. Fehlt ein Variablenwert, ist bei der Datenerfassung als Stellvertreterzeichen ein Punkt zu setzen.[14] Dieser Punkt wird vom SAS-System automatisch als "fehlender Wert" interpretiert.

Als Alternative zu dem in Abschnitt 11.4 angegebenen DATA-Step (spaltengebundene Eingabe) können wir die Dateneingabe etwa wie folgt vornehmen lassen:

```
DATA KNTNGNZ;
     INPUT ANZAHL V1 V2;
     CARDS;
11 1 1
85 1   2
112 1 3
12 2 1
75   2 2
79 2 3
RUN;
```

Sind *alphanumerische Variablen* in der INPUT-Anweisung zu definieren, muß dem Variablennamen ein Dollarzeichen "$" folgen. Es können nur alphanumerische Werte, die nicht länger als 8 Zeichen sind und im alphanumerischen Standard-Eingabeformat vorliegen, vollständig übertragen werden.

11.10.3 Rekodierung bei der Dateneingabe (INVALUE-Anweisung)

Im Abschnitt 6.5 haben wir gezeigt, wie Variablenwerte unter Einsatz der IF-Anweisung abgeändert werden können. Soll eine Rekodierung nicht im Anschluß, sondern während der Dateneingabe durchgeführt werden, so sind die gewünschten Rekodierungen in einer *INVALUE-Anweisung* innerhalb einer FORMAT-Prozedur (siehe Abschnitt 6.4) in der folgenden Form festzulegen:

```
PROC FORMAT;
     INVALUE formatname wertebereich-1 = wert-1
                 [ wertebereich-2 = wert-2 ]...  ;
```

Über den dadurch vereinbarten Formatnamen, der den gleichen Bildungsregeln wie ein Variablenname[15] unterliegt, läßt sich in einem nachfolgenden DATA-Step innerhalb einer INPUT-Anweisung festlegen, wie die eingelesenen Werte — vor ihrer Speicherung in die ihnen zugeordneten Variablen — umzuformen sind.

So bestimmt die INVALUE-Anweisung

```
INVALUE KENNRECO '1', '2' = 1 ;
```

---

[14]Statt eines Punktes kann auch ein Buchstabe eingegeben werden. In einer MISSING-Anweisung muß dieser Buchstabe als "fehlender Wert" deklariert werden (siehe Abschnitt 6.6).

[15]mit der Ausnahme, daß ein Formatname nicht mit einer Ziffer enden darf.

in Verbindung mit der INPUT-Anweisung

```
INPUT #2 @27 KENNTNIS KENNRECO.;
```

beispielweise, daß über den Formatnamen KENNRECO den eingelesenen Werten 1
und 2 der Wert 1 zuzuordnen ist.

Als Wertebereiche innerhalb einer INVALUE-Anweisung lassen sich nicht nur einzelne Werte angeben, sondern es dürfen auch Bereichsangaben der folgenden Form
gemacht werden:

- 'wert-1' − 'wert-2' : alle Werte zwischen wert-1 und wert-2, inklusive dieser
  beiden Werte,

- 'wert-1' <− 'wert-2' : alle Werte kleiner gleich wert-2, die größer als wert-1
  sind,

- 'wert-1' −< 'wert-2' : alle Werte größer gleich wert-1, die kleiner als wert-2
  sind.

Sind mehrere Wertebereiche innerhalb einer INVALUE-Anweisung aufgeführt, so
dürfen sich die angegebenen Wertebereiche nicht überlappen.

Innerhalb einer Bereichsangabe lassen sich anstelle konkreter Werte auch die
Schlüsselwörter LOW (für den kleinsten Wert) und HIGH (für den größten Wert)
verwenden. Sind mehrere Wertebereiche innerhalb einer INVALUE-Anweisung aufgeführt, so kann mit dem Schlüsselwort OTHER festgelegt werden, in welcher Weise
alle bislang nicht durch Wertebereiche erfaßte Werte rekodiert werden sollen.
Z.B. wird durch die Anweisung

```
INVALUE KENNRECO '1' , '2' = 1  OTHER = 2 ;
```

festgelegt, daß die eingelesenen Werte 1 und 2 in den Wert 1 und die eingelesenen
Werte 3 und 4 sowie die fehlenden Werte in den Wert 2 abgeändert werden sollen.
Auf diese Rekodierung können wir uns z.B. durch die INPUT-Anweisung

```
INPUT @17 AUSBILD 1./
      @24 AUSSICHT 1. +2 KENNTNIS KENNRECO.;
```

beziehen.

11.11   Möglichkeiten der Datenausgabe (PUT-, FILE-Anweisungen)

Die PUT-Anweisung

Mit dem Einsatz der *PUT-Anweisung* können wir Variablenwerte einer SAS-Datei
auf einen durch eine FILE-Anweisung bestimmten Datenträger ausgeben. Sie kann

eingesetzt werden, um eine neue Daten-Datei oder um eine strukturierte Daten-dokumentation zu erstellen. Wir haben diese Anweisung bereits in Abschnitt 7.2 beispielhaft eingesetzt, um eine sortierte Daten-Datei zu erstellen.

Die PUT-Anweisung kann als Gegenstück zur INPUT-Anweisung aufgefaßt werden. Das Format der Ausgabe darf vom Format der Eingabe abweichen. Die PUT-Anweisung ermöglicht es, zusammen mit ausgewählten Variablenwerten kommentierende Texte auszugeben.

Alle Eingabeformate (siehe Abschnitt 11.10) können auch als Ausgabeformate eingesetzt werden. Die Datenausgabe kann spaltenorientiert, formatiert oder gelistet erfolgen.

Im folgenden werden zwei Möglichkeiten der Datenausgabe mit der PUT-Anweisung demonstriert:

```
DATA AUSGABE;
     INFILE DATEN;
     INPUT #1 GESCHL 5 GEBJAHR 6-7 FAMSTAND 8 PLZ 9-12  #2;
     GEBJAHR = GEBJAHR + 1900;
     PUT GESCHL 1 GEBJAHR 3-6 FAMSTAND 8 PLZ 10-13;
  RUN;
```

Mit diesem DATA-Step werden die Werte einiger ausgewählter Variablen aus der Daten-Datei eingelesen, eine Variable (GEBJAHR) in ihren Werten verändert und mit der PUT-Anweisung alle definierten Variablen spaltengebunden ausgegeben. Die Angabe der Spaltenposition ist so gewählt worden, daß mindestens ein Leer-zeichen zwischen den Variablenwerten eingeführt wird. Für eine ausführlich doku-mentierte Datenausgabe besteht die Möglichkeit, die Variablenwerte mit *Texten* zu versehen. Eine PUT-Anweisung könnte dann wie folgt aussehen:

```
PUT @10 'Geschlecht: ' GESCHL +3 'Geburtsjahr: ' GEBJAHR +3
    'Familienstand: ' FAMSTAND / @10
    'Postleitzahl des Wohnortes: ' PLZ;
```

Mit dem Tabulatorzeichen "@10" erreichen wir, daß jede ausgegebene Zeile um 9 Zeichenpositionen eingerückt wird. Von der 10. Position an wird der in Hochkom-mata gesetzte Text "Geschlecht: " geschrieben und im Anschluß daran der Wert der Variablen GESCHL. Mit dem Sprungzeichen "+3" werden drei Leerzeichen ein-gefügt und danach der Text "Geburtsjahr: " protokolliert. Weitere Variablenwerte und Texte werden nach den folgenden Spezifikationen in derselben Zeile ausgegeben bis die Zeilensprungangabe "/" vom System gelesen wird. An dieser Stelle wird bei der Ausgabe eine neue Zeile begonnen. Ab der 10. Position ("@10") wird dann der Text "Postleitzahl des Wohnortes: " und nachfolgend die Postleitzahl geschrieben.

Die FILE-Anweisung

Die Ausgabe der Ergebnisse der PUT-Anweisung erfolgt standardmäßig in das *Log-Protokoll*. Diese Voreinstellung läßt sich mit der *FILE-Anweisung* ändern.

Mit der Anweisung

```
FILE PRINT;
```

wird das *Output-Protokoll* als Ausgabemedium bestimmt.

Soll die Ausgabe in eine Magnetplatten-Datei erfolgen, ist die FILE-Anweisung mit einem DD-Namen zu spezifizieren:

```
FILE ddname ;
```

Der DD-Name verweist auf eine Magnetplatten-Datei, die durch eine geeignete X-Anweisung (mit einem ALLOC-Kommando) bereitgestellt wird.

Das folgende Beispiel zeigt, wie wir aus dem kompletten Datensatz der Daten-Datei gezielt einzelne Werte in eine SAS-Datei einlesen und mit einer PUT-Anweisung in einem freien gelisteten Format in eine neue Magnetplatten-Datei ausgeben.

```
X ALLOC DD(DATEN) DA('A20A.BRESTUD.DATA') SHR;
X ALLOC DD(AUSGABE) DA('A20A.BRESTUDN.DATA') UNIT(SYSDA)
        VOL(USER04) SPACE(5 1) TRACKS NEW;
DATA STUDANF;
     INFILE DATEN;
     INPUT #1 KENNR 3. +1 GESCHL 1. GEBJAHR 2. FAMSTAND 1.
           PLZ 4. LAND 2. +2 AUSBILD 1. +51
           (ERWART1-ERWART3) (1.)
           #2 +23 AUSSICHT 1. ANSPRUCH 1. +1 KENNTNIS 1.;
     FILE AUSGABE;
     PUT KENNR GESCHL GEBJAHR FAMSTAND PLZ LAND AUSBILD
         ERWART1-ERWART3 AUSSICHT ANSPRUCH KENNTNIS;
RUN;
```

Innerhalb eines DATA-Steps können mehrere PUT- und FILE-Anweisungen eingesetzt werden. Soll dabei auch gezielt eine Ausgabe in das Log-Protokoll erfolgen, muß die Anweisung

```
FILE LOG;
```

vor der betreffenden PUT-Anweisung aufgeführt werden.

Anhang A

A.1   SAS-Dialog unter dem Betriebssystem VM/CMS

Für das Arbeiten unter dem System VM/CMS sind die zuvor erworbenen Kenntnisse für einen unter TSO (IBM) bzw. TSS (SIEMENS-BS3000) durchgeführten Dialog nur geringfügig zu erweitern.

Aufruf des SAS-Systems

Nach der Eingabe von

```
LOGON benutzer-kennung<etx>
```

wird das Paßwort abgefragt. Anschließend erscheint auf dem Bildschirm eine Meldung als Eingabeanforderung in der Form:

```
R; ...
```

Diese Ausgabe geschieht entweder unmittelbar oder erst nach einer vorausgehenden Eingabe des Kommandos

```
IPL CMS
```

bzw. schon nach dem Druck auf die <etx>-Taste.

Für die nachfolgende Beschreibung des Zugriffs auf Dateien unterstellen wir, daß eine Datei stets auf einer *Minidisk* gespeichert wird. Die jeweils ausgewählte Minidisk wird im folgenden durch den Platzhalter "dateimodus" gekennzeichnet, der durch eine virtuelle Adresse für eine Magnetplatte wie z.B. A, B oder C zu ersetzen ist.

Einrichtung einer Daten-Datei

```
X FILEDEF ddname DISK dateiname dateityp dateimodus;
```

wie z.B.:

```
X FILEDEF DATEN DISK BRESTUD DATA A;
```

Durch die Eingabe von "SAVE DATEN" — in die COMMAND-Zeile des Editor-Schirms — wird der aktuelle Inhalt des Editor-Puffers in der Datei BRESTUD mit dem Dateityp DATA auf der Minidisk A abgespeichert.

Zugriff auf eine Daten-Datei

```
X FILEDEF ddname DISK dateiname dateityp dateimodus;
    :
INFILE ddname;
```

wie z.B.:

```
X FILEDEF DATEN DISK BRESTUD DATA A;
    :
INFILE DATEN;
```

Einrichtung einer permanenten SAS-Datei

```
X FILEDEF ddname DISK DUMMY DUMMY dateimodus;
DATA ddname.sas-dateiname;
```

Es wird auf der Minidisk "dateimodus" eine SAS-Datei mit dem Dateinamen "sas-dateiname" und dem Dateityp "ddname" eingerichtet, z.B. durch:

```
X FILEDEF SASBIB DISK DUMMY DUMMY A;
DATA SASBIB.STUDANF;
```

Grundsätzlich wird jedes Element einer SAS-Dateien-Bibliothek in einer eigenständigen Datei abgespeichert, wobei alle Elemente einer SAS-Dateien-Bibliothek auf derselben Minidisk gehalten werden müssen.

Zugriff auf eine permanente SAS-Datei

```
X FILEDEF ddname DISK DUMMY DUMMY dateimodus;
    :
SET ddname.sas-dateiname;
    :
PROC prozedurname DATA = ddname.sas-dateiname;
```

Es wird auf die SAS-Datei mit dem Dateinamen "sas-dateiname" und dem Dateityp "ddname" zugegriffen, die auf der Minidisk "dateimodus" gespeichert ist, wie z.B.:

```
X FILEDEF SASBIB DISK DUMMY DUMMY A;
    :
SET SASBIB.STUDANF;
    :
PROC PRINT DATA = SASBIB.STUDANF;
```

- Bei der Einrichtung und dem Zugriff auf eine permanente SAS-Datei kann die X-Anweisung mit dem FILEDEF-Kommando fehlen, sofern die Elemente der SAS-Dateien-Bibliothek auf der Minidisk A gespeichert sind.

A.2 Liste der Befehle an den SAS-"Display-Manager"

Befehle an den SAS-"Display-Manager" können entweder in die COMMAND-Zeile (Kommandozeilen-Befehl) oder aber innerhalb der Nummerierungsfelder des Editor-Schirms (Zeilen-Befehle) eingetragen werden.

Kommandozeilen-Befehle:

BACKWARD [n | MAX] Rückwärtspositionierung des Editor-Bildschirmes. Die Anzahl der Zeilen bestimmt sich nach der Zeilenzahl, die mit VSCROLL (siehe dort) festgelegt ist. Durch Angabe einer Zahl n kann ausdrücklich die Anzahl der Zeilen, um die positioniert werden soll, angegeben werden. Der Befehl BACKWARD MAX bewirkt ein Zurücksetzen an den Anfang des Editor-Puffers (Siehe auch den Befehl TOP).

BOTTOM Die letzte Textzeile des Editor-Puffers wird als erste Zeile des Editor-Schirms angezeigt.

BYE Der BYE-Befehl beendet einen SAS-Dialog.

CAPS ON | OFF Wenn CAPS ON (Voreinstellung) ausgeführt wird, werden beim Drücken einer Funktionstaste oder der Enter-Taste alle Kleinbuchstaben innerhalb des Editor-Puffers in Großbuchstaben umgewandelt. Bei CAPS OFF bleibt der Text unverändert.

CLEAR [PROGRAM | LOG | OUTPUT | ALL] [ddname] [RECALL] Der CLEAR-Befehl löscht den Puffer des Schirms, von dem aus der Befehl ausgeführt wird. Mit den zusätzlichen Spezifikationen PROGRAM, LOG oder OUTPUT kann von jedem Schirm aus der jeweilige Puffer gelöscht werden. Mit der Angabe von ALL werden die Inhalte aller drei Puffer gelöscht. Der Befehl CLEAR RECALL löscht den Pufferbereich des Submit-Gedächnisses.

CHANGE alttext neutext [NEXT | FIRST | LAST | PREV | ALL] [WORD | PREFIX | SUFFIX] [spalte-anf] [spalte-ende] Der CHANGE-Befehl wandelt einmal oder mehrmals den Text "alttext" in "neutext" um. Es läßt sich mit der Angabe NEXT bestimmen, daß, in Abhängigkeit von der Cursor-Position, nur der nächstfolgende "alttext" umgewandelt wird. Die Angabe FIRST bewirkt eine Umwandlung des zuerst im Editor-Puffer auftretenden "altext" — unabhängig von der aktuellen Position des Cursors. In gleicher Weise kann der letzte (LAST) oder der unmittelbar vorgehende "alttext" (PREV) umgewandelt werden. Mit der Spezifikation ALL wird im gesamten Textpuffer der "alttext" in "neutext" geändert. Es wird eine Meldung ausgegeben, wie oft eine Änderung vorgenommen worden ist. Die Voreinstellung ist NEXT. Ohne eine WORD-, PREFIX- oder SUFFIX-Spezifikation werden Textänderungen unabhängig vom Kontext vorgenommen. Wird WORD angegeben, wird nur der "alttext" geändert, der links und rechts durch eine Leerstelle oder irgendein Sonderzeichen begrenzt ist. Die Angabe PREFIX wirkt nur bei Textteilen, die links durch eine

Leerstelle oder ein Sonderzeichen begrenzt sind und SUFFIX bei denen, die rechts in angegebener Weise begrenzt sind. Sollen Texte umgewandelt werden, die Leerstellen oder Sonderzeichen enthalten, müssen diese in Hochkommata oder Anführungszeichen gesetzt werden. Mit der Angabe einer Anfangsspalte ("spalte-anf") und/oder einer Endspalte ("spalte-ende") läßt sich ein begrenzter Textbereich für eine mögliche Veränderung auswählen.

END Der END-Befehl, in die COMMAND-Zeile des Output-Schirms eingetragen, bewirkt einen Wechsel zum Log-/Editor-Bildschirm.

FIND text [NEXT | FIRST | LAST | PREV | ALL]
[WORD | PREFIX | SUFFIX] [spalte-anf] [spalte-ende]
Mit dem FIND-Befehl läßt sich eine mit "text" spezifizierte Zeichenfolge auffinden. Der Cursor springt auf den Anfang des gefundenen Textes. Die anzugebenen Spezifikationen wirken in der gleichen Weise wie beim CHANGE-Befehl.

FORWARD [n | MAX] Vorwärtspositionierung innerhalb des Editor-Puffers in Richtung auf das Ende. Die Anzahl der Zeilen richtet sich nach der Einstellung, die durch VSCROLL (siehe unten) vorgenommen wurde. (Voreinstellung: halbe Bildschirmseiten). Mit der Angabe einer Zeilenzahl "n" läßt sich der Text gezielt um n Zeilen vorwärts bewegen. Die Spezifikation MAX bewirkt ein Anzeigen der letzten Textzeilen.

HELP [suchbegriff] Abruf erklärender Erläuterungen über SAS-Anweisungen und SAS-Prozeduren. Wird der Befehl HELP ohne Spezifikation ausgeführt, erscheint eine Liste mit Suchbegriffen auf dem Bildschirm.

INCLUDE ddname Der Inhalt einer Magnetplatten-Datei kann mit INCLUDE in den Editor-Puffer kopiert werden. Der "ddname" muß zuvor durch eine geeignete X-Anweisung dem Datenträger zugewiesen werden.

KEYS Die Zuordnung der Funktionstasten zu ausgewählten Befehlen wird angezeigt. Diese Belegung kann durch Überschreiben verändert werden. Die Sicherung für den aktuellen SAS-Dialog erfolgt durch Ausführung des END-Befehls.

LEFT [n | MAX] Horizontales Verschieben eines Bildschirmtextes nach links. Es kann um "n" Zeichenpositionen oder bis zum Zeilenanfang (MAX) positioniert werden.

LINESIZE n Veränderung der Zeilenlänge (Voreinstellung: 80) des Editor-Puffers (Maximum: 256).

LOG Wechsel des Cursors in die COMMAND-Zeile des Log-Schirms.

OUTPUT [ON | OFF] Wird nur der Befehl OUTPUT ausgeführt, wird der Output-Schirm eingestellt. Durch die Angabe von OUTPUT ON kann erreicht werden, daß nach der Ausführung von Prozeduranweisungen, die eine Eintragung von Ergebnissen in das Output-Protokoll zur Folge haben, automatisch zum Output-Schirm gewechselt wird (Voreinstellung). Durch die

Ausführung des Befehls OUTPUT OFF kann das automatische Wechseln verhindert werden.

PREVCMD | ? Der zuvor ausgeführte Befehl kann mit PREVCMD oder dem Fragezeichen "?" in die COMMAND-Zeile kopiert werden.

PRINT [PROGRAM | RECALL | LOG | OUTPUT]
[ddname | SYSOUT=] Der Inhalt des Editor-Puffers (PROGRAM), des Submit-Gedächtnisses (RECALL), des Log-Puffers (LOG) oder des Output-Puffers (OUTPUT) wird ausgedruckt (Angabe zum DD-Namen fehlt) oder in einer Magnetplatten-Datei, die durch einen DD-Namen gekennzeichnet ist, gespeichert. Die Spezifikation SYSOUT= ermöglicht die Angabe von bestimmten, jeweils rechenzentrumsspezifischen Druckausgabeklassen. Hinter dem Gleichheitszeichen muß ein einzelner Buchstabe (A–Z) oder eine einzelne Zahl (0–9) folgen.

PROGRAM Der Cursor wird in die COMMAND-Zeile des Editor-Puffers positioniert.

RECALL Das zuletzt mit einem SUBMIT-Befehl zur Ausführung gebrachte SAS-Programm wird in den Editor-Puffer kopiert.

RIGHT [n | MAX] Horizontales Verschieben eines Bildschirmtextes nach rechts. Es kann um "n" Zeichenpositionen oder bis zum Zeilenende (MAX) positioniert werden.

SAVE [PROGRAM | LOG | OUTPUT] ddname [REPLACE | MOD]
Der Inhalt des Editor-Puffers (PROGRAM), des Log-Puffers (LOG) oder des Output-Puffers (OUTPUT) wird in eine Magnetplatten-Datei kopiert, die mit dem angegebenen DD-Namen gekennzeichnet ist. Soll der aktuelle Dateiinhalt überschrieben werden, muß die REPLACE-Spezifikation angegeben werden. Für den Fall, daß der zu kopierende Inhalt an den Inhalt der Magnetplatten-Datei angehängt werden soll, ist die Spezifikation MOD aufzuführen.

SPLIT Mit dem SPLIT-Befehl kann die Aufteilung zwischen Log-Schirm und Editor-Schirm verändert werden. Der Cursor ist nach dem Eintippen des Befehls "SPLIT" an der Stelle, an der die neue Grenzlinie sein soll, zu positionieren. Danach ist die Enter-Taste zu drücken.

SUBMIT Der SUBMIT-Befehl bewirkt die Ausführung des im Editor-Puffer enthaltenen SAS-Programms.

TOP Die erste Zeile des Editor-Puffers wird in die erste Zeile des Editor-Schirms ausgegeben.

VSCROLL HALF | PAGE | n Mit dem VSCROLL-Befehl kann die Anzahl der Zeilen beim Vorwärts- (FORWARD) oder Rückwärtsblättern (BACKWARD) eingestellt werden: HALF für eine halbe Bildschirmseite, PAGE für eine ganze Bildschirmseite oder eine Zahl "n" für eine bestimmte Zeilenzahl. (Voreinstellung ist HALF).

Zeilen-Befehle

Die folgenden *Zeilen-Befehle* dienen zur Manipulation von Textzeilen im Editor-Puffer. Sie sind in das Bildschirmfeld mit der fünfstelligen Zeilennumerierung — beginnend mit der ersten Stelle — zu schreiben und mit der Enter-Taste abzuschikken.

Leerzeilen einfügen:

I[n]   Eine ("I") oder n Zeilen ("In") werden *hinter* der aktuellen Zeile eingefügt. "n" ist durch eine positive ganze Zahl zu ersetzen und ohne Leerstelle an den Buchstaben "I" anzufügen. Hinter "n" sollte mindestens eine Ziffer der Zeilennumerierung gelöscht sein.

IB[n]   Eine ("IB") oder n Zeilen ("IBn") werden *vor* der aktuellen Zeile eingefügt.

Zeilen verdoppeln:

R[n]   Die aktuelle Zeile wird einmal ("R") oder n-mal ("Rn") verdoppelt.

RR[n]   Ein Zeilenblock, dessen erste und letzte Zeile mit "RR" oder "RRn" bezeichnet ist, wird einmal oder n-mal verdoppelt.

Zeilen löschen:

D[n]   Die mit "D" bezeichnete Zeile oder die mit "Dn" bezeichnete plus n-1 weitere Zeilen werden gelöscht.

DD   Zum Löschen eines Zeilenblocks. Die Zeilennummer der ersten und der letzten zu löschenden Zeile muß mit "DD" überschrieben werden.

Für das Kopieren und Verschieben von Zeilen ist es erforderlich, *Zieladressen* der folgenden Art anzugeben:

A   Zieladresse liegt *hinter* der Zeile, die mit "A" gekennzeichnet ist.

B   Zieladresse liegt *vor* der Zeile, die mit "B" gekennzeichnet ist.

Zeilen kopieren:

C[n]   Kopieren der mit "C" gekennzeichneten Zeile oder der mit "Cn" gekennzeichneten und n-1 Folgezeilen an eine mit "A" oder "B" angegebene Zieladresse.

CC   Kopieren eines Blocks von Zeilen, deren erste und letzte Zeilennummer mit "CC" überschrieben wird, an eine mit "A" oder "B" angegebene Zieladresse.

Zeilen verschieben:

M[n]   Verschieben der mit "M" gekennzeichneten Zeile oder der mit "Mn" gekennzeichneten und n-1 Folgezeilen an eine mit "A" oder "B" angegebene Zieladresse.

MM   Verschieben eines Blocks von Zeilen, deren erste und letzte Zeilennummer mit "MM" überschrieben wird, an eine mit "A" oder "B" angegebene Zieladresse.

A.3   Ausführung von SAS-Programmen im Stapelbetrieb

Neben dem interaktiven Arbeiten (Dialog) mit dem "Display Manager" des SAS-Systems besteht die Möglichkeit, SAS im Stapelbetrieb (Batch) einzusetzen. Während im Dialog die Datenanalyse Schritt für Schritt erfolgen kann,[1] wird beim Stapelbetrieb ein "Job" zusammengestellt und dem Betriebssystem zur Ausführung übermittelt. Ein "Job" ist eine Zusammenstellung von SAS-Programmanweisungen, denen eine Reihe von Kommandos an das Betriebssystem vorangestellt sind. Letztere werden "JCL-Kommandos"[2] genannt. Das Ergebnis einer Jobausführung wird entweder unmittelbar auf einem Drucker ausgegeben oder in einer Datei gespeichert, deren Inhalt angesehen (Bildschirm), gelöscht oder auf einem Drucker ausgegeben werden kann.[3]

Für die Datenverarbeitungsanlagen IBM und SIEMENS mit den Betriebssystemen OS/MVS bzw. BS3000 muß ein Job in der folgenden Art formuliert werden:[4]

```
//      EXEC SAS
//DATEN   DD   DSN=A20A.BRESTUD.DATA,DISP=SHR
//SYSIN  DD   *
DATA STUDANF;
        INFILE DATEN;
        INPUT #1 GESCHL 5 AUSBILD 17 #2;
PROC FREQ DATA=STUDANF;
        TABLES GESCHL * AUSBILD;
```

Mit dem Kommando

```
//      EXEC SAS
```

wird das SAS-System in den Hauptspeicher der Rechenanlage übertragen, und es werden eine Reihe von Hilfsdateien für die Programmausführung eingerichtet.

Das zweite JCL-Kommando

---

[1] Grundsätzlich kann jede SAS-Anweisung mit einem SUBMIT-Befehl zur Ausführung gebracht werden. Es erfolgt dabei jedesmal eine Syntaxüberprüfung.

[2] JCL ist die Abkürzung von "Job Control Language".

[3] Die Art der Behandlung von Job-Ergebnissen im Stapelbetrieb ist installationsabhängig.

[4] Diese Zeilen sind mit dem SAS-"Display-Manager" oder einem Editierprogramm, das unter jedem Betriebssystem zur Verfügung steht, in eine Magnetplatten-Datei einzutragen.

```
//DATEN  DD  DSN=A20A.BRESTUD.DATA,DISP=SHR
```

legt fest, daß dem DD-Namen "DATEN" der INFILE-Anweisung die Daten-Datei "A20A.BRESTUD.DATA" bei der Programmausführung zuzuordnen ist.

Das letzte JCL-Kommando

```
//SYSIN DD *
```

bewirkt, daß vom Betriebssystem die nachfolgenden Zeilen als SAS-Programmzeilen, die zur Ausführung gebracht werden sollen, erkannt werden.

Soll eine SAS-Datei in einer neu einzurichtenden SAS-Dateien-Bibliothek gespeichert werden, sind beispielsweise folgende Jobzeilen zu formulieren (vergleiche die Angaben in Abschnitt 11.6):

```
//  EXEC  SAS
//DATEN  DD  DSN=A20A.BRESTUD.DATA,DISP=SHR
//SASBIB DD  DSN=A20A.BIBLIO.DATA,DISP=(NEW,CATLG),
//         SPACE=(TRK,(5,1)),UNIT=SYSDA,VOL=SER=USER04,
//         DCB=(RECFM=U,DSORG=DA)
//SYSIN  DD  *
DATA SASBIB.STUDANF;
     INFILE DATEN;
     INPUT  ... ;
```

Mit dem JCL-Kommando

```
//SASBIB DD  DSN=A20A.BIBLIO.DATA,DISP=(NEW,CATLG),
//         SPACE=(TRK,(5,1)),UNIT=SYSDA,VOL=SER=USER04,
//         DCB=(RECFM=U,DSORG=DA)
```

wird eine neue Datei unter dem Namen "A20A.BIBLIO.DATA" auf der Magnetplatte "USER04" angelegt und katalogisiert ("DISP=(NEW,CATLG)"). Diese Datei hat einen für SAS-Dateien-Bibliotheken speziellen Satzbau (DCB-Parameter) zugewiesen bekommen.

Besteht bereits eine SAS-Dateien-Bibliothek und soll dort eine weitere SAS-Datei (unter dem Namen STUDIN) gespeichert werden und sind zudem Daten aus einer gespeicherten SAS-Datei (namens STUDANF) für eine Prozedur einzulesen, kann ein Job etwa in folgender Weise formuliert werden:

```
//  EXEC  SAS
//SASDAT  DD  DSN=A20A.BIBLIO.DATA,DISP=OLD
//SYSIN   DD  *
PROC FREQ DATA=SASDAT.STUDANF;
DATA SASDAT.STUDIN;
     SET SASDAT.STUDANF;
     IF GESCHL = 2;
```

A.4 Das Arbeiten mit SAS-Dateien-Bibliotheken

Im SAS-System stehen die Prozeduren COPY und DATASETS zur speziellen Manipulation von SAS-Dateien-Bibliotheken zur Verfügung. Die *Prozedur COPY* kann eingesetzt werden, um eine SAS-Dateien-Bibliothek insgesamt oder ausgewählte SAS-Dateien zu kopieren. Die allgemeine Form kann wie folgt angegeben werden:

```
PROC COPY IN=ddname-1 OUT=ddname-2 ;
   [ SELECT sas-datei-name-1 [ sas-datei-name-2 ]... ; ]
   [ EXCLUDE sas-datei-name-3 [ sas-datei-name-4 ]... ; ]
```

Für "ddname-1" ist der DD-Name der Eingabe-Dateien-Bibliothek anzugeben. Dies kann ein Name sein, der auf eine SAS-Dateien-Bibliothek verweist, die auf einer Magnetplatte gespeichert und mit einer geeigneten X-Anweisung zuvor bereitgestellt worden ist. Ist die Eingabe-Datei die temporäre SAS-Dateien-Bibliothek, so ist der DD-Name "WORK" einzusetzen.

Für "ddname-2" ist der DD-Name der Ausgabe-Dateien-Bibliothek anzugeben. Dieser Name verweist in der Regel auf eine SAS-Dateien-Bibliothek, die auf einer Magnetplatte eingerichtet und ebenfalls mit einer geeigneten X-Anweisung zuvor bereitgestellt worden ist.[5]

Mit dem Einsatz der Anweisungen SELECT (wähle aus) und EXCLUDE (schließe aus) können gezielt einzelne SAS-Dateien einer SAS-Dateien-Bibliothek kopiert werden. Die beiden Anweisungen sind alternativ einzusetzen. Ohne eine dieser Anweisungen werden alle SAS-Dateien kopiert.

Die *Prozedur DATASETS* kann eingesetzt werden, um einzelne SAS-Dateien einer SAS-Dateien-Bibliothek umzubenennen oder zu löschen, den Inhalt von Dateien aufzulisten und Attribute einzelner Variablen (Variablennamen, Ein- und Ausgabeformate, Variablenetiketten) zu verändern.

Die allgemeine Form kann wie folgt angegeben werden:

```
PROC DATASETS LIBRARY=ddname ;
[ DELETE sas-dateiname-1 [sas-dateiname-2]... ;
  | SAVE sas-dateiname-3 [sas-dateiname-4]... ; ]
[ CHANGE alter-sas-dateiname-1 neuer-sas-dateiname-1
        [alter-sas-dateiname-2 neuer-sas-dateiname-2]... ]
[ MODIFY sas-dateiname-5 ;
  [FORMAT varname-1 format-1 [varname-2 format-2]... ;]
  [INFORMAT varname-3 format-3 [varname-4 format-4]... ;]
  [LABEL varname-5=etikett-1 [varname-6=etikett-2]... ;]
  [RENAME alter-varname-1=neuer-varname-1
          [alter-varname-2=neuer-varname-2]... ; ]
```

Für "dd-name" ist ein DD-Name anzugeben, der einer SAS-Dateien-Bibliothek zugeordnet worden ist. Die DELETE- (Löschen) und die SAVE-Anweisung (Sichern)

---

[5] Zur Einrichtung und Bereitstellung von SAS-Dateien-Bibliotheken siehe Abschnitt 11.6.

sind alternativ je nachdem einzusetzen, ob die Anzahl der zu löschenden oder die Anzahl verbleibender SAS-Dateien überwiegen. Mit der CHANGE-Anweisung können SAS-Dateien umbenannt werden. Die MODIFY-Anweisung wird eingesetzt, um für einzelne Variablen einer spezifizierten SAS-Datei das Ausgabeformat (FORMAT), das Eingabeformat (INFORMAT), die Variablenetiketten (LABEL) oder die Namen (RENAME) in der angegebenen Weise zu verändern.

Wird ausschließlich die Anweisung

```
PROC DATASETS LIBRARY=ddname ; RUN;
```

unter Einsetzung eines geeigneten DD-Namens mit dem SUBMIT-Befehl zur Ausführung gebracht, wird ein Formular ("Datasets Menu") auf dem Bildschirm sichtbar, in dem die Namen aller SAS-Dateien (MEMTYPE: DATA) der SAS-Dateien-Bibliothek eingetragen sind:

```
                            Datasets Menu
   Command ===>

                        Library: WORK

        CMD   MEMBER      MEMTYPE     OPERAND1    OPERAND2

         _    PROFILE     CAT         ........    ........
         _    STUDANF     DATA        ........    ........
```

Dieses Bildschirmformular enthält eine Befehlszeile die mit "Command ===>" beginnt, und drei Befehlskolumnen, die mit "CMD", "OPERAND1" und "OPERAND2" überschrieben sind. In die Befehlszeile können u.a. Befehle für das Vorwärts- und Rückwärtsblättern (FORWARD, BACKWARD) und das Beenden der DATASETS-Prozedur und Sichern der Veränderungen (END) eingesetzt und ausgeführt werden. In zwei weiteren Kolumnen sind die Namen der SAS-Dateien (MEMBER) und der Dateityp (MEMTYPE) eingetragen.

Die gewünschten Dateien- und Variablenmodifikationen lassen sich getrennt für jede einzelne SAS-Datei, die auf dem Bildschirm aufgeführt ist, vornehmen. Dazu muß der Cursor in das Befehlsfeld *vor* dem Dateinamen (CMD-Kolumne) positioniert und einer der folgenden Buchstaben eingetragen werden:

D   zum Löschen einer SAS-Datei (delete),
R   zum Umbenennen einer SAS-Datei (rename),
B   zum Auflisten der Variablenwerte einer
     SAS-Datei (browse),
V   zur Veränderung von Variablenattributen
     (variable).

Diese Funktionen werden durch Betätigung der Enter-Taste zur Ausführung gebracht. Bei der Option "R" wird nach dem einmaligen Drücken der Enter-Taste eine weitere Eingabe gefordert, und zwar der neue Dateiname, der in das Feld, das mit "OPERAND1" überschrieben ist, einzutragen ist. Durch die Angabe des Befehls "CANCEL" in der Befehlszeile mit nachfolgender Betätigung der Enter-Taste lassen sich Löschungen und Umbenennungen rückgängig machen, jedoch nur solange, wie der END-Befehl noch nicht ausgeführt worden ist.

Wird die Funktion "V" gewählt, erscheint auf dem Bildschirm ein weiteres Formular, in dem Datei- und Variableninformationen aufgelistet sind (Dataset Contents):

```
                               Dataset Contents
Command ===>

          Library: WORK                          Obs: 390
           Member: STUDANF                 Created on: AUGUST 21, 1987
             Type:                        Generated by: DATA
            Label:

    #   Variable   Type    Length   Position   Format          Informat
                   Label

    1   KENNR      NUM         8        4       ..............  ..........
                   ...........................................
    2   GESCHL     NUM         8       12       ..............  ..........
                   ...........................................
    3   GEBJAHR    NUM         8       20       ..............  ..........
                   ...........................................
    4   FAMSTAND   NUM         8       28       ..............  ..........
                   ...........................................
    5   PLZ        NUM         8       36       ..............  ..........
                   ...........................................
    6   LAND       NUM         8       44       ..............  ..........
                   ...........................................
    7   AUSBILD    NUM         8       52       ..............  ..........
```

Durch einfaches Überschreiben bzw. Eintragen lassen sich Variablennamen (Variable), Ausgabeformat (Format), Eingabeformat (Informat) und Variablenetikett (Label) verändern. Durch wiederholtes Drücken der Tabulatortaste springt der Cursor von einem änderbaren Feld ins andere. Durch Ausführung des END-Befehls, der in die Befehlszeile einzutragen ist, erfolgt eine erneute Anzeige des vorherigen Bildschirmformulars.

LITERATURANGABEN

(1) SAS User's Guide: Basics, Version 5 Edition, Cary, NC, 1985

(2) SAS User's Guide: Statistics, Version 5 Edition, Cary, NC, 1985

(3) SAS/GRAPH User's Guide, Version 5 Edition, Cary, NC, 1985

(4) SUGI Supplemental Library User's Guide, Version 5 Edition, Cary, NC, 1986

(5) Chances and Enhancements to the Version 5 SAS System, SAS Technical Report P-146, April 1986, Cary, NC

(6) SAS Guide to TABULATE Processing, 1987 Edition, Cary, NC, 1987

(7) Chances and Enhancements to the SAS System, Release 5.18 under OS and CMS, SAS Technical Report P-175, Cary, NC, 1988

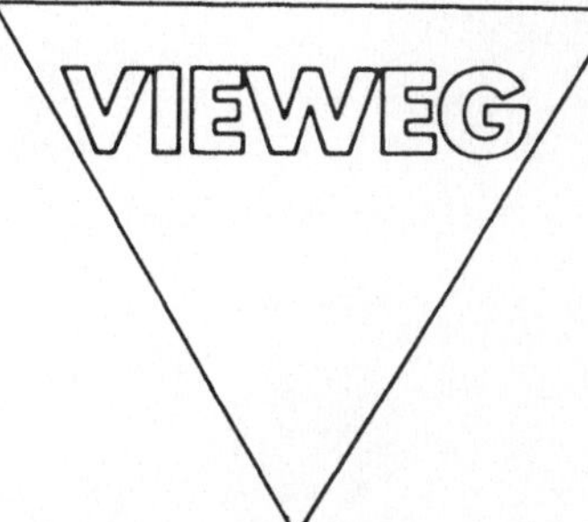

Van Wolverton

MS DOS

Das optimale Benutzerhandbuch von Microsoft für das Standardbetriebssystem des IBM PC und alle kompatiblen Personal-Computer. Mit Version 4.0 und der neuen DOS-Shell. Aus dem Amerikanischen übersetzt von Gerald Pommranz. Ein Microsoft Press/Vieweg-Buch.

4., überarbeitete und erweiterte Auflage 1989. XX, 628 Seiten. 18,5 x 23,5 cm. Kartoniert.

Nunmehr liegt die 4., überarbeitete und erweiterte Auflage des erfolgreichen Benutzerhandbuches zum Betriebssystem MS-DOS von Microsoft Press vor. Die Presse schreibt zur 1. Auflage des Buches:

„Die ausführliche Beschreibung aller Problembereiche und der dazugehörigen Befehle, zahlreiche Anregungen und viele Beispiele machen auch die deutsche Ausgabe des hervorragend ausgestatteten Buchs zu einem Lesevergnügen, wie es nicht allzuoft im Mikrocomputerbereich zu finden ist." (micro)

„Der Unterschied dieses Buches zu den mit den Systemen mitgelieferten Handbüchern? Keine Befehlsauflistung, sondern ein strukturierter Aufbau mit didaktischem Flair. Kein Buch zum Lesen – ein Buch zum Anwenden!" (Faszination)

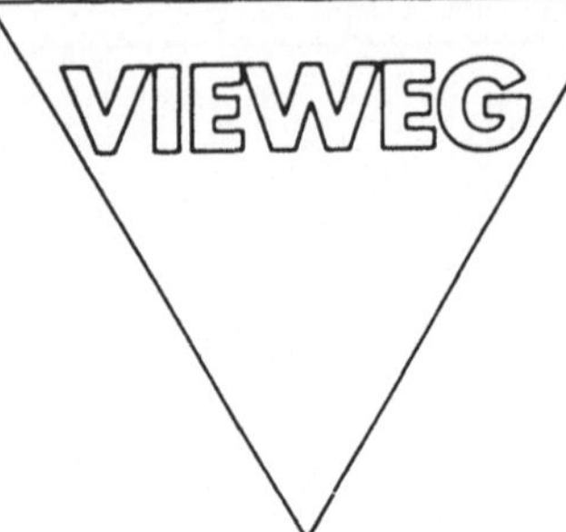

BITEF (Hrsg.)

Intensivschulung Word 5.0

Bearbeitet von I. Herrmann, H. Raddatz-Löffler, und F. Tworek.

1989. Ca. 280 Seiten mit einer 5 1/4"-Diskette für IBM PC und Kompatible. 16,2 x 22,9 cm. Gebunden.

Mit diesem Buch wird dem Leser eine fachlich ausgewiesene und praxiserprobte Publikation vorgelegt, die auf dem Schulungskonzept der BITEF GmbH für das Textverarbeitungsprogramm Word 5.0 erarbeitet wurde. Der Inhalt wurde entsprechend der Schulungseinheiten in Kapitel strukturiert. Jedes Kapitel basiert auf einer Fallstudie – das sind praktische Beispiele aus dem betrieblichen Alltag. Die Lerninhalte der Intensivschulung:

- Aufbau des Programms MS-WORD
- Texterstellung
- Speichern und Laden von Texten
- Textformatierungen
- Stichwortveezeichnis (Index) und Inhaltsverzeichnis
- Textbausteine / Serienbrief
- Erstellung einer Druckformatvorlage
- Einbinden von Grafiken in den Text
- Preview-Funktion

Eine umfassende Einführung in die Textverarbeitung mit Word 5.0.

Dem Buch liegt eine Diskette bei, die alle Lernbeispiele zum sofortigen Üben und Testen bereithält.